AI・機械の手足となる労働者

デジタル資本主義がもたらす社会の歪み

THE DIGITAL FACTORY:
THE HUMAN LABOR OF AUTOMATION
MORITZ ALTENRIED

モーリッツ・アルテンリート
小林啓倫 訳

白揚社

ＡＩ・機械の手足となる労働者

ＡＩ・機械の手足となる労働者　目次

◉〔　〕で括った箇所は訳者による補足です。

第1章　工場を去る労働者――イントロダクション

グーグルのシリコンバレー本社「グーグルプレックス」。カリフォルニア州マウンテンビューに位置し、カラフルなグーグルのブランドカラーが散りばめられた、ガラスとスチールの建物がいくつも立っている。広大な敷地に広がるこの複合施設は増築を重ね、今も拡大を続ける。ビルの多くが中層で、それらの間には緑地や駐車場、レクリエーション施設が設けられている。ここでは、無料のレストランやカフェテリア、4つのジム、プール、ビーチバレーコート、映画館、講演会場なども利用可能だ。

2011年、あるアーティストが映像のインスタレーションを制作した。その作品『グーグルプレックスを去る労働者（Workers Leaving the Googleplex）』は、この複合施設と、そこにおける労働の階層構造を扱っている(1)。アンドリュー・ノーマン・ウィルソンによるこの映像作品は、グーグル社員が利用する複合施設内のさまざまな建物、公園、カフェなどを映し出している。画面の左側では、個人や小さなグループが時折、建物に出入りする様子が見られる。グーグルが社員に支給している無料の自転車を利用する者もいれば、一日の仕事を終えてグーグルの無料カフェテリアで食事をし、食後に豪華なシャトルバスに乗ってサンフランシスコへ帰る者もいる。グーグルは無線のインターネットアクセスなどの快適設備を備えたバスを100台以上運行し、従業員を乗せてベイエリア周辺とグーグルプレックスを往復している。

グーグルプレックスのデザインは、他の一流IT企業の本社と同様、従来のオフィスビルや工場というより、大学のキャンパスをイメージしたものになっている。プロモーションビデオでは、グーグルプレックスを「非常にアカデミック」であると同時に、「エキセントリック」な雰囲気を持つ「大きな遊び場」と表現している。[2] マウンテンビューのキャンパスにある建物の構造は、グーグルの仕事に対する姿勢と一致している。グーグルが職場としてのグーグルプレックスを表す言葉には、自由、創造性、フラットな組織、遊び心、コミュニケーション、革新性などがある。グーグルプレックスの建物は「グーグラー」と呼ばれる社員たちが交流し合うように設計されており、プライベートなオフィス空間はほとんどなく、勤務時間中はチームのプロジェクトを追求することが奨励されている。グーグルプレックスの主な建物では、一斉退社もなければシフトの切り替えもなく、個人やグループが自由に出入りしているように見える。これがデジタル資本主義における労働の真髄なのだろうか？　ウィルソンの映像作品、そして本書の答えは「ノー」だ。

『グーグルプレックスを去る労働者』は、2つの画面から構成されている。左側には先ほど述べたような映像が流れ、反対側には、まったく違う種類のグーグルで働く人々が映し出される。当時グーグルの映像部門に所属していたウィルソンは、この右側の画面で描かれている、すぐそばのビルで働く別のグーグラーを偶然発見した。最初に興味を持ったのは、彼らが大人数の団体で一斉退社するところだった。一等地に建てられた本館で働くグーグル社員と異なり、隣の目立たないビルで働く彼らは、実はシフト制で働いており、黄色いバッジで区別されていた。白のバッジはフルタイムのグーグル社員、赤いバッジはウィルソンのような外部契約者、緑のバッジはインターン生というように、グーグルの従業員はさまざまなグループに分かれており、誰もがバッジの着用を義務付けられている。

この「黄色バッジ」たちは、現存するすべての書籍をデジタル化するという、物議を醸したグーグルのプロジェクトのために働いていた。２０１０年、グーグルは世界に1億３０００万冊の書籍が存在すると推定し、10年後までにすべての書籍をデジタル化するという計画を発表した。ここ数年で技術は大幅に進歩したが、このプロセスはまだ完全には自動化されていない。そのため、この黄色いバッジをつけた人々「スキャンオプス（ScanOps）」による手作業でのスキャンが必要だった。他社が取り組むデジタル化プロジェクトでは、書籍を積んだコンテナをインドや中国に輸送してスキャンしてもらうことで人件費を削減していたが、グーグルではマウンテンビューの施設で外部労働者を雇っていた。

彼らはシフト制で働いている。ウィルソンが撮影したグループは、午前4時に勤務を開始し、午後2時15分にグーグル・ブックスの建物を出ていた。彼らの仕事は、ページをめくることと、機械のスキャンボタンを押すことである。元従業員は次のように語っている。「一定の指示が与えられ、決められたノルマをこなす毎日でした。唯一変化があったのは、スキャンしなければならない本と、本の品質だけでした」(3)。グーグルは独自のスキャン技術と、リズムを刻む音楽に合わせてページをめくるように作業員に指示する、特許取得済みの機械を開発した。ウィルソンはすぐに、この労働者グループには、無料の食事やジム、自転車、シャトルサービス、各種イベント、文化プログラムといった、前述の社員特権が与えられていないことを知った。またこの映画の制作を進める中で、彼らがグーグルのキャンパス内を自由に移動することも許されておらず、彼らが他の社員と話すことをグーグルが望んでいないことも知った。グーグルの警備員は、ウィルソンが黄色バッジたちを撮影したりインタビューしたりするのを制止し、彼はその後、この調査をしたことで解雇された。

画面を2分割するというウィルソンの映画は、労働の構造を描いた、過去の2つの映像作品を参照している。そのひとつは、史上初の本格的な映画とも言われる、ルイ・リュミエールの『リュミエール工場を去る労働者（Workers Leaving the Lumière Factory）』（日本では一般に『工場の出口』と訳されている）だ。これはフランスのリヨンにあったリュミエール工場の出口を撮影した46秒の映像で、そこには写真メーカーとして成功したアントワーヌ・リュミエール社を去る労働者たち（多くは女性）の姿が映っている。1885年の春に撮影されたこの作品はもともとさまざまなバージョンが存在しているが、数多くのリメイクも生み出してきた。特に有名なのは、ハルーン・ファロッキ監督が1995年に発表した『工場を去る労働者（Workers Leaving the Factory）』で、リュミエールの工場のショットが、さまざまな場所や時代の工場を去る労働者の映像とつなぎ合わされている。

現代において工場に注目するというのは、いささか時代遅れなようにも感じられたが、私はその点に興味をひかれた。工場は長い間、経済的・社会的進歩の象徴であり、資本主義社会を批判的に分析する際の主な出発点でもあった。歴史家のジョシュア・フリーマンは、工場の歴史を描いた著書『ベヒモス（*Behemoth*）』の中で、近代世界の形成に不可欠な巨大工場は、長い間「未来の手本であり、技術的、政治的、文化的な議論の条件を設定するもの」と見なされていたと述べている。(4)マルクスの『資本論』に登場する英国の工場から、資本主義の一時代を築いたフォードの工場に至るまで、1世紀以上にわたり、工場は多くの経済・社会理論や政治活動の中心となってきた。

工場がフォーディズム理論（米国の自動車産業の先駆者であるヘンリー・フォードが確立した生産方式や経営思想のことで、現代の資本主義を形作る概念のひとつとされ、大量生産・標準化・労使妥協などを特徴とする）の中心であるならば、ポスト・フォーディズム理論は、そのほとんどがポスト工場の理論である。ポスト・フォーディズム版資本主義の描写から締め出された工場は、労働と資本主義の変容を分析するための対比となることがその最も重要な役割であることが多い。したがって工場は、1世紀以上にわたって維持してきた、資本主義の理解における中心的な役割を急速に失っているように思われる。こうした状況とは対照的に、本書では、現代のデジタル資本主義を理解するために、工場がどのような形で存続しているかを考えることを中心的なアプローチとしている。

本書を執筆している時点では、ありとあらゆる書籍をスキャンするというグーグルの熱意は冷め、プロジェクトの規模と重要性は低下しているように見える。しかしこのプロジェクトの運営モデルは拡大している。グーグルの従業員には、書籍のスキャン作業者のようなＴＶＣ（臨時社員《テンプ》、供給業者《ベンダー》、請負業者《コントラクター》の略）と呼ばれる10万人以上の労働者がいる。これらの委託業者は、たとえばグーグルのスマートフォンアプリであるデジタルアシスタントを訓練するために会話の書き起こしを行ったり、ストリートビュー用の写真を撮影するために車を運転したり、ユーチューブにアップロードされた動画に危険な内容が含まれていないかを監視したりしている。彼らの中には、マウンテンビューのキャンパスにおいて、高給取りのグーグル社員のすぐ隣で働く者もいれば、世界中のコールセンターで働く者、さらには個人宅で働く者もいる。グーグルは可能な限り、彼らについて語ることを避け、オフィスの壁やデジタルインターフェースの後ろに隠している。彼らは多くの場合、一般の人々からアルゴリズムによって行われていると思われている仕事をしている。グーグルの場合に限らず、彼らのような労働者は現代のデジタル資本主義において重要な役割を果たしているが、見落とされてしまいがちだ。そこで本書は、グーグルプレックスに隣接する目立たない建物のような、「デジタル工場」の現場に焦点を当てる。これらのデジタル工場はそれぞれ大きく異なるが、いずれもグーグルの本社ビルで見られるような、クリエイティブで活発なコミュニケーションが交わされる、華やかなイメージの職場とは異なる労働体制が敷かれている。

デジタル工場へ

本書のテーマは、デジタル資本主義における労働の変容だ。主に焦点を当てるのは、デジタル技術の影響で、特に従来の工場にしか存在しないと思われていた特徴を持つ労働関係が生まれている現場を取り上げる。そうした労働の現場に注目することで、デジタル時代における労働と資本主義の変容に関する新たな視点が生まれる。労働の変容に関する多くの重要な批判的理論は、労働の創造的、コミュニケーション的、非物質的、あるいは芸術的な特徴を強調してきた。さらに現代の議論では、デジタル技術や自動化によって、単純労働やルーチンワークがなくなってきているという議論もよく見られる。私は、自動化が広範囲に浸透していくという、現代の（あるいは現在進行中の）プロセスにおける、創造的な労働などの重要性を否定するつもりはないが、このプロセスが一様でも直線的でもないことを主張し、デジタル技術の影響が異なる展開を見せた現場に目を向けてみたい。

だからこそ、冒頭のエピソードに登場する、黄色バッジを付けたグーグル従業員のような労働者たちに興味があるのだ。本書では、工場のように見えないかもしれないが、かつての工場に存在していた論理や労働が今なお存続し、さらにはそれが、デジタル技術の普及によって加速している現場を取り上げている。グーグルのカリフォルニア本社で働くスキャン作業員、ドイツやオーストラリアのクラウドワーカーや倉庫作業員、中国やフィリピンのゲーム労働者やコンテンツ・モデレーター、イギリスや香港のデリバルーのドライバーや検索エンジンのレイター（評価者）、ベルリンやナイロビのビデオゲームテスターやウーバーのドライバーなど――それが今日の「デジタル工場」の労働者たちなのである。その仕事は反復的でありながらストレスがたまり、退屈でありながら感情面で負担が多く、正式な資格はほとんど必要としないが、しばしば高度な技術と知識が求められ、アルゴリズム・アーキテクチャーに組み込まれていながら（少なくとも今のところは）自動化できていない。こうした労働は、現在の政治経済において欠かせない存在になっている。本書が調査しているのは、デジタル技術が、見た目はまったく違っていても、20世紀初頭のテイラー主義

〔科学的管理法とも呼ばれ、１９００年代初めに米国の経営学者フレデリック・ウィンスロー・テイラーによって確立された管理理論であり、計画と実行の分離や作業の標準化・最適化、出来高払いなどを特徴とする〕の工場におもしろいほど似通った労働制度を確立・強制している労働分野である。そしてデジタル技術がさらに発達するために、高度に断片化、分解、管理された人間の労働力が必要とされている現場である。そうした労働の現場は、アルゴリズムという魔法の背後に隠されていることが多く、自動化されていると思われていても、実際には人間の労働力に大きく依存している——それは事実上「デジタル工場」となっているのだ。このようなデジタル工場とそこで働く労働者を分析する（その技術的・政治的な構成、新しい労働の組織化形態、労働者の移動と移住、そして生産と対立の新しい地理を分析する）のは、グローバル化した資本主義とデジタル技術の出会いによって形作られた現代のありさまを、理論的かつ実証的により良く理解する一助とするためである。

したがって本書の中心的な論点は、デジタル資本主義の特徴とは工場の終焉《しゅうえん》ではなく、その爆発的普及、増殖、空間的な再構成、そしてデジタル工場への技術的変異であるということだ。本質的に工場とは、生産工程や労働を組織化して管理するシステムのことである。[5] この意味で、工場は労働の現場であると同時に、より抽象的には、労働、機械、インフラを空間と時間を越えて秩序立てるための装置であり論理でもあると理解できる。このプロセスがデジタル技術によっていかに再構成されているかという点に、本書は焦点を当てる。したがって、従来型の工場の変わらぬ重要性や、そうした工場における製造のデジタル化や自動化（たとえば「第４次産業革命」や「インダストリー４・０」といったバズワードで議論されるもの）に重点を置くのではなく、デジタル工場に重点を置く。つまり本書では、労働力の組織化や再構成のあり方、空間的な分配のされ方をデジタル技術がどのように変えるかを探る。そしてデジタル技術を介して、工場の論理がプラットフォームのような新しい空間的なあり方を、いかに見いだしているのかを解説する。

労働の変容を分析するにあたり、本書は3つの中心的なベクトルを展開しており、それらは各章やそれぞれの調査で繰り返し出てくる。第1のベクトルは、本書を通じて「デジタル・テイラー主義」という用語を実証的・理論的に展開させることだ。デジタル技術は労働の変容に多面的な影響を与える。したがってデジタル・テイラー主義は、製造管理がデジタルの世界に移行する際に取り得る数ある方法のひとつに過ぎない。デジタル技術が仕事の世界に与える影響を調査した、多くの報道や学術論文が、自動化の可能性や労働の非物質化に関心を寄せている一方で、テイラー主義の概念もわずかながら復活している。[6] 今日、テイラー主義という言葉は、デジタル技術によっていかに職場や労働の監視、管理、非熟練化が新しくなり得るかという主張を強く押し出す際に使われるばかりで、体系的な説明に使用されることはほとんどない。エコノミスト誌のコラム「シュンペーター」では、「デジタル・テイラー主義は、従来のアナログ版テイラー主義よりも強い力を持つことになるだろう」とさえ論じている。[7]

私がこの言葉を使って述べるのは、さまざまなソフトやハードとその組み合わせによって、いかに労働の標準化、分解、定量化、監視が、新しい（半）自動化された管理、協力、制御を通して、新たなものになるのかということだ。デジタル技術によって、合理化、標準化、分解、非熟練化といったテイラー主義の古典的要素や、労働プロセスの正確な監視と測定が促進されたとしても、それは単純なテイラー主義の復活ではない。むしろこの現象は新しい形で現れている。したがって、私はテイラー主義を引き合いに出すことによって、その単純な復活を主張しているのではなく、テイラー主義の古典的な要素の台頭をデジタル技術がしばしば予想外の方法で可能にするということを打ち出そうとしている。アルゴリズムによる労働プロセスの管理と制御は、伝統的な工場の外でも、新しい形で労働力を資本の下に包摂することを可能にする。デジタル技術は多くの点で伝統的な工場の空間的・規律的機能を担うことができ、その上、路上から個人宅にまでおよぶ、新しい協力と制御のあり方を生み出す。

今日のデジタル資本主義を分析し、概念化するにあたり、本書は新たな視点に立っている。少人数の労働者が機械のオペレーションを監督するような現場ではなく、アルゴリズムが多数の人間の労働を組織化することを特徴とする現場に焦点を当てているのだ。コンピューター化された労働における創造性やコミュニケーションの要素よりも、断片化され、管理され、反復される労働（そしてそうしたあり方の創造性やコミュニケーション）を取り上げているのである。またＡＩ（人工知能）の将来的な影響はあまり取り上げず、むしろ今日のＡＩを訓練する労働者を観察している。このようなデジタル・テイラー主義に基づくアプローチは、デジタル技術によって推進される自動化が生身の人間による労働力をどのように代替するかを予測するわけではない。そうではなく、そうした労働力が現代世界において再構成され、新たに分割され、多数化され、置き換えられる、その複雑で多様なあり方に光を当てる。

労働力の構成に関していうと、これらの複雑なダイナミクスは、本書で提示される分析の第２のベクトルである「労働力の多数化」という枠組みの中で説明できる。デジタル工場は、空間的にも、あるいは主体的な意味においても労働者の均質化を行うことなく、多種多様な労働者を統合できる。ここに、伝統的なテイラー主義との決定的な違いがある。つまりデジタル工場は、工場で働く労働《マス》者集団《ワーカー》に相当する、「デジタル・マスワーカー」と呼べるような存在を生み出さないのだ。デジタル技術——より正確に言えば、作業の標準化、アルゴリズムによる管理、労働プロセスを組織化するための監視、および結果とフィードバックの自動測定——を使うことで、多くの異質な労働者〔出自や人種、境遇などがまったく異なる人々からなる労働者たち〕を多様な方法で包含することができる。そして、まさに（デジタル・テイラー主義という言葉で概念化される）仕事の標準化が、さまざまな形での人間の労働の多数化を可能にしている。

　私はサンドロ・メッザードラとブレット・ニールソンによる重要な研究に基づいて、「労働の多数化」という言葉を使っている[8]。彼らがこの言葉を使うのは、お馴染みの「分業」という言葉の不足分を補うためであり、その不足分とは、労働と生活の合体が進み、労働の柔軟性が増し、グローバリゼーションの進行で地理的に変化し重なり合うことを特徴とする時代における、人間の労働力の不均一性である。実際にこの概念は、本書で示していくように、デジタル技術によって引き起こされる労働の変容に光を当てるのにも非常に有効だ。なぜなら第1に「労働の多数化」という概念は、デジタル工場では、異なる経歴や経験をもち、異なる場所から来た多数の労働者を厳密に管理し、標準化して協力させることができるという事実を示唆しているからだ。それが配送センターであろうとギグエコノミーであろうと（これらは続く章で解説される2つの事例だ）、デジタル技術や自動管理・標準化された作業手順は、労働者の迅速な参加と入れ替えを可能にし、労働の柔軟化と非均一化に貢献している。

第2に、本書を通じて、多くの人々が複数の仕事をしなければならないという意味で、文字通りの「労働の多数化」の例が見られるということだ。これには、労働時間と自由時間の境界がさらに曖昧になることも含まれている。これにより、「1つの安定した終身雇用」というフォーディズムの理想ではなく、労働の柔軟化と、不安定で多様な労働形態へ向かう傾向が多くの場所で見られるようになった（ただしフォーディズムの理想が達成されたのは、性別、人種差別、地理などの要因によって限定された、労働者階級の特定のセグメントにおいて限られた期間だけであったことを付け加えておきたい）。

第3にデジタル技術は、物流システムの変革や、新しい形態の労働移動（「仮想移民」の登場など）などを通じて、労働力と物品の可動性の再構成に関与していることが挙げられる。この意味で労働の多数化は、労働の地理と労働における移動の異質化、性別による偏った分業の再構成、そして短期雇用・下請け雇用・フリーランス・その他の非正規雇用といった柔軟な雇用契約の浸透を包含している。

このような動きには、空間が非常に重要な要素であることはもう明らかだろう。デジタル工場を空間的に縛られない概念として明確に位置付けること、つまりデジタル・インフラによる空間の再構成を理解することが、本書における分析の第3のベクトルとなる。デジタル・インフラは生活のほぼすべての領域において、空間のあり方を大きく変えており、また細部から地政学的な次元に至るまで、労働の地理をも変えている。インフラを「インフラ空間」として理解するという、ケラー・イースターリングによる分析の改革は、インフラやデジタル技術が空間のあり方にどのように関与しているかを分析するためだけでなく、それらが労働の空間性をどのように再編成しているかを分析するためにも重要である。世界的な分業を再編成するグローバルな物流システムや、アマゾンの倉庫内で作業員の動きを細かく組織化するソフトウェア、世界中の個人宅からデジタル労働力を集めるクラウドワーク・プラットフォームといった事例には、デジタル技術が労働の空間アーキテクチャーをいかに変化させるかということがよく表れている。(9)

デジタル技術が（労働体制としての）工場を、（物理的な建物としての）工場の外に移動させられるならば、デジタル工場はさまざまな空間形態を取ることができる。たとえばそのひとつとして、プラットフォームが挙げられる。今日のデジタル・プラットフォーム（ウーバーやアマゾン・メカニカル・タークなど）は、空間と時間を超えた労働プロセスと社会的協力を可能にしている。このようなプロセスを促進するインフラは、デジタル工場の実際的な機能にとっても、またデジタル技術による経済空間の再構成にとっても、非常に重要だ。

ここで、こうしたインフラの地理が、人間の労働力の再構成と多数化にどのように関与しているのかが明らかになる。自宅のPCを通じ、クラウドワーキングのプラットフォームを利用して行う作業が、新しいデジタル賃金労働者（たとえば扶養家族の世話をする責任のある人々）の就労に役立っていることや、オンラインゲームの複雑な空間性が、労働のデジタル人種化とバーチャルな移民という不思議な現象を生み出していることには、このことが表われている。移民、ジェンダー、その他の新旧の（空間的な）階層化や労働の断片化に焦点を当てることは、グローバルでデジタルな世界でそのようなカテゴリーが時代遅れと見なされることの多いこの分野では特に、方法論的に不可欠だ。

デジタル・インフラは、労働の空間性を、職場というマクロなレベルからグローバルな次元へと大きく再編成し、新しい労働資源を利用可能にしつつ、古い労働資源を再編成する。そうすると、労働の組織化と構成、および労働争議に多くの影響がおよぶとともに、労働移動の慣行と性別による分業が再構成される。デジタル工場を通じた労働の再構成とは、徹底して空間再構成のプロセスなのである。一見すると自明のように思える工場の空間アーキテクチャーに対して疑問が投げかけられるとき、アルベルト・トスカーノが提案したように、階級の空間的構成が槍玉に上がるのかもしれない[10]。

本書で論じているように、デジタル工場はさまざまな形態を取り得る。伝統的な工場によく似ていることもあれば、デジタル・プラットフォームやオンラインゲームである場合もあるのだ。このような空間的・物質的な差異にもかかわらず、デジタル工場は従来の工場と多くの共通点を持っている。それらはみな生産のインフラであり、多種多様なテクノロジーによって生産プロセスや分業、そして人間の労働力の制御と規律化（多くの場合、細部に至るまで）が組織されるという特徴がある。デジタル工場では、特定の生産プロセスを構成する要素や労働者が、常に1つの建物に集まっているわけではないかもしれないが、デジタル技術、インフラ、ロジスティクスのおかげで、人間の労働力とテクノロジーの協働との棲み分けが、従来の工場の場合よりも高い一貫性と精度で実現することが多い。

デジタル工場の研究

本書ではアマゾンの配送センターやオンラインゲーム、ギグエコノミーのプラットフォーム、データセンター、コンテンツ・モデレーション企業、そしてソーシャルネットワークに至るまで、さまざまなデジタル工場の具体例を取り上げている。これらはすべて、デジタル技術が労働関係を生み出す現場であり、前述した概念が正しいかどうかを確認することができる。またこうした現場は、それぞれに、現在の資本主義の変容を理解するためのレンズ、またはプリズムでもある。本書で紹介する事例は、グローバル・バリューチェーンにおけるデジタル化された物流の重要性の増加、デジタル労働の重要な現場であるだけでなく、これまで想像すらされていなかった形態の労働移動を生み出すオンライン・マルチプレイヤー・ゲーム、ギグエコノミー内外におけるデジタル・プラットフォームの重要性、そしてソーシャルメディアやデジタル・インフラに隠された労働などである。議論の余地はあるが、いずれもデジタル化された労働の現場であるだけでなく、現代の政治経済において焦点となる場所でもある。これらの現場は多くの点で違いがあるが、それにもかかわらず、さまざまな形でつながりがある。本書において繰り返し、似たような契約上の取り決め、出来高払い賃金の復活、同じようなパラメーターで動作する労務管理ソフトウェア、そしてデジタル経済、労働法、インフラ（データセンターなど）に関係する、空間とインフラの似たような問題に繰り返し遭遇することになるだろう。時には同じ企業が登場することもある。このような多面的なアプローチを取ってこそ、デジタル資本主義における労働の変容の傾向を、特定の分野に限定することなく明らかにすることができる。

本書はエスノグラフィーやインタビューなど多様な質的研究手法を用いて、さまざまな現場で7年以上にわたって行われた実証研究をベースに、他の要素やインフラ技術の分析を組み合わせたものだ。その中で中心的な役割を果たしているのがインタビューであり、特に労働者との会話は、本研究の核心となっている。本書で紹介する4つの事例研究では、それぞれ異なるグループの労働者にインタビューを行った。アマゾンの倉庫で働く作業員や、ベルリン空港などで働く物流作業員、ゲーム業界やクラウドワーク・プラットフォームで働く労働者、ソーシャルメディアのコンテンツ・モデレーターなどである。またこれらのインタビューを補完するために、労働組合の関係者や活動家、経営者、専門家など、各章に関連するさまざまなアクターにも話を聞いた。ほとんどのインタビューは直接対面で行ったが、電話やビデオ通話、あるいはテキストチャットを利用した場合もある。時には公式なインタビューよりも非公式な会話（ストライキの最中やオンラインゲームのチャットなど）の方が、生産的で得られる情報が多いこともあった。

このことは、調査におけるエスノグラフィックなアプローチの重要性を示唆している。私は可能な限り、問題となっているデジタル工場に足を運ぶようにした。倉庫や物流拠点、ゲームが制作されているオフィスやスタジオなどを訪問し、伝統的な形での（つまりオフラインでの）観察を行ったほか、ロジスティクスの章とゲームの章の一部では、組合の会合やストライキなどの現場を訪問した（それらはほとんどがドイツ東部にあった）。後半の章では、オンラインでのエスノグラフィー調査が増えている（そしてデジタル工場の複雑でマルチスケールな姿に光を当てている）。またオンライン・マルチプレイヤー・ゲーム「ワールド・オブ・ウォークラフト（World of Warcraft）」を数か月間プレイし、ゲーム内でのやり取りや経済活動に参加したり、「ゴールドファーミング」というデジタル・シャドーエコノミー（非公式経済）を観察したりした。オンラインゲーム内の社会的世界と政治経済を分析するには、そうしたゲームのオンライン空間に注意を払うだけでなく、デジタル労働のほかプレイヤー同士の関係性や社会性にも深い注意を払わなければならない。クラウドワークの章についても、そのかなりの部分が、オンラインの（自己）エスノグラフィーに基づいている。私はさまざまなプラットフォームに登録し、自分自身がクラウドワーカーとなって、そうしたプラットフォームの論理やインフラ、労働プロセスを理解するために、数か月の間働いた。住所や場所を検索したり、何時間もかけて写真を分類したり、音声認識ソフトを学習させたり、ウェブで電話番号を検索したり、何千ものファッションアイテムを分類したり、ビデオファイルの音声を書き起こしたり、その他多くの作業を行った。そうしたプラットフォームは、同じように働く「同僚」と接触しないように設計されているが、どのプラットフォームも、さまざまなオンラインフォーラムやその他のソーシャルメディア・コミュニティに囲まれていることに気づいた。

すべての章（特にクラウドワークに関する章）において、ゲームやプラットフォームそのものだけでなく、ソーシャルメディアやブログ、フォーラムといった周辺の生態系が重要なノードとなっており、私にとっても重要な研究対象となっている。フォーラム、メーリングリスト、ソーシャルメディアは、交流の場であると同時に、労働者による相互扶助、組織化、抵抗の源ともなっている。これらのコミュニケーションは、連帯と対立の場として、私の研究アプローチに極めて重要なものだ。これらのフォーラムは、クラウドワークの章におけるオンライン労働プラットフォームの分析において、特に重要だった。出来高払いの仕事がオンライン上で行われる世界では、フォーラムは労働者が集まり、さまざまな問題を議論する場であり、それらの問題を分析することは、労働者の社会的構成や主体について理解を促進してくれただけでなく、「クラウドワーキング階級」の自己組織化と抵抗に内在する問題点についても知見を与えてくれた。

小さなデバイスから巨大なインフラに至るまで、テクノロジーの研究も、本書の基盤となる重要な研究である。機械は常に、生産の組織化と管理における主要な要素であり、労働が組織化され実行されるタイミングや方法を規定してきた。そのために、それはまた常に論争の場ともなってきた。しかしユビキタス・デジタルコンピューティングとビッグデータの時代には、労働や社会的協力の組織化、管理、測定、制御の手段が変化し、労働紛争の形態も変化している。そのため、こうした状況を分析することは極めて重要になっている。さまざまなインフラに注目することは、デジタル資本主義の物質性を強調するためのアプローチのひとつだ。「無重力」経済や「バーチャル」経済といった言葉から連想されるものとは異なり、資本主義のデジタルトランスフォーメーションは、実際には極めて物質的なプロセスである。デジタルデバイス、人工衛星、光ケーブル、データセンターなどが、港湾、道路、鉄道といった旧来のインフラを補完している。[11] 私の理解では、インフラにはソフトウェアも含まれる。近年のソフトウェア研究では、アルゴリズムは現代の政治的、社会的、物質的な構造に広範かつ複雑で偶発的な影響を与えるという観点から、その重要性が強調されている。[12] 本書が調査した現場について、構築された空間というハードインフラ、コードというソフトインフラ、そしてその両方の相互作用を理解する必要がある。このようなインフラと、それが生産と流通において果たす役割を研究するのは非常に重要だが、困難であることが多い。というのも、そうしたインフラはあの手この手で隠される傾向にあり、多くの場合は何重ものコードやコンクリートによって保護されているからだ。

これは特に、労働、生産、流通を組織化し、制御し、測定するために使用されるソフトウェア・アーキテクチャーの多くに当てはまる。こうしたソフトウェアは通常、つかみどころがないものであり（時にはそれを使用している人々にとってさえそうだ）、研究するのは困難だ。私はこの問題に取り組むため、本書の基礎となる研究において、まずはこれらのデジタル・インフラのさまざまなユーザーへのインタビューを通じて、その機能を把握しようと試みた。多くの場合、日々の業務を管理するアルゴリズムやインフラのアーキテクチャーと対峙している労働者は、その機能を解読する上で最良の専門家だ。エスノグラフィックな手法、つまり自らオンライン・プラットフォームで働いたり、ゲームしたりして、これらのアルゴリズムを理解することは、コード化された論理についてある程度推測できるようになる上で、価値のあるものであることがわかった。これには、ソフトウェア・アーキテクチャーの研究における2つ目の重要な手法であるアルゴリズムの実験や、時にはリバースエンジニアリングを試みることも含まれる（単にそれで遊んでみて、異なる入力に対する反応をテストすることもある）。ただしこれらの方法も、また本書で使用しているソフトウェアの他の研究方法も、コーディング分野における私の知識不足によって制限されていることを強調しておきたい[13]。

さまざまな補足資料（労働組合の出版物、プレスリリース、経済報告書、労働契約書、訴訟など）を分析することは、問題となっている各種のデジタル工場の機能を理解する上で極めて有用だった。通常は表に出ることのない、クラウドワーク・プラットフォームやコンテンツ・モデレーション・プロバイダーの運営については、訴訟や内部告発、そして調査ジャーナリストや研究者の活動によって明るみに出ることがある。後者については、特にソーシャルメディア・プラットフォームにおけるコンテンツ・モデレーションの隠された世界を調査する上で重要な情報源となった。アルゴリズムやその他のインフラについての情報は、意外なことに特許が役に立つ。アマゾンのような企業は、その配送センターや電子商取引プラットフォームで使用されているソフトウェアについてほとんど公表していないが、多数の特許を出願しており、そこから多くのことを把握できる。またアマゾンが出願している特許を分析することで、ソフトだけでなくハード面のインフラについても情報を得ることができ、たとえば配送センターでの労働の合理性や、さまざまな地域におけるアマゾンの事業展開などを理解するのに役立った。

この方法論は、大きく異なる研究の場や方法を組み合わせて、グローバルな変革のダイナミックなプロセスについて広範な分析と概念化を行うという点で、明らかに実験的なものだ。私は、具体的な労働や闘争の現場を丹念に調査すると同時に、それらの分析を、グローバル資本主義の変容についてのより広い理解の中に位置づけるという挑戦が必要であると確信している。人類学者のアナ・ツィンは、自身のエッセイ「サプライチェーンと人間の条件（Supply Chains and the Human Condition）」の中でこう問いかけている。「グローバル資本主義の『大きさ』（すなわちその一般性と規模の両方）を、その異質性への注意を失うことなく、想像することができるだろうか？」彼女は「サプライチェーン資本主義」という概念を提唱し、「現代のグローバル資本主義の大陸横断的な規模と構成的な多様性の両方」と「資本、労働、資源の動員における差異の構造的役割」を理論化している。(14) 差異の構造的重要性と、そしてその差異の重要な担い手としての価値の重要性を認識した上で、デヴィッド・ハーヴェイは資本主義を「断片化の工場」と語っている。(15) 領域を拡大し続ける生産を合計する（実際には合計ではないが）様式として、資本主義を理解することは、本書にとって極めて重要であり、また私の研究にとっては示唆に富むものだった。おかげで本書は、資本主義の現代的変容について、理論的・実証的により深く理解するための一助にできるはずだ。

デジタル工場を探求することは、ここ数十年間の変化（たとえば、特にグローバルノース（経済的に発展した先進国のことで、北半球に位置する国が多いことからこう表現される（実際の位置は関係ない））。逆に発展途上国は南半球に位置する国が多いことから、グローバルサウスと表現される）における多くの大規模工場の実質的な衰退や移転）や、工場を中心とした理論と政治（特にフェミニストのアプローチなどによって説明されるもの）の欠点を無視することではない。私は「デジタル工場」という言葉を使うことによって、予期せぬ過去からの連続性や、新たな関係性を追求して、労働の世界に対するデジタル技術の深く異質な影響を理解しようとしている。他の理論や研究方法と同様に、本書で提示する世界観や視点は不完全なものであることを免れない。それでも、多くの人にとって価値のある視点となることを目指している。

あらゆる研究がそうであるように、本書もゼロからスタートしたものではなく、実証的・理論的研究の豊かな伝統の上に築かれており、それらに大いに助けられている。本書の重要な出発点となり、重要な情報源でもあるのが、イタリアの労働者主義マルクス主義の洞察と、1960年代から現在までの戦後（および他の時代の）イタリアにおける社会的生産の変容に折り合いをつけようとする試み、そして社会的闘争によって引き起こされた技術的・政治的変化に対する動的な理解である。最近では、この伝統を受け継ぐ論者たちが、「非物質的労働」という重要な概念を中心に、ポスト・フォーディズムにおける労働の変容について議論を展開している。[16]「非物質的労働」は、「集団的知性」などポスト労働者主義の文脈上で、そしてマルクスの概念である「一般的知性」への新たな関心との関連で理解されなければならない。[17]こうした概念はすべて、新しいレベルの協力関係に達した社会的生産に関わる、新たな形の創造性とコミュニケーションに言及しており、それらはますます資本による支配から独立して働くようになっている。アントニオ・ネグリが論じているように、今日、「私たちは新たな労働の技術的構成に直面している。それは非物質的なサービス労働、協調的な認知労働、自己評価的な自律労働だ[18]」

非物質的労働の概念と、その理論的生態をめぐって展開されたこれまでの議論は、多くの点で本書の出発点となっている。しかしその出発点からはすぐに離れる。この議論における理想的な非物質的労働の担い手とは、多くの場合、高度な資格を持ちながら不安定な立場に置かれている、グローバルノースの都市労働者である。彼らは、コミュニケーション労働や創造的労働に従事しているという特徴を持ち（たとえばデザイナーやプログラマー）、資本の直接的な支配からは距離を置いて活動する。本書はある意味で、それとは正反対のタイプの労働者を取り上げている。「デジタル・テイラー主義」は、その名からも自明なように、デジタル時代における労働の特性や分野に重点を置くものだ。私の研究では、デジタル技術（その最も進んだ形態）がどのようにして、合理化と分解だけでなく、たとえば労働プロセス全体の厳しい管理を特徴とするような労働関係を生み出すかということに関心を寄せている。それに伴い、本書の焦点は他の労働者グループにも向けられる。これは非物質的労働の理論を批判するというよりも、焦点や視点を補足したり変えたりすることを意図したものだ。

この点について、私の研究はニック・ダイアー＝ウィザフォードやジョージ・カフェンツィス、ウルスラ・ヒューズ、リリー・イラニといった著者らの研究に基づいている。彼らはデジタル化の結果、自由なコミュニケーションや創造性ではなく、非熟練化、ルーチン化、管理といった特徴を持つ労働形態が生じる事例に注目している。[19] もちろんこうした最近のアプローチの背後には、テクノロジーと資本主義の関係に関する、多様で豊かなデジタル以前の批評的研究の歴史がある。それは目立たないかもしれないが、本書の重要な基盤の一部となっている。こうした過去の研究や議論には、イタリアの労働主義における初期の論文（「社会的工場」という概念によって、工場の壁を越えて工場を考える初期の見事な例となった論文）や、もちろんハリー・ブレイヴァマンによるテイラー主義への痛烈な批判などが含まれる。[20]

デジタル時代における労働の必然的に異質な構成を示し、デジタル・テイラー主義として理論化されている発展が持つひとつの傾向に光を当てるこうしたアプローチは、私の研究と関連している。そして私の主張は次のとおりである。デジタル技術は（特にその最も進んだ形態において）まったく異なる一連の労働形態を生み出し、それらの労働の中で、新たなデジタル・テイラー主義がより自律的な（非物質的な）労働形態とともに存在している。私はデジタル・テイラー主義を重要な分野として説明することで、それを新たな支配的な労働形態であると主張しているわけではない。むしろデジタル・テイラー主義は、最近重要性を増したとはいえ、さまざまな傾向の中のひとつだと主張しているのである。このようにデジタル・テイラー主義は、他の（著しく異なる）労働形態とともに存在している。そうした他の労働形態との共存は、付随的なものではなく、実際には必要なものである。異質かつ多様で細分化された労働形態の存在は、偶然でも、不均等な発展という単純な問題でもなく、むしろ資本主義の発展における重要な特徴であり、どちらかといえば、時間とともにその重要性は増してきている。

本書について

本書はこのイントロダクションと、事例研究を中心とした4つの章、そして結びの1章から構成されている。次章の「グローバルな工場」では、ロジスティクスの分野にスポットを当てる。はじめに、ロジスティクスがグローバル資本主義の中心に躍り出る中で極めて重要な要素であった、輸送用コンテナとアルゴリズムについて扱う。この章の最初の焦点は、アマゾンの配送センター、特にベルリン近郊のある施設における労働と闘争についての調査である。この配送センターは、人間の労働力を大規模な循環システム（アルゴリズム的アーキテクチャーによってますます組織化が進んでいる）へと組み込むという流れを象徴するものである。配送センターは、グローバルなサプライチェーンのレベルにおいてだけでなく、細部までソフトウェアが支配する物流労働の重要な場である。それと同時に、数年前からアマゾンの配送センターでは、労働条件をめぐる長期の労働争議が起きている。第2章の後半では、配送センターに続くサプライチェーンの一部である、ラストワンマイルの配送に焦点を当てる。オンラインショッピングの台頭により、ラストワンマイル配送は都市における物流業務の重要なポイントとなっており、極めて柔軟性の高い労働力をめぐる激しい競争と実験の場となっている。アプリベースの労働形態によって、物流労働の柔軟性は極端なほど高くなり、物流をギグエコノミーの系譜の中に重要な要素として位置づけることができる。

第3章「遊びの工場」では、ビデオゲームに関わる労働と政治経済について述べる。2つの調査を取り上げ、それぞれドイツのゲーム産業におけるデジタル労働者と、主に中国にいるプロのゲームプレイヤー、いわゆる「ゴールドファーマー」を扱っている。ドイツの事例では、ベルリンとハンブルクのゲーム労働者側の闘争と組合結成に焦点を当てる。中心となるのは、著名なゲームデザイナーやアーティストではなく、ゲームをプレイしてエラーを発見する品質保証部門のテスターたちである。中国の「ゴールドファーマー」たちの労働は、ベルリンにある品質保証部門以上に反復的で体力を消耗するものであり、長時間労働と厳しい職場規律が特徴となっている。そこでプロのゲームプレイヤー（それがゴールドファーマーだ）たちは、ゲーム内のアイテムを獲得し、それをゲームを有利に進めようとする主に欧米のプレイヤーに販売する。その結果、中国のデジタル労働者は、欧米のサーバーで活動する「仮想移民」となり、人種差別的な待遇に直面しながらデジタルサービス部門で働くという複雑な経済地理が形成される。この章で分析するのは、このデジタル・シャドーエコノミーの特異な性質と、それによって生じる新しいタイプの移民労働と人種差別である。後者は、オンラインゲームの政治経済の一部として、また、デジタル・シャドーエコノミーが生み出す特殊な労働と循環の形態として分析する。

第4章「分散型工場」では、クラウドワークを扱う。クラウドワーク・プラットフォームは、デジタル労働者をグローバルに集めて仕事を割り当てるデジタル・プラットフォームであり、彼らのほとんどは自宅のパソコンで仕事をする。これらのデジタル在宅勤務者は、AIの開発と訓練において、重要でありながら隠れた要素となっている。これらのプラットフォームにおける労働の特徴は、労働の分解、標準化、自動化された管理、監視、そして極めて柔軟な契約形態である。この章では、クラウドワーカーの構成を調査し、第1章で説明する労働の組織化こそが、労働の多数化を可能にするものであるという主張を展開する。そうしたデジタル工場としてのプラットフォームは、空間的に、または主体として均質化する必要性を回避しつつ、極めて異質な労働者の集合を生み出すことができるのである。その結果クラウドワークは、これまで賃金労働にほとんど就くことのできなかった労働力のプールを利用する。たとえば家族の世話をしていた女性が、家事と並行してクラウドワークのプラットフォームで働くということができるようになった。また近年、グローバルサウス〔アフリカや南米など、地理的な意味で南に位置する国々を指す言葉だが、近年ではグローバル化によって経済的にマイナスの影響を受けている地域を指すようになっている」ではモバイル・インターネットのインフラが整備され、潜在的なデジタルワーカーが大量に生み出されるようになった。

第5章「隠された工場」では、ソーシャルメディアにおける労働を取り上げる。この章では、ヘイトスピーチやプライバシー、データ保護に関する議論の陰で曖昧にされがちな、ソーシャルメディアの政治経済の側面、すなわちソーシャルメディアのインフラ（ハードとソフトの両面）とその中に隠された労働に目を向けている。この章では、コード、データセンター、コンテンツ・モデレーションの背後にある労働を調査し、ソーシャルメディアとデジタル経済の他の部門の両方にとって重要である、隠されてしまいがちな労働形態に光を当てている。これらのインフラには、コンテンツ・モデレーターや「レイター（評価者）」（検索アルゴリズムの改善を仕事とする人間の労働者）といった労働も隠されており、彼らはグーグルで本のスキャン作業に従事する「黄色バッジ」たちに非常によく似ている。

最後の章は結論だ。ここでは理論的分析と実証的分析を統合して、デジタル資本主義を特徴づけるものは工場の終焉ではなく、その爆発的普及、増殖、空間的再構成、「デジタル工場」への技術的変異であることを論じる。デジタル工場はこれまでと非常に異なる形態を取り、伝統的な工場に見間違えることはほとんどない。そうした形態のひとつで、ますます中心的な存在になってきているのがプラットフォームだ。それは本書を通じて、さまざまな形で登場する。プラットフォームは、今日のデジタル資本主義における典型的な工場といえるかもしれない。その後のエピローグでは、新型コロナウイルスのパンデミックが、これまでの章で解説した状況に与えた影響について考える。

以上を総合的に考えると、デジタル工場が取る形態は、配送センターやオンラインゲーム、インターネットカフェ、デジタル・プラットフォーム、デジタル在宅勤務者のリビングルームなど、柔軟で変幻自在であることがわかる。こうした工場は、互いに非常に異なる異質な労働者のグループによって構成され、彼らはしばしば異なる地域に分散している。にもかかわらず、デジタル工場というインフラはこれらの労働者を同期させ、アルゴリズムによって組織化された生産体制へと仕立てることができる。ここに、私たちはその特徴を見ることができる。デジタル工場は、あらゆる違いや場所を越えて労働を組織化し、分配し、分割し、管理し、再生産させる方法を共通して持っているのである。そしてここに、デジタル資本主義の重要な構成要素となっている労働形態の輪郭を見ることができる。それを、労働の社会的分業、その地理、階層、闘争のあり方が再構築されるまさにその過程において見ることができるのである。

第2章　グローバルな工場——ロジスティクス

米国の社会学者トーマス・ライファーは講演の中で、もし現代においてカール・マルクスが彼の最も重要な著作を書いたとしたら、冒頭の言葉は違うものになるだろうと述べた。よく知られているように、『資本論』第1巻の有名な冒頭文はこう書かれている。「社会の富は『商品の巨大な集まり』として現れる[1]」。しかし今日においてこの富は、「コンテナの巨大な集まり」として現れることがはるかに多い、とライファーは指摘している[2]。マルクスにとって、商品とは単なるモノではない。それと同様に、コンテナはモノを収納するための単なる箱ではない。コンテナはその物質的、象徴的な機能において、商品の移動がますます中心的な役割を果たすようになった、現代の資本主義を表している。コンテナは、グローバル資本主義における物流の根本的な変革の象徴であり、その前提条件でもある。したがってコンテナは、ロジスティクス分野のオペレーションとインフラによって動く世界を体現するものであり、この分野の台頭を象徴するものでもある。

この変化を表現しようとする試みの中で、コンテナは中心的な要素であり、グローバル化の象徴、世界貿易のシンボル、そして今日のグローバル資本主義を描く芸術的試みの対象にもなっている。

自称、流浪《ノマディック》のデザインスタジオの「アンノウン・フィールズ・ディビジョン（Unknown Fields Division）」は、自らが「ミッション」と呼ぶその芸術的活動の一環として、２０１３年冬にコンテナ船で南シナ海を旅した。「漂流する世界（*A World Adrift*）」と題されたこの調査は、船とコンテナを出発点として、現代資本主義の空間的・領域的な特質を分析している。彼らは標準コンテナを1万個以上収容できるコンテナ船「グンヒルデ・マースク号」を中国南部の海岸から英国まで追跡することで、物資の流通において、この鉄の箱が中心的な役割を果たすことを示した。煙を吐き出す工場の煙突を背景に、積み上げられたコンテナの列が延々と続く中を、クレーンがコンテナの積み下ろしを行う。一見すると、このオペレーションには人の手が入っていないように感じられる。これが「物流景観」であり、それは鋼鉄と標準化、巨大な機械のリズム、そして人間の労働の矮小化によって特徴づけられる。これらの風景は「『真に抽象的な』空間」を構成し、資本の抽象的な論理を表現可能なものにしているように見える(3)。

明らかにアンノウン・フィールズ・ディビジョンは、絶え間のないコンテナの流れに魅了されているが、この果てしないコンテナの機械的風景がすべてだと捉えることを慎重に避けている。コンテナの動きは、輸出される商品を製造する中国南部の工場の光景によって補完される。アーティストであり映画監督でもあるアラン・セクラ（彼もコンテナの流通を記録している人物だ）と同様に、このデザインスタジオは、物流建築の周辺空間や、そこに住む人々との不安定な関係に注意を払うことで、物流景観の均一的なビジョンから脱却している。アンノウン・フィールズ・ディビジョンは、東莞《とうかん》市にあるサウス・チャイナ・モールを訪れる。世界最大級のショッピングセンターであるこのモールは、東洋から西洋への商品の流れが自然なものではないことを物語っている。さらに荒廃し衰退したこのモールは、中国の国家資本主義の矛盾を映し出している。これらの考察で最も重要なのは、巨大な技術的インフラに対して、人間の労働が現在もなお中心的な位置を占めているという点である。セクラもアンノウン・フィールズ・ディビジョンも、生産と循環システムにおいて、人間の労働力が中心的な役割を果たし続けていることを前面に描いている。中国の工場や港で働く労働者、コンテナ船で働く労働者は、いずれも循環システムの重要な構成要素であると同時に、ストライキなどで将来それを中断させる可能性のある行為者として表現されている。

本章は、コンテナやアルゴリズムによる自動化を背景とした、ロジスティクス〔「logistics」という単語については、それが単に「モノの流れ」を意味している場合には「物流」を、「モノの流れを最適化して行う仕組み」を意味している場合には「ロジスティクス」という訳語を当てた〕の台頭と物流労働の維持および変容の両方を探求している。私はコンテナやプログラムによって具現化される標準化と抽象化〔複雑な業務プロセスやデータを簡略化し、共通の要素や本質的な部分だけを取り出して扱うこと〕の論理に強い関心を抱いているが、本章は、「無限に循環するシームレスな物流の調和」という図式に抵抗するという視点から書いている。ロジスティクスがもたらしたものは、円滑なグローバル化や境界の消滅ではなかった。むしろロジスティクスは、境界を増やし、かつ柔軟にした。それと同時に、ロジスティクスは労働の終焉をもたらすのではなく、労働を置換、多数化、柔軟化させた。この主張は、本章だけでなく、本書全体の核心である。これは、コンテナリゼーションに関わる論理の多くが、デジタル化のさまざまなプロセスにも見られるという事実を示唆している。つまり抽象化の技術として、コンテナとプログラムは、均質化を推進するだけでなく、異質性と断片化を生み出す点でも類似しているのだ。本書はさまざまな形で、コンテナやプログラム、ソフトウェア、インフラを通じた標準化、均質化、相互運用性の確立が、いかに空間と労働を多数化し異質化することになるのかについて論じている。

物流業務において、労働は依然として欠かすことのできない要素だ。多くの自動化の取り組みが行われているにもかかわらず、循環を維持するために、労働が極めて重要なのである。本章ではさまざまな物流労働の現場を訪ね、中でもサプライチェーンの重要なノードである配送センターを取り上げる。ここでは、他の物流労働の現場と同様に、デジタル技術が労働の体制とプロセスを大きく変容させつつある。そこから、デジタル・テイラー主義と労働の多数化は、物流インフラの文脈で重要な原則であることがわかる。さらに本章では、商品が配送センターを出て「ラストワンマイル」に向かい、顧客の玄関先に届けられるまでを追う。近年、オンラインショッピングの台頭や、アマゾン、フードラ、デリバルーといったプラットフォームの普及により、配送のラストワンマイルが都市部における物流業務の重要事項となってきている。宅配の重要性と、時間に対する厳密性は、都市空間と労働関係の双方を再構築する。そのためラストワンマイルの労働は、一方では強い時間的プレッシャー、標準化、アルゴリズムによる管理、デジタル技術による監視という特徴を持ち、他方ではプラットフォームによって労働が不安定化、柔軟化するという特徴も持つ。

しかしロジスティクスにおける労働の詳細な研究に話を進める前に、ロジスティクスが産業として、そして合理的なシステムとして台頭したところから理解を始める必要がある。それには、しばしば「ロジスティクス革命」と表現される歴史的なプロセスを概観する。このプロセスは産業の変容を伴っていたが、より重要なのは、資本主義そのものの変容を伴っていたことだ。本章では、物流産業の台頭に不可欠な技術としてコンテナとアルゴリズムを取り上げるが、まずは、ロジスティクスがいかに重要な経済部門となったのか、また、ロジスティクスが今日の資本主義に浸透するとともに、いかにそれを根本的に形作っているかを概略するところから始める。

コンテナ、あるいはロジスティクス革命

１９５６年4月26日は、コンテナ輸送が始まった日としてよく紹介される。この日、ニュージャージー州の港から、改装されたタンカーが出港した。甲板に固定された48個の鋼鉄製の箱は、クレーンで直接トラックに積み替えられるようになっていた。このシステムを開発したのは、運輸業の起業家マルコム・マクリーンとロイ・フルハウフである。それは単に、積み重ね可能な鋼鉄製の箱をツイストロックで固定し、専用のクレーンを使って列車やトラックから船へ直接移し替えるというだけのもので、特に新しいアイデアというわけではなかった。１世紀以上前から、コンテナシステムや標準化の試みは存在していたのである。しかし最終的に勝利したのは、マクリーンとフルハウフのシステムであった。この成功には、米軍が重要な役割を担っている。彼らはマクリーンらのシステムを、ベトナム戦争における物流上の要件に合うように変更させたのである。１９６８年から１９７０年にかけて、４つの国際標準化機構（ＩＳＯ）規格が整備され、現在使用されてい

るインターモーダル（複合）輸送用コンテナの基準、つまりTEU（20フィートコンテナ換算単位）が定められた。TEUとは、長さ約20フィートの標準コンテナに換算した貨物の量を表す単位で、積載量や出荷量を計算するために使用される。

インターモーダル輸送用コンテナは、港湾のあり方を劇的に変えた。積み替えに必要な時間と空間が大幅に縮小され、必要な労働力も大幅に減少した。一部の労働組合はコンテナリゼーションを遅らせたり、規制したりしようとしたが、最終的には敗北を認めた。その意味でコンテナリゼーションは、労働運動のなかでも昔から戦闘的、かつ国際主義的な港湾労働組合（国際港湾倉庫労働者組合など）に加えられる打撃の第一陣となった。コンテナリゼーションの結果、作業場や積み替え地点としての港湾は、空間として急速に、そして劇的に変化した。同時に、コンテナが物資の輸送に果たす役割もますます大きくなっていった。現在では、国際貿易のほとんどが規格化されたコンテナを中心に展開されている。一般貨物の9割はコンテナによって船で輸送され、それが世界の商品輸送の9割を担っている。主要港（ハンブルク、ロッテルダムなど）では、毎日2万5000個以上の標準コンテナを扱うことができる。コンテナ輸送は、海運会社の台頭にも寄与した。冒頭で紹介したアンノウン・フィールズの調査旅行の舞台となったコンテナ船「グンヒルデ・マースク号」は、現在世界で最も重要な海運会社のひとつであるマースク・ラインズが所有している。マースク社は600隻を超える船舶を運航しており、その積載量は合計で260万TEUにも達する。100か国以上にオフィスを構え、数万人の船員やスタッフを雇用しているが、（多くの物流会社と同様）一般にはあまり知られていない。これには、物流のオペレーションやインフラが多くの空間に存在するにもかかわらず、一般にはそれが失敗したときにのみ認識されるという状況がよく表れている。そこからわかるのは、物流のオペレーションやインフラが、ナイジェル・スリフトがいうところの、グローバル資本主義の「技術的無意識〔特定の技術やインフラが日常生活や社会経済システムに深く組み込まれているため、人々が普段それらを意識しないでいる状態〕」のひとつであるということだ。(4)

輸送用コンテナは、グローバリゼーションの基本的かつ技術的な前提条件であり、その象徴でもある。それは標準化とモジュール化の原則を表し、グローバルな循環の大幅な増加と加速に貢献してきた。そのため、20世紀の第2次グローバリゼーションにとってもなくてはならないものだった。コンテナとロジスティクス革命に焦点を当てることで、このグローバリゼーションの歴史は従来とは異なる新たな物語となる。新自由主義的グローバリゼーションに関する多くの物語が、自由貿易協定や構造調整プログラム、それに伴う世界銀行や国際通貨基金といった機関に焦点を当てている。それに対して、この新たな物語では、コンテナのような技術や物流の台頭、さらにその結果としての、前述のISOといった機関や国際海運業務に大きな重点を置く。このような視点は、グローバリゼーションの物質的な側面の歴史をたどることを可能にし、それゆえに多くの標準的な物語に対する重要な補足となる。

コンテナは、中心的な存在であるにもかかわらず、ロジスティクス革命を構成するさまざまな要素のひとつに過ぎない。それは地理学者のデボラ・コーエンが主張するように、「20世紀で最も調査されていない革命」である。(5) ほぼすべての経済活動にとって、輸送、配分、貯蔵の問題は基本的で重要なものだが、ロジスティクスという言葉は歴史的に、民間経済ではなく軍事に由来するものである。兵士と物資の長距離移動、補給物資の輸送、道路や橋の管理、これらはすべて戦争における決定的な問題であり、その文脈でロジスティクスという言葉が19世紀かそれ以前に初めて登場した。ロジスティクスのもうひとつの起源、つまり民間における起源は郵便制度である。郵便では、輸送のための空間の測定やマッピングの問題がかなり早くから表面化していた。ステファノ・ハーニーとフレッド・モートンは別の説を提唱しており、ロジスティクスの起源を大西洋横断奴隷貿易に求めている(6)。

現在認識されているようなロジスティクスの起源、つまり軍事分野でも郵便分野でもない、経済分野での起源は、主に米国で1950年代から1960年代にかけて起きた、いわゆる「ロジスティクス革命」にさかのぼることができる。この時期に、ロジスティクスという言葉が軍事から民間経済の領域へと鞍替えしてきた。その理由は、第2次世界大戦後、軍にいた多くのロジスティクス専門家も同様に鞍替えしたためである。それまで輸送と保管は、製造の後でできるだけ安価に完了させる工程と捉えられていたが、「ロジスティクス」の名の下に、設計、発注、製造、輸送、保管、販売、設計変更、再発注に至るまで、サプライチェーン全体を管理する新しい組織が考え出された。ロジスティクスによって、生産から流通までの全サイクルはしだいに計画・分析されるものになっていったのである。このような視点の転換が、現代ロジスティクスの原理を生み出し、現在「ロジスティクス革命」という言葉で括られるような変化を引き起こした(7)。

このような視点の変化は、1950年代から1960年代にかけて勢いを増した。この時期にロジスティクスは経営のパラダイムとして登場し、学術研究の対象となり、デジタル・コンピューティング・システムに接続されるようになった。ロジスティクスは経済計画の中心的存在となり、知識の一分野となり、理論的根拠となった。輸送からロジスティクスへの移行、もしくは「実践的な後知恵から思考を定義する計算された実践への移行」が示しているのは、資本にとって商品の物理的循環の戦略的重要性がいかに増大しているかということだ[8]。ロジスティクスは、製造に続く必要な工程としての輸送ではなく、剰余価値の生産における重要な要素として理解されるようになった[9]。製造、流通、いっそう増していく消費のさらなる統合は、ロジスティクス革命の中心的な効果として認識でき、ちなみにこの傾向は、「交換の物理的条件」に関するマルクスの複数の発言にも表れている[10]。明らかに、生産は常に輸送の工程を含むものだった（組立ラインを思い浮かべてほしい）。しかし今日のロジスティクスは、デボラ・コーエンの言葉を再び借りれば、商品が「一か所で生産されるのではなく、ロジスティクス空間全体で生産される」傾向を生み出しているのである[11]。このことは、物理的な循環の重要性が増していることを示唆しており、それは生産と循環の区別がますますあいまいになっていることと密接に関係している。

アルゴリズム、あるいは第2の革命

コンテナリゼーションをロジスティクスの台頭の重要な要素と考えるなら、デジタル技術の台頭は間違いなくそれに匹敵するものである。簡単に言えば、ロジスティクスのコンピューター化は第

2のロジスティクス革命を意味し、再びこの産業とグローバルなモノの流通を大きく変えると考えられるだろう。デジタル・コンピューティングは、標準化やモジュール化、処理といった論理の面でコンテナと似ている。ロジスティクスの領域において、その普及速度や程度はまちまちなものの、いまやほとんどの物流のオペレーションに浸透しており、グローバルな流通をさらに加速させることに貢献している。その範囲は、個々の商品の追跡や配送センターにおける個々の作業工程の詳細な管理から、サプライチェーン全体を統括、分析、調整する高度に複雑なソフトウェア・アーキテクチャーまで、多岐にわたっている。デジタル技術は、その特殊なインフラを通じて、社会的、空間的、政治的な影響を及ぼす。ロジスティクスの分野においては、主に商品（および人間）の移動を組織化、測定、制御、予測する役割を担う。これらのシステムは、サプライチェーン全体にわたって相互接続を進めると同時に、自律性も高めており、それが生み出す効果は人間による監督が困難なものになっている。

ロジスティクスのデジタル化には、多くの要素が含まれている。たとえば出荷管理ソフトウェア、ＥＲＰ（企業資源計画）システム、ＧＰＳ（全地球測位システム）、バーコード、ＲＦＩＤ（無線周波数識別）技術、そしてそれに対応するインフラなどだ。人、金、モノの移動を組織化し、捕捉し、制御するためのこうしたテクノロジーを、メディア理論家のネッド・ロシターは「ロジスティカル・メディア」と表現している。[12] ロジスティカル・メディアは、小型の機器と、複雑化が進む物流業務管理用ソフトウェア・アーキテクチャーの両方から構成されている。このようなアルゴリズムによるガバナンスの重要性を示す例として、ＥＲＰソフトウェアがある。これはデジタル技術を活用したリアルタイム・プラットフォームで、企業のあらゆる側面（財務管理、ロジスティクス、販売・配送、人事、資産管理、作業計画など）をひとつのプログラムに統合する。一般的にERPソフトウェアは、独占的で非常に高額な製品で、ごく少数のベンダーによって開発されている。中でも重要な企業のひとつが独SAP社である。同社はフォーブス・グローバル2000企業の87パーセントにさまざまなソフトウェアを提供しているという。[13] マーティン・キャンベル＝ケリーは、SAP製ソフトウェアは重要度が高いにもかかわらずその知名度が低く、それはマイクロソフト製品の重要度と知名度とは対照的だと主張している。そしてSAPのERPシステムが存在しなくなった場合、代替品がそれを引き継いで世界経済の亀裂を埋めるには何年もかかるだろうが、それに対してマイクロソフト製ソフトウェアは、広く使われているものの数日で代替されるだろうと推測している。[14]

ERPシステムやそれに類するソフトウェアは、その運用に携わる人々にとってさえ、どう機能するか不透明であることが多い。そのソフトウェア・アーキテクチャーは極めて複雑で、高度な偶発性にも対処できるが、抽象化・標準化する傾向のあるロジックを重視している。したがってプロトコル、パラメーター、標準、規範、ベンチマークが、半自動化された管理システムによるモノと労働の組織化の鍵となる。労働生産性とサプライチェーン業務を監視、測定、最適化するために設計されたロジスティカル・メディアは、複数のサプライチェーンをまたいで物流業務を組織化するために重要な存在だ。このようなロジスティカル・メディアは、物流における労働者の組織化においても重要な要素となっている。[15] 本章で詳しく説明するように、デジタル技術は人間の労働力を物流業務に組み込む上で極めて重要だ。それと同時に、労働プロセスの標準化とリアルタイムの監視は、まさに物流業界における労働を柔軟にし多数化するものでもある。

コンテナと同様、アルゴリズムもまた、物流業務の大幅な加速と重要性の増大において不可欠な役割を担っている。またそれは標準化とモジュール化の技術でもあり、ロジスティクスが現代資本主義の基本原則として台頭するのに一役買った。コンテナとアルゴリズムはグローバリゼーションの重要なインフラであり、広範な経済的変化をもたらすものだ。コンテナとアルゴリズムによるロジスティクス革命の決定的なインパクトは、商品を生産する企業と、それを販売する企業との間におけるパワーのシフトである。小売大手のアマゾンやウォルマートという、今日の経済における最大かつ最重要の企業の台頭（この歴史は、アマゾンの最大の世界的競合として登場した、中国の小売大手アリババの台頭によって完結するだろう）は、ロジスティクス革命と密接に結びついており、このパワーシフトを象徴している。

小売業の台頭

小売大手のウォルマートが世界最大の売上を誇る企業に成長した背景には、輸送用コンテナとの深い関わりがある。同社の「低価格・大容量」というビジネスモデルは、大量生産された商品の輸入がベースとなっているのだ。ウォルマートは米国だけでも、年間70万個のコンテナを輸入している。表向きは小売業だが、実質的には物流企業であり、ジャストインタイム・ロジスティクス、保管スペースの最小化、膨大なデータによる顧客行動の正確な予測を基にした戦略を採っている。他の大規模小売業者と同様に、ウォルマートはサプライチェーン全体をコントロールしようと努めており、ほとんどのメーカーに生産と買取の条件を指示できる立場にある。同社の成功は物流戦略に起因するものであり、ロジスティクス革命によるパワーシフトの表れであると言える。生産と流通の融合が進むなか、サプライチェーンを支配し、メーカーに条件を指示するのは、ウォルマートやアマゾンのような大規模小売業者であることが多い。グローバルなサプライチェーンだけでなく、店舗や配送センターの地理的配置、革新的な販売形態といった観点から見たウォルマートの戦略は、デボラ・コーエンによるロジスティクス革命の描写によく表れている。それは「経済空間の計算と組織化の革命」なのだという[16]。

ウォルマートの空間計画は、配送センター、サプライチェーン全体の厳格な管理、コンピューターによる革新的な在庫管理、そして顧客の欲求や好みを予測し、モデル化するために雇われた2000人以上のデータ専門家による分析結果と、自社データセンターに蓄積された膨大なデータに基づく、顧客行動の正確な予測によって成り立っている。なにもかもが商品の回転を速め、保管コストを最小にするために設計されている。このことが、ウォルマートを売上高の点で圧倒的な世界ナンバーワン企業にした重要な要因だ。ウォルマートの物流ネットワークは、大量のデータを生成・処理する巨大なデジタル・インフラによって支えられており、これらのデータはプロセスの整理、効率性の向上、予測に利用されている。たとえばウォルマートのローカルハブひとつで、70テラバイトの情報を保管している[17]。ウォルマートは早くから、現代のジャストインタイム・ロジスティクスにとって、デジタル情報と通信が中心的な役割を果たすことを認識していた。1987年にはすでに、当時民間としては世界最大であった、自社の衛星ネットワークを2400万ドルで構築している[18]。

これに対して、アマゾンの台頭（創業者のジェフ・ベゾスはウォルマートを参考にした）は、eコマースの隆盛を物語るものだ。売上高と時価総額ともに、アマゾンは現在、世界最大級の企業である。オンライン書店としてスタートしたアマゾンは、今日ではさらに幅広いサービスや製品を提供している。たとえばAWS（アマゾン・ウェブ・サービス）は、世界市場で最も重要なデータセンターとクラウド・コンピューティング・インフラを提供するサービスのひとつだ。一般にはあまり知られていないが、AWSはアマゾンを世界規模で最も重要なクラウド・コンピューティング・サービスのプロバイダーにしており、映像ストリーミング・プラットフォームのネットフリックスから米CIAに至るまで、さまざまな顧客を抱えている。またアマゾンは独自のソフトウェア、データセンター、高速海底ケーブルなど、高収益をもたらすインフラを保有している。

アマゾンは他にもさまざまな商品やサービスを提供しており、「アマゾン・ベーシックス」というブランドの下で、自社で開発した衣類やコンピューター製品の販売も始めている。また「アマゾン・ゴー」技術を開発し、初めての実店舗型「スマートストア」の開設にも乗り出した。これはレジ不要の店舗で、センサーを利用し、顧客が店を出るときに自動的に料金を請求する仕組みになっている。またアマゾンは電子ブックリーダー「キンドル」やタブレット、スマートホーム・アプリケーション「エコー」などの家電製品も製造している。「アレクサ／エコー」は、消費者が接する人工知能の最前線に位置し、拡大を続けるアマゾン帝国の新たな柱となる可能性を秘めている。他の業界と同様に、アマゾンが収集する膨大な量のデータは、同社のビジネスと拡大戦略の中心的存在となっている。

アマゾンは映画やテレビ番組を制作するプロデューサーとしても台頭してきている。同社のプライム・ビデオ部門が制作した作品は、これまでにアカデミー賞やゴールデングローブ賞を受賞している。以上の事業は、今なお同社のビジネスモデルの中核であるユビキタスなショッピング・プラットフォームを中心に、メディア、デバイス、コンテンツ、アプリケーションが密接に絡み合ったエコシステムを生み出している。ベゾスはアマゾン・プライムの映画やテレビシリーズの自社制作に関するカンファレンスで、「私たちは非常に珍しい方法でこのコンテンツを収益化することができる。ゴールデングローブ賞を受賞すると、靴の売り上げが伸びるのだ」と説明し、このエコシステムの背後にある戦略を垣間見せた。[19] アマゾン・プライムに加入している消費者は、アマゾン上でより多くの買い物をするようになり、一方で成功した映画やテレビシリーズは、より多くの人々をプライムに引き付け、会員を維持するのに役立つのである（米国だけでもプライム会員の数は1億人を超えている）。これは同社のビジネスモデルのほとんどが、eコマースのプラットフォームを中心に回り続けていることを物語っている。彼らのプラットフォームの強みは、ほぼあらゆる日用品を網羅する膨大な品揃えであり、何億という商品をオンラインで注文できるようになっている。そしてこのプラットフォームの背後には、商品をより速く、より大量に顧客に届けるための、巨大なロジスティック・インフラがある。このインフラの中で重要な柱となっているのが、同社の有名な配送センターである。

クリスマスの熱狂――配送センターへ

12月はアマゾンの配送センターにとって特別な時期だ。ＦＣ（フルフィルメント・センター）と呼ばれる巨大な倉庫が、一年で最も忙しい時期を迎える。この配送センターでは、商品を保管し、ウェブサイト上で購入手続きが行われたら、できるだけ早く顧客に商品を発送できるよう準備する。この「できるだけ早く」が、ｅコマース・プロバイダーと実店舗型小売の間における大きな競争要因となっている。クリスマスシーズンは、実店舗のショッピングモールと同様に、オンライン販売サイトにとって最も重要な月だ。２０１４年のクリスマスシーズンは、ブリーゼラングにあるＦＣにとって、特に難しい月だった。ブリーゼラングはドイツ（アマゾンにとって米国に次いで重要な市場）の首都ベルリンに近い小都市である。２０13年に開設されたブリーゼラングＦＣは、ドイツ国内に増えつつあるアマゾンの物流拠点のひとつだ。このＦＣはベルリンに近く、配送を迅速に行うことができる一方で、そこから適度に離れているために、旧東ドイツ地域の田舎に一般的な賃料の安い不動産と低賃金の労働力を利用できる。２０１４年12月、従業員の大半は臨時契約で雇用された人々だった。約３００人の正社員と、１２００人以上の臨時従業員（その多くはクリスマスシーズンのピーク業務のためだけに雇われた人々であった）がブリーゼラングＦＣで働いていたのである。多くの配送センターでは、クリスマス前の1か月間、従業員の数が倍になる。その1年前、ドイツ国内のアマゾン利用者は毎秒５・３件、１日の合計では４６０万件もの注文を行うという記録を残し、クリスマスを来週に控えたその日は記念すべき日となった[20]。

それはＦＣの従業員にとって、やっかいな問題だった。彼らはホリデーシーズン用の臨時従業員、わずかな人数の通常の一時従業員、その他の一時従業員（６か月ごとに更新される有期契約で雇われていた）に分かれていた。ドイツでは、こうした雇用形態は２年までしか許されず、その後アマゾンは彼らを正社員として雇うか、解雇するかのどちらかを選択することが労働法で義務付けられている。多くの従業員が驚いたことに、12月22日にアマゾンの経営陣は、第１のグループの従業員に対してＦＣでの将来について説明を始めた。２年前に入社した従業員には、今後は正社員として働くか、新しい仕事を探すかの２つの選択肢しかなかった。12月末になると、ほとんどの人が後者であることが明らかになった。正社員になったのは35人のみで、他の多くは１か月から６か月の新しい臨時契約を結ばされたが、すぐＦＣを去るようにと言われた従業員もいた。契約を更新されなかった従業員の１人は、こう回想している。「休憩が終わると、15人から20人くらいずつにまとめられ、すぐ出て行くようにとの通告が行われました。警備員を増員していて、同僚に別れを告げることもできませんでした[21]」

クリスマスまでの数週間、ＦＣの雰囲気は緊迫していた。ブリーゼラングの拠点が閉鎖されるのではないかという噂が流れ、さらにアマゾンがポーランドとチェコ共和国にドイツ市場向けの新しい配送センターをオープンさせたことが、その噂に拍車をかけた。多くの従業員や組合員は、これらの新しいアマゾンＦＣが、ドイツの拠点で進行中のストライキに対する反動であるとも感じていたのだ。２０１３年4月にドイツ最大の拠点であるバート・ヘルスフェルトで初めてストライキが起き、１１００人の従業員がそれに参加したのを皮切りに、アマゾンは団体交渉や賃上げ、労働条件の改善をめぐってver.di（ドイツ統一サービス産業労働組合）と対立するなかで、各地で数年にわたるストライキの波に襲われてきたのである。

ブリーゼラングでは、それまでストライキが起きたことはなかった。前年の夏には第1回従業員代表選挙が行われており、それはver.diにとって小さな成功であったが、組合に参加する従業員たちはブリーゼラングがストライキを行う準備はできていないと感じていた。特に臨時契約の従業員は、新しい契約を結ぶチャンスが失われることを恐れて、ストライキを躊躇していた。この恐れが正しかったことを証明するように、ＦＣの経営陣はver.diや労使協議会で積極的に活動していた従業員の契約更新を拒否した。契約が更新されなかったことをめぐって裁判を起こし、6か月後に敗訴したある従業員は、次のように語っている。「労使協議会に参加するという、完全に合法な行動を罰せられたような気分です。アマゾンは従業員の間に恐れを生み出したいのだと思います[22]」アマゾンはこの争議が始まって以来、反組合的な厳しい雇用主であることを示してきた。多くのドイツ企業が従業員により協力的なアプローチをとっているのとは対照的である。組合活動に対するＦＣの従業員の意欲を削ごうとする試みから、ポーランドとチェコ共和国における新しい配送センターの開設、ＦＣでの業務自動化が進んでいることを示す入念なプレスリリースに至るまで、アマゾンは労働組合やスト参加者へ譲歩するどころか、攻撃的な姿勢を取った。

私がアマゾンのＦＣにおける労働を調査したのは、こうした対立が生まれていたことが背景にあった。FCは、アマゾンの物流システムの重要な現場であり、いまだ人間の労働力に大きく依存している。この労働力をどう組織し、管理するかは、デジタル・テイラー主義の最初の実例となるだろう。次章以降で取り上げる事例では、労働の現場が変化し、伝統的な工場との類似性はアマゾンの配送センターほどではない。他と比較してアマゾンの配送センターと伝統的な工場が持つ類似点は今なお多く、労働プロセスの多くの性質（労働力の動員・柔軟化、グローバル化・デジタル化された流通システムへの組み込み）が、驚くほど似たままなのだ。FCの空間構成がテイラー主義を生んだ工場と似ているという意味で、FCはデジタル・テイラー主義を論じる上で適切な出発点になり得る。たとえアマゾンのFCが、20世紀初頭の工場と共通点を持っているのと同じくらい、クラウドワーキングのプラットフォームとも共通点を持っているとしても、である。

ブリーゼラングFCには、世界各地にあるアマゾンの配送センターと多くの類似点がある。アマゾンの配送センターは都市の中心部に近く、交通インフラが整備された場所（ブリーゼラングの場合はベルリンから約30キロメートル）に設置されることが多いが、その地域は高い失業率と低い経済発展に悩まされている場合が多い。こうした地域は、低賃金の労働力や安い家賃といった明らかなメリットだけでなく、アマゾンのビジネスを誘致するために、自治体が巨額の補助金の提供やインフラ整備に積極的である場合が多いのだ。

ブリーゼラングにある灰色の工場のような建物は、6つのホールに分かれており、面積は6万5000平方メートルに達する。これはアマゾンの配送センターの標準単位であるサッカー場に置き換えると、フィールド10面分に相当する広さだ（米アリゾナ州フェニックスにある最大のFCはサッカー場28面分の広さがあり、そこで1500万点の商品を保管している)。ほとんどのFCには、「懸命に働こう、楽しもう、歴史をつくろう」というスローガンが記された、巨大なポスター類が貼られている。これはほとんどのFCが共通して持つ、多くの特徴のひとつにすぎない。センターでは通常1000人から4000人の従業員が、各地域の状況や法規則に合わせたさまざまなシフトで働いている。ドイツでは、FCは通常5時30分から23時30分まで稼働し、夜勤は稀である。

ブリーゼラングで働く従業員の多くは、高い失業率で知られる周辺地域の出身だ。彼らのほとんどがアマゾンに来る前に職を転々としており、地元の職業安定所からFCに派遣されてくるまでの失業期間が長いことが多い。職業安定所からの紹介の場合、出勤しないと失業手当が差し引かれることになる。アマゾンは失業者の社会復帰を目的とした職業安定所の助成金を計画的に利用し、助成金が終了した後には受給者を解雇していると、各地のFCを対象とした報告書で指摘されている。地元の労働者のほかに、スペインやトルコからの移民労働者もおり、隣国のポーランドから毎日数時間かけて通勤している人もいる。大部分のFCは、当初は周辺地域から労働者を集めている。しかし時間が経つにつれ、この輪は外側へと拡大していく。従業員の離職率が高いFCも多く、アマゾンは70キロメートルも離れたところから従業員を送迎するシャトルバスの運用を余儀なくされることもある。

ブリーゼラングのシフトは、「リード」、あるいはFCのヒエラルキーにおいてそのひとつ上となる「エリアマネージャー」と呼ばれる監督者による、モチベーションを高めるための短いスピーチで始まる。そこで取り上げられるのは、ほぼ業績と目標についてだ。FCにおける品物の搬入・移動・搬出はすべて正確に登録され、従業員はチームごとに1日のノルマが課される。従業員は自分の配置に就く前に、「バッジを付け」、空港にあるようなセキュリティー・スキャナーを通過することを強いられる。手すりを使うよう指示する標識や、FC内の正しい歩行経路を示す黄色いマーキングなど、配送センター内の従業員のあらゆる動きが規制され、標準化されている。こうした厳格な手順の順守を要求されることで、多くの従業員は見下されていると感じている。しかしアマゾンから見れば、標準化は同社のビジネスモデルの重要な要素であり、FCのプロセスは細部に至るまで最適化されている。

バーコードとスキャナーのリズムに合わせて作業する

ブリーゼラングFCを外から見ていて目に留まるのが、物流企業DHLの赤と黄色に塗られたトラックとコンテナだ。DHLは商品をFCに運び、またそれをピックアップしてアマゾンの顧客に届けている。アマゾンはドイツでさまざまな会社に依存しているが、中でも圧倒的に重要なのがDHLだ。同社は2002年にドイツポスト（かつて国営企業として郵便事業を独占していた）に買収され、現在では世界的に最も重要な物流企業のひとつとなっている。DHLの事業にとって主要な貨物用空港であるライプツィヒ・ハレ空港がブリーゼラングに近く、ヨーロッパで最も重要なコンテナ港のひとつであるハンブルク港もすぐ近くにある。専門家の推定によると、ドイツ国内で扱われている小包の7個に1個はアマゾンから送られたものだという。そのためDHLや他の物流業者のビジネスは、アマゾンと良好な関係を保てるかどうかにかかっており、この事実を利用してアマゾンは、値下げや配達時間短縮の圧力をかけている。

トラックの荷台からFCに搬入された荷物は、スキャンされた上で、「インバウンド（入庫）・ドック」で開封される。標準サイズの荷物の場合、FC全体を蜘蛛の巣のように網羅しているベルトコンベアを使って、FCの中を移動する。次のステーションである「レシーブ（受領）」では、従業員が商品を1個ずつに分け、壊れていないかを確認し、再びスキャンする。アマゾンはサプライヤーやサードパーティーの販売業者に対して、輸送用の箱と個々の商品の両方にバーコードを付けて納品することを要求している。すべてのFCは、バーコードの論理に支配されている。「FC内のあらゆるものにバーコードが付いています。私にすら」と、ある従業員は説明する。「バーコードをスキャンするときのピッという音を鳴らすのが、私の仕事のようなものです[23]」

1974年6月26日8時1分、米オハイオ州トロイにあるマーシュというスーパーマーケットで、レジ係のシャロン・ブキャナンがリグレー社製のジューシーフルーツチューインガム10個入りをスキャンした。これがUPCバーコードを初めて商用利用した瞬間である。UPCバーコードとは、現在使用されているバーコードシステムの大部分が基礎にしているものだ[24]。モールス符号をベースにしたこのシステムは1940年代から存在していたが、ブキャナンが使用したようなレーザースキャナーが発明されて、初めて有効活用されるようになった。ここでも重要なポイントは、技術そのものの発明というよりも、生産者と小売業者間での標準化であった。どの方式を標準にするかを議論した業界の組織である「バーコード選定委員会」で委員長を務めたアラン・ハバーマンは、自身らの努力をこう評している。「この小さな足跡が……巨大な機構へとつながりました。それによって、規模とスピードが改善し、サービスは向上、無駄の削減や効率化もいっそう進んだのです。このお粗末とも言える一歩は、さかさまになったピラミッドの先端のようなもので、ここからすべてが広がっているのです[25]」今日バーコードは、運送や郵便、ショッピングにおける物品の識別にさまざまな形で使用され、毎日何百万もの企業が何十億というバーコードをスキャンしている。人間の目ではなく、機械のために設計されたバーコードには、コードと標準化の力を垣間見ることができる。アマゾンの配送センターを見れば、バーコードが単なる識別技術ではなく、時間と空間を通じた物品（と後述する労働者）の追跡を容易にするという点で、ロジスティカル・メディア技術のひとつであると言えるのだ。

どのFCでも、入荷した商品はレシーブ・ステーションですべてスキャンされ、アマゾンの在庫データベースに登録される。また初めて到着した商品は正確に計測・計量され、その結果は全FCで共有される。スキャンが終わると、荷受側の作業員が商品を「トート」と呼ばれる黄色いプラスチック製の容器に入れる。この容器はFCにおけるロジスティクスの基本単位である。商品の入ったトートはベルトコンベアに戻され、次のステーション「ストウ（収容）」に移動する。ここでは作業員がトートをカートに載せ、FC内の棚に仕分けしていく。FCで使用されている保管システムは、素人目には何の論理も存在していないように感じられる。商品が決められた棚に分類されているのではなく、空いている棚に無造作に置かれているように見えるのだ。一般的に、商品の保管システムはシステマティック・ストレージとランダム・ストレージの2つに分けられる。システマティック・ストレージでは、同じ商品や同じ種類の商品が指定された保管場所に置かれる（たとえば本のエリア、玩具のエリアといったように）のに対し、ランダム・ストレージでは、アイパッドの隣に本があったり、歯ブラシや玩具のクルマがあったりするなど、明白な論理性はない。アマゾンのように多品種少量の商品を扱い、異なるカテゴリーの商品が組み合わされた注文を受ける企業にとっては、ランダム・ストレージは有益なシステムとなる。他にランダム・ストレージの一般的なメリットとして、空きスペースをより有効活用できる、商品の入れ替えに柔軟に対応できる、似通った商品が隣り合う場合が少ないためピッキング・エラーが起こりにくい、といった点が挙げられる。

ランダム・ストレージで頼りにされるのは、在庫の位置を知っている人間の作業員ではなく、ソフトウェアだ。アマゾンのソフトウェアだけが、それぞれの商品がどこに保管されているかを正確に把握し、作業員を誘導することができるのである。ソフトウェアの問題や停電が発生すると、ランダム・ストレージはたちまち、何も見つけることのできない無秩序な状態に陥ってしまう。しかし上手く機能すれば、ランダム・ストレージは倉庫の保管容量と作業効率を最適化できる。ブリーゼラングFCでは各棚に固有のバーコードが貼られており、「ストワー」の作業員が携帯型スキャナーを使い、それを商品のバーコードと一緒にスキャンする。それが行われると、ソフトウェアがその商品の保管場所を正確に把握し、FC内のあらゆる商品同様、ネットショップ利用者が発注すると、すぐにピッキングできる状態になるのである。

商品がアマゾンのウェブサイトに掲載されてから、売れるまで棚の中で数分、数日、数か月、あるいは数年保管されるかもしれない。顧客がアマゾンのホームページから商品を発注すると、注文はアマゾンのソフトウェアによって適切なFCに送られ、多くの場合、配送センターの次の作業者グループである「ピッカー」が動き出すまで数時間しかかからない。雨が降ると注文が増えるため、FC内の作業員は、注文の多さから外の天気がわかることもある。「ストワー」の作業員と同様、ピッカーはハンドヘルド・スキャナーを装備している。FC内のどこに行くかはこのスキャナーによって指示され、ピッキングタワー内の棚を移動するための台車を使い、指示された場所に向かう。棚に到達したら、指定された商品を取ってスキャンし、台車に載せる。

スキャナーとそれを支えるソフトウェアはロジスティカル・メディアの一部であり、労働者を組織化し、効率を高める上で、そうしたメディアがいかに重要性かを浮き彫りにしている。アマゾンは自社のオペレーションを支えるソフトウェアについて、秘密主義を貫いている。FCで使用されているソフトウェアのほとんどが自社開発されたものであるため、同社が出願した特許は、センターにおけるアルゴリズム・マネジメントの本質を知る上で重要な手がかりを与えてくれる。2004年、アマゾンは「時間に基づく倉庫内移動マップ（Time-based warehouse movement maps）」という特許を申請した。これはピッカーがFC内を移動する経路を追跡することで、センターの「時間マップ」を生成するソフトウェアである。時間マップとは、FC内の空間を、作業員が特定の場所間を移動するのにかかる時間によってマッピングしたものだ。時間マップが作成されると、それは配送センターにおけるアルゴリズム管理の基礎となり、「ピッキング順序の計画、従業員パフォーマンスの評価、倉庫内の商品保管の最適化、およびその他の目的」[26]に使用される。こうした関係性を示したマップによって、FCは、アルゴリズムで作られ、速度と効率性が支配する「タイムスケープ」となるのである。[27] アマゾンのFCで働く人々に移動経路を指示する携帯型スキャナーのような、ネットワークに接続されたウェアラブルデバイスは、労働効率を高めることを目的としたタイムスタディー（時間研究）の新しい可能性を開く。こうした研究は、フレデリック・テイラーが先駆け、後にフランクとリリアン・ギルブレスの研究によって補完されたものだ。

ピッキングはFC内で最も困難な仕事と言えるだろう。スキャナーによって管理される従業員の中には、1回の勤務で20キロメートル以上歩く人もいる。一部のFCでは、スキャナーにカウントダウンを組み込み、何秒後に次のピッキング場所に到達しなければならないかを指示するということが行われていた。ブリーゼラングの近くにあるライプツィヒFCでこの仕組みをテストしたところ、苦情と抗議が殺到したため、ブリーゼラングFCではカウントダウンの導入を渋々見合わせた。[28] とはいえピッカーには、センターで働く他の従業員と同様、明確な業績目標が与えられ、1時間当たり60～180ピックが求められる。この目標は以前の従業員や平均的な従業員のパフォーマンスから導き出されたものであるとアマゾンは主張している。しかし従業員たちは、その基準は非常に不透明で、時間が経つにつれて上昇しているように感じている。「目標を一度達成すると、次の日や1時間後には上がっていることがほとんどです。そのことを上司に問いただしたら、スポーツマンのように振舞ってほしいと言われました」と、ライプツィヒFCのあるピッカーは報告している。[29] ブリーゼラングの従業員からも、同様の話を聞くことができた。スキャナーを通じて、経営者はすべての従業員のパフォーマンスを秒単位まで把握している。リードやエリアマネージャーは定期的に、パフォーマンスに関する書類を片手に従業員に話しかけ、ペースを維持するように、あるいはスピードを上げるようにと指示する。

物流におけるモビリティの管理だけでなく、集団レベル、個人レベルの労務管理においても、ノルマや目標といったＫＰＩ（Key Performance Indicator〔重要業績評価指標〕）は極めて重要だ。アマゾンのＦＣにはすべての動きをリアルタイムにきめ細かく監視する仕組みがあり、ＫＰＩは労働者を測定・分析するための一見客観的なパラメーターとなっている。しかしハンドヘルド・スキャナーやＦＣのソフトウェア・システムによって収集されたデータがブリーゼラングなどでどのように利用されているかを見ると、ノルマは不透明であると同時に、変化するものであることがわかる。その意味で、ノルマというのは加速度的なテクノロジーであり、そのせいでしばしば非論理的な性質を持つ（ノルマは達成されると引き上げられ、誰もが平均以上の成果をあげることを期待されるようになる）。そして、その性質こそが、「フィードバック・トーク」による労働者のマイクロマネジメントと相対的剰余価値の増加を可能にする。ＫＰＩはＦＣのミクロ経済において決定的な役割を果たしている。つまりＫＰＩは、アルゴリズムによる管理と標準化された手順において、一見中立的な抽象化・定量化論理の一部として機能し（あるいは、ある従業員が指摘したように、「すべてが標準化されていて、変わるのは業績数値だけ」となっている）[30]、その一方で、まさにその非客観性によって力を発揮しているのである。アマゾンでは各々の従業員、チーム、マネージャー、そしてＦＣ同士が業績指標によって互いに競わされ、絶え間ない競争状態に陥っている。すべての労働者が平均以上の成果をあげるという不可能な要求は「加速の論理」の好例であり、この論理は、一見すると客観的な数値化による労働の管理に組み込まれている。

スキャナーとその標準化された手順によって、プログラムで管理されたFCの空間におけるピッカーの進路が決定される。それはアルゴリズムによる管理を特徴とする空間、および、社会空間的活動とソフトウェアが組み合わされて生まれる構造物のほぼ完璧な例だ。スキャナーは、作業プロセスにおいていかなる逸脱が発生することも許さない。「時々、本当に不合理で非論理的なルートを指示されることがあるのですが、スキャナーに従わなければならないので、どうしようもありません。仕事が少なくても忙しくさせようとしているのではないか、と思うことすらあります」と、別の従業員は語っている[31]。ピッカーの置かれている立場には、デジタル・テイラー主義の本質がこれ以上なくよく表れている。つまり、人間の労働力が、それと技術との立場を逆転させるような形で、複雑なアルゴリズム・マシンに組み込まれているのである。ソフトウェアは配送センターのコード化された空間におけるピッカーの進路を指示し、ピッカーはその命令を実行する存在となる。ジェシー・ルカヴァリエは、建築学の観点からウォルマートを考えるという素晴らしい研究の中で、このプロセスを説明している。「コンピューター・システムにおいて、作業者の集団は有機物ででき た拡張機能である。環境は制御するが、命令を実行するための器用さと費用対効果を欠くコンピューターを補う存在なのだ[32]」

ソフトウェアとハンドヘルド・スキャナーから構成されるインフラは、この統合の特異なステップ（人間の労働をソフトウェアの論理に従わせる）を表している。英国ルージリーにあるアマゾンのFCのマネージャーは、スキャナーを使ったピッキングを次のように説明している。「あなたはロボットのような存在だが、人間の姿をしている。人間の自動化、と呼んでもよい[33]」マルクスは、有名な『機械についての断章（*Fragment on Machines*）』の中で自動化に言及し、労働者が大規模な機械システムの間の「意識を持つ連結部」にすぎなくなるという、機械の自動システムを予見している。[34] アマゾンのFCにおけるピッカーの仕事の場合、「意識を持つ」の部分に疑問符が付く。なぜならソフトウェアがそのプロセスを組織化し、制御しているからだ。ピッキングの自動化における問題は、手作業に関するものに限定されている。アマゾンのFCにおける商品の形状やサイズは非常に多様で、それらをすべて掴むことのできるロボットを作ることが非常に困難なのだ。

この問題を念頭に置き、アマゾンはピッキングの自動化を目指す別の方法を模索している。２０１２年には、ロボットメーカーのキヴァを７億７５００万ドルで買収し、アマゾン・ロボティクスへと社名変更した。同社が製造している、センサーを搭載した小型のロボット車両は、自律的に走行し、ロボット同士や床に設置されたセンサーと通信できる。また棚を持ち上げて、必要な場所まで移動させることも可能だ。このイノベーションにより、ピッカーが長距離を移動することがなくなるため、アマゾンは近年、このロボット車両を導入する施設を増やしている。そうした施設では、ピッカーは一か所に留まり、ロボット車両が運んできた可動式の棚から商品を取り出すことになる。やはり、欧州のFCでは自動化に対する不安は強い。しかし、アマゾンは労働争議やストライキが起きているときに、FCの自動化への取り組みをプレスリリースするという余裕の構えだ。

ピッカーは注文された商品を棚から取ると、それをスキャンして台車に載せる。そして次に向かうべき場所が、スキャナーから指示される。ピッキングが終わると、ピッカーは商品を別のベルトコンベアに載せる。すると商品は仕分け機を通り抜け、コンベアの先にある「パック（梱包）」ステーションに送られる。ここでは別の作業員が商品を受け取り、もう一度スキャンして、お馴染みの茶色い段ボール箱に入れる。コンピューターの画面には注文内容と、保管場所から取り出すべき梱包箱が表示されているので、従業員は指定通りに商品を箱に入れ、紙やエアクッションで保護し、密封してさらに別のベルトコンベアに載せる。その後、荷物は「スラム」ステーションに運ばれ、機械によってスキャンされ、重量が測定され（こうして正しい品物が入っているかどうかを確認する）、自動的に配送ラベルが貼り付けられる。このとき初めて、顧客の名前が印字される。さらに荷物はベルトコンベアで出荷ドックに運ばれ、そこで別の作業員によって待機中のトラックに積み込まれる。

「パック」を担当する作業員にもノルマがある。ノルマの達成率は、注文ごとに行われる全商品のスキャンによって正確に計測される。ＦＣ全体について言えることだが、このデジタル測定システムも、昔ながらの厳しい職場監視体制とセットになっている。梱包ラインの端にある小さなタワーは、主任やエリアマネージャーが職場の規律をチェックするために使われることがある。ＦＣ内では同僚との会話も禁止され、ちょっとしたルーチンワークの違反も厳しくチェックされる。違反があった場合、その場にいる主任から叱責されたり、上司との「フィードバック・トーク」に参加するよう求められたりする。フィードバック・トークは小さな違反や生産性の低下の後に行われることが多く、作業員に対して「プロトコル」と呼ばれる、彼らの欠点を詳細に記述したものが発行される場合もある。次に引用しているのは、２０１４年にドイツのＦＣで発行されたプロトコルだ。

これは、微に入り細を穿《うが》って従業員を管理しているというだけでなく、上司による個人の監視がアマゾンのFCで重要な役割を果たしていることを示す例となっている。

XY（従業員）は2014年○○月○○日、7時27分から7時36分までの間（9分間）、何も活動していなかった。これはXA（エリアマネージャー）とXB（エリアマネージャー）によって観察されている。XYは、ホール2のレベル3コンベアの受取場所05-06と05-07の間にXZ（従業員）と一緒に立ち、会話をしていた。またXYは2014年○○月○○日、8時15分から8時17分の間（2分間）活動していなかった。これはXC（主任）とXD（エリアマネージャー）によって観察されている。XYは8時15分にXW（従業員）と一緒にトイレから戻ってきた。その後、2号館の作業場01：01でXVと会話。彼女は8時17分に職場に戻った。(35)

従業員たちはトイレ休憩の頻度を尋ねられたり、持ち場に戻るのがたとえ数分遅れただけで警告を受けたりしたと報告している。休憩時間は、多くのFCで大きな不満の種となっている。巨大なセンターでは、食堂や指定された休憩場所まで歩くのに時間がかかり、セキュリティチェックに時間を取られることもしばしば起きる。最悪の場合、時間内に食事をし、定刻に自席に戻ることができなくなってしまう。そのため従業員の不満は大きく、アマゾンは抗議を受けて、いくつかの拠点で休憩室を増やすことになった。

労働の標準化・労働力の多数化

アマゾンのFCにおける労働は、細部に至るまで標準化されている。階段の使い方から荷物の持ち上げ方に至るまで、アマゾンは従業員が行うすべての動作にルールを設けており、テイラー主義の伝統を引き継ぎ、時間や動作の研究に基づいてFC内のタスクの標準的な作業手順を開発している。ただしアマゾンの場合、作業員個人の単位で職場管理を行うことから、リアルタイムで正確な労働の測定と管理を容易にするデジタル技術が用いられている。コンピューターによって労働プロセスを最適化していくと、さまざまな種類のベンチマークや標準作業手順、目標、即時フィードバック・メカニズムが組み合わさって、リアルタイムの監視体制ができあがる。このような労働の標準化と分解は、労働プロセスを効率化させるだけでなく、労働力の柔軟性をさらに高める。

このことは、デジタル・テイラー主義全体にとって重要な事実を示唆している。つまり労働の標準化、タスクの分解、アルゴリズム管理によって、労働力の柔軟化と多数化が可能になるのだ。FCのほとんどの職種のトレーニングは数日で終了し、その大半は、経験者の従業員によって業務の遂行中に行われる。ほんの数時間でトレーニングが完了するFCもあるほどだ。このようにトレーニングの期間が短いことは、物流におけるサプライチェーンの不測の事態に対処するために不可欠な、労働力の柔軟化に役立っている。FC内の業務を行うのに多くのスキルやトレーニングが必要だった場合、クリスマス前の数か月で、FCの従業員を倍増させるのは難しいだろう。だがこのプロセスには摩擦がつきもので、熟練の従業員にとって、数千人の作業員が新しく参加してくるというのは職場の混乱やストレスのもととなっている。とはいえそれは機能しているのだ。

短期雇用、季節労働、パートタイム労働、下請け労働などの柔軟な労働形態は、配送センターだけでなくサプライチェーンのあらゆる箇所において、依然として物流分野の典型となっている。物流分野の労働者（特に季節労働やパートタイム労働に従事する人々）は、正社員よりさらに劣悪な条件で働く移民であることが多い。２０１２年のクリスマスシーズン、ドイツのテレビ局ＡＲＤが、スペインやポーランドの人材派遣会社から派遣された５０００人の労働者の状況を調査したドキュメンタリーを放映し、スキャンダルとなった。たとえばスペイン人の労働者は、給与と条件について誤解を招くような説明を受け、契約書を見せてもらえないままドイツに運ばれた後でひどい条件を提示されたが、もはや受け入れざるを得なかった。一部の移民労働者は、仲介業者が用意した、配送センターから1時間近く離れた場所にある粗末な住居に収容され、満員のバスで配送センターまで通勤することになった。このバスが原因でＦＣに遅刻した場合も、労働者の給料は減給された。彼らの住居に配置された攻撃的な警備員の中には、ネオナチのような者も含まれており（このドキュメンタリーによって明らかにされた）、この点は特に問題視され、アマゾンは問題の人材派遣会社と警備会社との契約を打ち切らざるを得なくなった[36]。

アマゾンにとって、派遣契約は増減が自在な労働力を生み出すためのツールであるだけでなく、正社員契約を希望する派遣労働者の規律とモチベーションを高める手段であることは明らかだ。誰が正社員になるかの基準は複雑で不透明だが、その希望が多くの派遣労働者のモチベーションを高め、高い生産性を生み出している。季節労働者を除けば、ドイツのFCでは、時間をかけて徐々に正社員を増やしていく傾向が見られ、正社員契約の可能性があることは、労働を管理・統制するツールとして機能している。ドイツでは派遣契約や下請け契約が依然として重要だが、他の多くの国々ではこうした労働形態はむしろ当り前である。

ポーランドの草の根労働組合である「労働者のイニシアチブ（Inicjatywa Pracownicza）」が、2014年のクリスマスシーズンにポズナン近郊のアマゾンFCで行った調査によると、3000人の労働者のうちアマゾンが直接雇用していたのはわずか600人で、残りは人材派遣会社（マンパワーやアデコ、ランスタッドなど、この分野における世界的な大手企業）を通じて雇用されていたことがわかった。そうした労働者のほとんどは、1か月から3か月という非常に短い期間の契約で働いており、その上、バスで4時間かけて通勤している者もいた[37]。英国では、アデコなどの人材派遣会社がアマゾンのFC内に自社オフィスを構え、「ストライク3回もしくは6回でアウト」というシステムに従って、下請け労働者を自ら管理している。2016年のクリスマスシーズンにヘメル・ヘムステッドにあるアマゾンのFCで働いていた派遣労働者が、ポイント制について次のように説明している。

遅刻や早退をしたり、あるいは休憩から戻るのが遅れたりすると0・5ポイント、欠勤すると1ポイント。事前に連絡を入れたり、理由を説明したりしても関係ありません。とにかくポイントが入ります。事前連絡なしの欠勤は3ポイントで、6ポイントたまると契約解除になります。[38]

いわゆる「ゼロ時間契約」も、英国全域の倉庫施設に見られる、労働力の極端な柔軟化を示すものだ。この契約では、労働者は労働時間を保証されず、必要なときだけ召集される。テキストメッセージを通じて、突然呼び出されることも多い。アマゾンは2016年のクリスマスシーズンに、英国内の12のFCで2万人の臨時労働者を雇った。これらの臨時労働者の多くはFCからかなり離れた場所に住んでおり、彼らをFCに移動させるため、アマゾンと人材派遣会社は一部の場所でシャトルバスを運行した。しかし従業員の中には、バスは運賃が高く信頼性も低いからと、ダンファームリンのFCに近い森にテントを張って寝る者もいた。

アマゾンは米国において、キャンピングカーで全米を移動する人々を労働者として集める「キャンパーフォース」プログラムを開始している。アマゾンはこれにより、労働力を柔軟に動員する取り組みにおける新たな一歩を踏み出した。アマゾンは繁忙期にFCで働いてくれる人に有料のキャンプ場などの福利厚生を提供したり、短期労働者がこのきつい仕事を辞めてしまわないよう、クリスマスまで続けて働く人には1時間ごとに1ドルを追加で支払ったりしている。

キャンパーフォースの求人情報を見ると、その仕事がいかにハードかを率直に伝えている印象を受ける。これも、クリスマスの繁忙期が終わるまでに臨時労働者が辞めてしまうのを減らす施策のひとつなのかもしれない。たとえばケンタッキー州キャンベルズビルのFCが2017年のクリスマスシーズン向けに出した求人情報は、アマゾンのFCにおける仕事がよくわかる内容となっている。そこでは、従業員は「すべてのシフトに参加する意思と能力があること」、そして「必要に応じて残業をする意思と能力があること」とされている。またアマゾンはFCを「非常に速いペースで進む職場」と説明し、従業員は「厳しい安全・品質・生産基準」を守らなければならず、「最長10～12時間の立ち仕事／歩行が可能であることが絶対条件」と説明している(39)。

サプライチェーン上の不測の事態に備えるための労働力の動員や柔軟化は、決してアマゾンに限った話ではなく、ブリーゼラングからマドリード、ロングビーチ、深圳《しんせん》に至るまで、物流分野で広く見られる。多くの仕事で季節性や変動が存在するために、さまざまな形で大量の労働者を動員したり、柔軟に調整したりする必要があるのである。多様な契約形態、アウトソーシング、下請けの普及が広範な業務で見られる物流分野は、偶発的なリスクを下請けラインに押しやる、極めて柔軟で非常に短期間の契約に向かう傾向が特徴として挙げられる。

さらに、これはブリーゼラングFCで顕著に見られることだが、柔軟な労働形態は労働者の反発への対応策としても使われている。ブリーゼラングFCの従業員にとって、臨時契約はストライキをしている他のFCに続くことへの大きな障害となっている。多くの従業員は、組合に加入することさえ無期限契約の可能性をつぶしかねないと恐れる一方で、アマゾンが自分の職歴の中で比較的短い期間となることをすでに受け入れている従業員もいる。これに対し、正社員の多くは特権的な立場にあると感じており、雇用主に対して行動することにあまり興味がない。したがって、ブリーゼラングで闘争的な労働者や組合員が直面している状況はかなり厳しい。他のFCがストライキ6年目に突入しているのに対し、ブリーゼラングFCはいまだストライキを起こせていないのである。

しかし他のＦＣでは、ブリーゼラングに比べてセンター内のパワーバランスが闘争的な労働者や組合員に有利なものであっても、労働者は依然として分裂したままだ。移民労働者がネオナチの警備員に監視されているというＡＲＤの報道など、広報上の問題がいくつか発生した後、アマゾンはメディア戦略を改善しており、組合にとって手強い敵であることがわかった。ドイツなどでは、アマゾンは従業員の組合への加入を妨害しようとしており、そのために雇用主寄りの「イエローユニオン」を結成・支援したり、労働委員会選挙用リストに関与したりしている。このストライキを分析したある文書は、アマゾンによる反組合活動を「反組織化の教科書」と表現している[40]。その結果、ほとんどのＦＣにける従業員たちは、ストライキに積極的な者と雇用主に協力的な者にはっきりと二分している。

それでも、２０１３年に起きたバート・ヘルスフェルトの最初の職場放棄《ウォークアウト》（それは世界各地にあるアマゾン施設の中で最初に起きたストライキだった）以来、ストライキは何年にもわたって続いている。その後、他の欧州諸国の従業員たちも追随している。「私たちはロボットではない」というスローガンを掲げ、労働者はＦＣにおけるデジタル・テイラー主義に抗議している。デジタル監視、ＫＰＩによる圧力、そして時に非論理的で横柄なアルゴリズム管理は、労働組合の当初の中心課題であった賃金と団体交渉の問題と並んで、抗議の中心的な問題として浮上してきた[41]。

アマゾンはしばしば、ストライキが配達時間にほとんど影響を与えない点を強調する。ストライキが実際に影響を与えていることを示す兆候は数多くあるが、アマゾンは障害を回避するために他のＦＣに注文を回すことができるため、ストライキの実質的な有効性を低下させている。この点において、ポーランドの新しいFCは特別な役割を担っている。アマゾンがストライキを予期し、注文の処理ルートを変更できることに対抗して、組合は現在、全国的な大規模ストライキを特定の日に行うのではなく、個々のFCで突発的に、予告なしの短期間ストライキを行うことを試みている。FCの従業員や職場代表者によれば、この戦術は大きな問題を引き起こし、経営陣をパニックに陥れたことが何度かあるという。ポーランドの労働者も、ドイツの労働者を支援するために「ゴー・スロー・ストライキ」で応じており、闘争はますます欧州全土に広がりを見せつつある。

FCは、アマゾンが運営する物流サプライチェーンの重要なノードである。ここから、荷物は旅の最後の行程である、個々の顧客への配送へと入る。配送センターから顧客の玄関先までの配送プロセスは、アマゾンのオペレーションのもうひとつの焦点となっており、より広い観点で見れば、ロジスティクスから現代資本主義を再編成するものとなっている。

アマゾンの次のフロンティア――ラストワンマイル配送

2014年、アマゾンはまたもや壮大な特許を申請した。空飛ぶ配送センターである。特許「配達用無人航空機を活用した空中フルフィルメント・センター（Airborne Fulfillment Center utilizing unmanned aerial vehicles for item delivery）」には、飛行船型の配送センターが記されている。[42] それは高度4万5000フィート（約1万3700メートル）の上空に浮かんでおり、自動運転ドローンの基地として機能し、地上の個人宅に荷物を届けるために、人口密集地域の上を旋回するように設計されている。小型の飛行船（「シャトル」と呼ばれる）を使って、空飛ぶＦＣに在庫を補充したり、空中の職場に従業員を移動させたりする予定となっている。この壮大なアイデアの実現にはまだ時間がかかりそうだが、配送ドローンの開発は本格化している。２０１６年12月7日、アマゾンは英国ケンブリッジ郊外の顧客に、初めてドローンを使って実際の荷物を届けた。アマゾンによれば、自律飛行するドローンによる配達にかかった時間は、クリックから配達まで13分だったという。これはケンブリッジ地区において行われた非公開試験の結果の一部で、アマゾンは同地区において、２０１５年夏からドローン配送の試験を行っていた。現在、多くの国で商用ドローンによるラストワンマイル配送自動化の最大の障害となっているのは、コストの高さに加えて、法的な航空規制だ。とはいえそうした規制があっても、アマゾンやウォルマート、ＤＨＬ、マースク、グーグルといったさまざまな企業は、航空輸送システムの開発に巨額の投資を行っている。

その理由は容易に理解できる。ｅコマースの重要性が増し、ほぼあらゆるものがアプリで注文できるようになったことで、いわゆるラストワンマイル配送に求められる容量、スピード、柔軟性が飛躍的に重要性を増している。顧客への配送のラストワンマイルは、多くの企業が参加する激しい競争の場であり、多種多様な変化をもたらす震源地となっている。それは消費行動のパターンを変えるだけでなく、労働や（都市）空間構築にも重要な影響を与えるのである。その重要性を示すように、ある業界関係者のウェブサイトでは、ラストワンマイルを「物流の最後のフロンティア」と表現している。(43) なぜなら、ラストワンマイルは、ルートや目的地が常に変化するなど、非常に複雑な領域であるのに加え、多額の資金が必要かつ労働集約的でもある一方で、戸別配達の需要が爆発的に増加している中で重要性を増しているためだ。

アマゾンは長い間、ラストワンマイル配送の複雑さに手を出してこなかったが、最近になってその姿勢が変わってきている。理由のひとつは、外部の配送業者が、量とスピードの点でアマゾンの要求についていけなくなったことである。アマゾンは商品の配送速度を上げる試みを続けている。アマゾンはそうすることで、実店舗と比較した場合のeコマースの最大のデメリットである「商品を買ってから届くまでの時間」を短縮しようとしているのだ。従来アマゾン・プライムでは、翌日配達がセールスポイントとされてきた。しかしすでに多くの地域で、当日配達、場合によっては1時間以内配達が実現されている。アマゾンは長い間、ラストワンマイル配送を外部の業者に頼ってきた。しかし近年、アマゾンは自社で配達業務を開始し、ラストワンマイル配送に切り込んできた。これにより、アマゾンは現代の物流サプライチェーンにおける重要な一角を占めるようになっており、都市部の道路を渋滞させるUPSやDHLなど多くの配送業者の車両に、アマゾンのロゴをつけた配送車も加わっている。そうした都市の通りを見れば、物流オペレーションがいたるところで行われていることがわかる。さまざまな形状のデリバリーバン、メッセンジャーの自転車、食品配達のスクーターなど、ありとあらゆる種類の商品を最速で顧客に届けようとする人々であふれているのだ。

デリバリーバンや、宅配を行う自転車やスクーターの一群は、物流オペレーションが都市近郊の工業団地から、都市の中心部へと移動するという、新しい物流アーバニズムが目に見える形に表れたものだ。アマゾンをはじめとする企業は、迅速な配送サービスを提供するために、配送センターを顧客の近くに移動させる必要がある。アマゾンは、大都市近郊にある大型の配送センターを補完する形で都市内に小型の配送センターを設置し、そこを起点として数時間以内に商品を届けるようにしている。ロジスティクス・パーク〔さまざまな物品の保管や流通のために設置された大型の物流拠点〕、港湾、経済特区、さらには特殊な空間設計・都市計画などによって特徴づけられる物流都市は、巨大都市圏の周縁部に位置していることが多いが、先述のようなスピードの追求によって、物流オペレーションの空間は都市のより中心部へと入っていく傾向にある。

ラストワンマイルへの進出において、アマゾンは食品からテクノロジー製品に至るまで、ありとあらゆる商品を販売する多種多様な企業と競合している。1時間以内配達やアプリを使った注文システムは、都市を「統合されたサービス・プラットフォーム」へと組み替えるものだ[44]。こうして見ると、時間が空間構築における最も重要な属性となる。建築家であり都市学者でもあるクレア・リスターは、ロジスティクスが現代の都市をどう再構築するかを考察し、都市を主に静的な物体によって理解する（建築家によく見られる傾向だ）ことはもはや不可能であり、その物流システムやプロセスによって理解できるようになりつつあると主張し、時間は今や「都市形成における最も重要な要素」だと訴えている。そして「ロジスティクスは時間に応じて空間を調整し、それによって都市をタイムスケープにする」と述べている[45]。都市をタイムスケープとして捉えるという考え方は、1時間以内配達というビジネスや、バンや自転車で都市を移動して配送を行う人々の労働と共鳴する。モノ、情報、そして人の流れとしてのロジスティクスは、現代の都市を絶えず再構築している。このように空間の構築は、今日のグローバル都市の重要なインフラである、アルゴリズムによるモビリティ・システム（これも一種のロジスティカル・メディアだ）によってますます推進されるようになっている。

ラストワンマイルにおける労働

自動化の試みが進められているにもかかわらず、ラストワンマイルは依然として、物流オペレーションにおいて最も労働集約的な領域のひとつである。ラストワンマイルにおける労働は、台頭するロジスティクス業界といわゆる「ギグエコノミー〔ギグ（gig）とは小規模な音楽の演奏会やセッションを指す言葉で、転じてギグのように単発の仕事でお金を稼ぐ働き方や、それにより回っている経済を指す〕」が交差する場所に位置するため、現代における生産・流通・消費の変容を分析する上での重要な入口となっている。サプライチェーンにおいて最も重要で、最もコストのかかる部分に位置する宅配部門の労働は、常に厳しいプレッシャーにさらされ、柔軟で不安定な労働形態が特徴となってきた。しかし現在、それは大きな変化に直面している。

特に重要なのは2つの側面だ。第1に、デジタル技術によって、新しい労働の組織化と管理の手法が宅配労働にまで拡大された。宅配労働でも他の労働と同様に、アルゴリズムによる管理、労働の標準化と測定に関する新しい技術、監視の強化といった側面がますます強くなっている。第2に、労働プロセスがますます標準化される一方で、労働関係における契約や法的な部分はさらに柔軟になってきている。ロジスティクス分野、特に宅配は、従来アウトソーシングや下請け、柔軟な労働契約が特徴だった。しかしギグエコノミーの登場によって、宅配労働における契約や法的な部分の柔軟性はますます拡大し、強化されてきている。ウーバーやデリバルー、フードラなど、ギグエコノミーにおける多くの重要な企業が宅配や輸送の分野で活動しているように、ウーバー上での仕事のようなプラットフォーム労働は、物流業界のなかで労働関係が変化しつつある宅配分野において、すでに重要な手段となっている。アマゾンもフレックスという、自社の宅配便のためのギグエコノミー・プラットフォームを立ち上げている。ラストワンマイルにおける労働は、デジタル技術による管理、標準化、厳重な監視、そして労働の不安定化や柔軟化など、配送センターにおける労働と多くの共通点がある。アマゾンの宅配ドライバーは、DHLやUPSといったマーケットリーダーのドライバーたちと競争しなければならない。UPSのトラックドライバーの労働について見ていくと、デジタル・テイラー主義が配送センターに限定されたものではなく、物流部門全体に行き渡っていることがわかってくる。

ＵＰＳは米国最大級の従業員数を誇る民間企業であり、全世界で45万人以上、うち米国で37万4000人を雇用している。ＵＰＳは独自の貨物航空会社やトラック輸送部門を抱えているという点で他のロジスティクス企業とは異なるが、宅配は依然として同社の中核事業となっている。2017年、ＵＰＳは1日平均2000万個、年間で合計51億個の荷物を配送し、650億ドル超の収益をあげた[46]。その象徴的な茶色のバンは、さまざまなメディアを通じて取り上げられ、米国経済の主要な文化的シンボルとなっている。このバンを運転するドライバーは、米国で5万人以上に達する（クリスマス前のピーク時にはさらに多くなる）。ＵＰＳの特徴は、（少なくとも米国では）直接雇用されるドライバーの数が多いという点で、これはＵＰＳ労働者の組合加入率の高さに少なからず起因している[47]。そのため、労働契約の柔軟性を高めることで利益を最大化する戦略は、絶えず制限されてきた。賃金（および福利厚生）も業界標準と比較して相対的に高いが、これもＵＰＳ労働者の高い組合加入率と長い闘争の歴史によるものである。フェデックスやアマゾンなど、労働組合の力が弱い企業と比べれば、トラック運転手組合に加入している労働者が28万人近いというのは天文学的な数字といえる。これらの特殊性を考慮すると、ＵＰＳが競争力を維持するためには、労働の強化〔同じ時間内でより多くの作業を行うなど、作業を効率化して同じ労働力からより大きな成果を生み出すこと〕が最も重要であることは明らかだ。そのためにＵＰＳが採用している高度な技術もまた、デジタル・テイラー主義と呼べるものの一例である。

ＵＰＳのフルタイムのドライバーの間で、賃金や福利厚生に対する不満は比較的少ないが、長時間労働や、標準化され、規律が求められる、ハイペースな仕事内容については、みな一様に不満を抱いている。ＵＰＳのドライバーは、長い間、標準的な作業手順に従って働いてきた。ドライバー候補生は研修において、片手でシートベルトを締めながら、もう片方の手でトラックを発進させる方法など、時間を節約するための膨大な数の手順を学ぶ。ドライバーに配られる74ページのガイドブックは、配送効率を最大化するためのもので、時間と動作の研究に基づいて制作されており、ペンの置き場所（右利きのドライバーは左のポケット）など、ドライバーの労働に関する細かな点まで規定されている[48]。

ＵＰＳは「テレマティクス」システムの導入により、ドライバーの業務ルーチンの標準化・強化をさらに先鋭化させた。各配送車には200以上のセンサーが装備され、ドライバーの携帯型スキャナーからもデータが得られる。このシステムはトラックに関する大量のデータ（速度やブレーキを踏んだ回数など）、GPSデータ、顧客配達データ、ドライバーの行動データを収集する。またシートベルトの着用状況、アイドリング時間、バックした回数などを監視する。ドライバーが止まったり、荷物をスキャンしたりするたびに、システムはこれらの詳細を記録する。これらの情報はUPSのデータセンターに送られ、そこで収集・分析された上で、管理者に提供される。

UPSは、労働プロセスにおいてわずかな効率化を実施しただけでも、それがどれだけの利益をもたらすかを正確に把握している。同社のプロセスマネジメント担当シニアディレクターであるジャック・リーバイスは、米国の公共放送ネットワークであるNPRに対して、「ドライバー1人あたり1日1分の節約が、年間で1450万に相当する」と説明している[49]。UPSは公の場において、テレマティクスの大きな利点として燃料の節約とメンテナンスを挙げているが、明らかに労働者も大きなポイントだ。UPSは次のように、婉曲的かつ率直な表現で、テレマティクス・システムがどのように労務管理に使用されるかを説明している。

テレマティクスの恩恵を最大化するために、私たちはドライバーをプロセスに組み込んでいる。ドライバーと彼らの管理者に対し、目指している目標に対してドライバーの行動がどの程度到達しているか、たとえばスムーズにアクセルやブレーキを踏んで燃料を節約できているかなどを詳しく伝えている。ドライバーが具体的なデータを得られれば、運転中の行動を最適化できるし、「ローリングラボ（走る実験室）」をより効率的なものにできる。[50]

このソフトウェアはパフォーマンス指標を設定するが、そうした指標はドライバーにプレッシャーをかけるために使用される。UPSの車両エンジニアリング部長であるデイブ・スペンサーは、ビジネス誌のインタビューで、「私たちにはドライバーのデータがあり、彼らがどのくらい速く運転し、どのくらい強くブレーキをかけているか把握しています」と率直に語っている。「ドライバーの悪い習慣がコストとして現れる前に、彼らはそれを変えるでしょう[51]」労働組合の働きかけによって、UPSは、テレマティクス・ソフトウェアによってパフォーマンスが低いと評価されたのを理由に従業員を解雇しないことに合意したが、この合意に抵触しない別のアプローチを見つけている。多くの従業員が、評価基準が彼らにプレッシャーをかけるのに使用されていると述べている。UPSのドライバーたちは、自分のパフォーマンスが詳細に記録されたプリントを管理者に見せられ、配達回数を増やすように要求されたと報告している。トラック内に設置されたセンサーによって、管理者はすべての休憩時間や運転のスタイルまで精査することができる。1回のシフト中に1人のドライバーから収集される全データのプリントアウトは、40ページにも及ぶことがある。ドライバーはトイレ休憩や、ルールからのわずかな逸脱に対してすら、マネージャーに釈明することが求められる。

UPSが採用しているアルゴリズム管理技術において、もうひとつ重要な特徴となっているのが、「ORION（On-Road Integrated Optimization and Navigation）」と名付けられたナビゲーション経路設定システムである。ＯＲＩＯＮは、複数の地点を結ぶ最短経路を探し出すという、一見簡単そうに見えて実は非常に複雑な問題に対応するソフトウェアだ。設定される地点の数がかなり少なくても、選べる選択肢の数はあっという間に増えてしまう。19世紀に巡回セールスマン問題として知られるようになったこの課題の最適解の定式化は、複雑性理論、応用数学、アルゴリズム理論、計算地理学における重要なテーマとなっている。数か所以上をめぐる経路を総当たりで計算することは、ほぼ不可能だ[52]。しかしＯＲＩＯＮには２億５０００万以上のアドレスが保存されており、典型的なＵＰＳのバンは、１日の稼働で１００か所以上をめぐる。そうした理由から、ＯＲＩＯＮのアルゴリズム（そのコードを印刷すればおよそ１０００ページにもなる）は、実際には巡回セールスマン問題を解こうとしていない。むしろそれは、バンが生成する自動化されたフィードバックと連動して、配達地域の時間マップを提供する学習アルゴリズムなのである[53]。そのようなマップは、タイムスケープとしての都市を理解するための鍵であり、都市空間の形成において、アルゴリズム主導のロジスティクスが重要な役割を果たしていることを示している。

テレマティクス・システム全体と同様に、ＯＲＩＯＮは左折回数の削減〔右側通行の国の場合、左折しようとすると対向車の通過を待たねばならず時間がかかるため。日本であれば右折回数の削減となる〕といった、細部や小さな効率向上に重点を置いている。しかしＵＰＳにとっての効率は、配送の経路だけでなく、ドライバーのパフォーマンスも関係している。ＵＰＳにとって重要な問題はバックだ。ＵＰＳは事故のリスクが高まることを理由に、ドライバーにはできるだけバックしないことを望んでいる。テレマティクス・システムは、ドライバーのバックの頻度だけでなく、バックの距離や速度も監視している。あるドライバーのバックの頻度が高すぎるとソフトウェアが判断した場合、管理者はそのドライバーに運転スタイルを変えるよう求める。ある従業員は、次のように述べている。「バックの最高速度は時速3マイル（約４・８キロメートル）と想定されているのですが、あなたのバック速度は平均で３・７マイル（約６キロメートル）だから、もっと遅くせよというメッセージを受け取りましたよ。デジタル速度計を設置してくれたら、すぐにそうすると伝えました」[54]彼のように、多くのドライバーはＯＲＩＯＮのソフトウェアが非効率的で恩着せがましいと感じており、デジタル化される前のルーチンと比較して、アルゴリズムによる管理の効率性に疑問を抱いている。どちらのルーチンがより効果的かという問題はともかく、このようなアルゴリズムによる管理は、仕事の進め方に関する些細な決定さえも労働者の手から奪ってしまう。

ＯＲＩＯＮのようなソフトウェアは、速度、距離、燃料使用量などの変数に従って、都市部や郊外の空間をロジスティクスの視点でマッピングするツールだが、それと同時に、多数の目標や指標によって労働者へのプレッシャーを高め、生産性を向上させるツールでもある。ＵＰＳ従業員によれば、ＯＲＩＯＮの導入によって、このソフトウェアが経路の効率を上げることなく目標が上げられたため、新しい目標を達成するためにバンを全力で走らせたり、安全上の懸念を無視したりする必要が生じたという。今日においてＵＰＳの茶色いバンは、アマゾンの配送センターと同様、すべての動きをリアルタイムで細かく監視するシステムの一部となっており、ＫＰＩは労働者を測定し分析するための、表面上は客観的なパラメーターとなっている。理論的には、ＫＰＩは労働者を詳細に管理する上で決定的な役割を果たし、またアルゴリズムによるガバナンスや標準化された手続きにおいて、中立的、抽象的、定量的な論理の一部として機能する。しかし実際には、ノルマがしばしば非現実的で、常に移り変わるものであるために、KPIは優れたパフォーマンスを客観的に測定するというより、むしろそれを促すためのテクノロジーとなってしまう。

効率を高め、労働力をさらに強化するデジタル戦略は、UPSにおいて有効に機能した。テレマティクス・システムを導入してから最初の4年間で、同社はドライバー数が微減したにもかかわらず、1日に扱う荷物の数を140万個増加させた。(55) デジタル技術によってUPSにおける労働の測定、組織化、強化、監視が可能になったことは、ネットワーク化されたデバイス、センサー、アプリが、テイラー主義の規律や時間・動作研究を工場の閉鎖空間から物流都市の都市空間へと移動させたことを示している。

極端な柔軟性――プラットフォーム労働力の出現

UPSにフルタイムで雇用されている組合員ドライバーは、ラストワンマイルの雇用において、やや例外的な存在だ。UPSは過去数十年にわたり、パートタイムや有期雇用のドライバーを増やそうと絶えず努力してきた。組合の抵抗にもかかわらず、これらの試みは少なくとも部分的には成功してきた。労働力の柔軟化という方向に向けた取り組みのひとつとして、最近UPSは、ピーク時の仕事量の増加に対応するために自家用車を使用する人を配送ドライバーとして契約するというアイデアを発表した。このアイデア自体はUPS独自のものではない。プラットフォームによって集約される独立請負業者の労働力は、ラストワンマイルにおいてますます重要になってきている。いくつかの企業は、典型的なギグエコノミーのプラットフォームとしてスタートしており、それより以前からある多くの企業も、極端な柔軟性を実現するプラットフォームベースの雇用形態を試み始めている。アマゾンはその「フレックス」プログラムを通じて、ウーバーがタクシー市場に混乱をもたらしたビジネスモデルをコピーし、宅配事業に導入した。2015年に米国で展開されたこのプログラムは、継続的に拡大しており、ドイツや英国などの国々でも導入されている。

宅配やロジスティクスの「ウーバー化」という言葉は、こうした労働関係がデジタル・プラットフォームを通じてのみ存在するという示唆が含まれているため、誤解を招きかねない。むしろこの捉え方を逆転させて、ギグエコノミーの系譜の中にロジスティクス業界を位置づけることが必要だと思われる。多くの点で、ロジスティクス分野は常に、超柔軟な労働形態の実験の場であった。それを通じて、グローバル・サプライチェーンの不測の事態に対する、無駄がなく安価な答えを見出そうとしてきたのである。ギグエコノミーに特徴的な労働関係は、デジタル・プラットフォームが登場するはるか以前から、ロジスティクス分野に存在していた。その一例が、米国の港湾におけるトラック運送部門である。1970年代後半、この業界で規制緩和が始まり、「オーナー・オペレーター」や「インディペンデント・コントラクター」の参入が促された。これらの用語は、トラックを所有またはリースして、大手の運送会社にサービス提供を契約している個人ドライバーを表している。(56) 事実これらのドライバーは、法的地位以外のほぼすべての面で、契約を交わした大企業の従業員と言える。多くの場合、出来高払いのオーナー・オペレーターとして彼らのようなドライバーと契約することで、企業は人件費を抑え、保険やその他の手当、残業代などを得る権利を持たないドライバーに事業上のリスクの多くを押し付けることができた。2014年には、全米の港湾トラックドライバー7万5000人のうち、約4万9000人が独立請負業者だった[57]。港湾トラック運送部門におけるこうした雇用関係は、多くの点で、今日ギグエコノミーと形容されるものに見られる労働関係の青写真そのものだ。今日のギグエコノミーの前身を認識することは、上で述べたような現在のプラットフォーム労働の台頭へとつながる連続性と変容について、歴史的な根拠に基づいてよりよく理解するために重要だと思われる。

「自分自身のボスになり、自分でスケジュールを決め、自分の目標や夢を追求する時間を増やそう。私たちと一緒に、あなたのためにアマゾンの力をどう使えるかを考えていこう」――アマゾンがフレックス・プログラムの「配送パートナー」として個人を獲得することを目指した広告には、こう書かれている。アマゾン・フレックスの核となるのは、自家用車を使って宅配ドライバーとして登録できるアプリだ。申請すると身辺調査が行われ、合格者は独立請負業者として働き始めることができる。全プロセスはアプリ（個人のスマートフォンにインストールされる必要がある）によって管理され、アプリからトレーニング期間の代わりとなる指導ビデオが提供される。合格すると、ドライバーはアプリ上で1時間から5時間のシフト（「配達ブロック」と呼ばれる）に申し込むことができる。ドライバーにはシフトの前に、荷物を受け取りに行く場所が指示される。配送センターでは、ドライバーは他の車の後ろに並んで、アプリ上でチェックインして荷物を受け取り、スキャンし、アプリが示す経路に沿って配達を開始する。配達の完了はアプリ上で確定される必要があり、時には玄関先に置かれた荷物の写真も必要になる。しかしこのアプリは、ナビゲーションや荷物のスキャンのためだけのツールではない。それは労働プロセスを管理するだけでなく、パフォーマンスを評価するための幅広い指標（顧客からのフィードバックを含む）を作成するよう設計されたソフトウェア・アーキテクチャーに組み込まれている。このような労働のアルゴリズム管理により、企業は労働者を直接的に管理統制する必要がほとんどなくなる。

労働者は形式上、独立請負業者と見なされ、最低でも時給18～25ドル（その他の通貨でも同額の収入）が約束されている。多くのドライバーにとっては良い賃金に思えるが、最低18ドルというのが実際の賃金ではないことはすぐに明らかになる。フレックスのドライバーはこう語っている。「時給18ドルとチップで稼いだつもりが、すべてガソリン代と車の維持費に消えてしまう。車を何マイルも何マイルも走らせるんだから」[58]。また、1回のシフトに割り当てられる荷物の数に不満を持つ者も多い。ドライバーが指定された時間内に配達できなかった場合、通常、残業代は支払われない。自宅から各配送センターまで車で移動する時間、またシフト終了後に自宅に戻る時間も同様だ。テクノロジーを使えば、こうした埒外の労働時間を正確に計算できるはずだが、アマゾンはコスト削減のために、戦略的にそうした対応を避けている。さらにドライバーは保険や税金、社会保障費などを自分で負担しなければならない。一般的に、実質賃金はいくつかの要因によって異なるが、通常は約束された18ドルをはるかに下回り、最低賃金を下回ることも稀ではない。アマゾンは独立請負業者という法的構造を利用することで、賃金を引き下げる一方、設備や保険などの余分なコストや事業リスクを労働者に押し付けているのである。

ドライバーたちは2017年にアマゾンを訴え始め、自分たちが完全に事業に組み込まれていること、またアマゾンが彼らの労働を組織化し管理する方法を考慮すると、ドライバーは独立請負業者ではなく、従業員とみなされるべきであると主張した。原告側はまた、経費を差し引くと、自分たちの収入が最低賃金を下回るのが一般的だと主張した。(59) アマゾン・フレックスに対する原告の代理人を務める弁護士の一部は、同様の内容でウーバーに対して行われている集団訴訟にも関与している。

雇用に対する不安は、仕事の需要が変動することによってさらに高まる。フレックスのドライバーの多くは、その不安定さに不満を漏らしている。アマゾンは必要以上に多くのドライバーと契約を結んでいると見られ、ドライバー間でシフトをめぐる激しい争いがしばしば生じている。これはアプリベースのアルゴリズムによる個人請負業者管理に起きがちなことで、ウーバーのドライバーやデリバルーのライダー、その他のギグエコノミーの労働者にとっても大きな問題となっている。あるオンラインフォーラムで、ドライバーの1人が、「彼ら（アマゾン）はどんどん人を雇い続けているので、競争は激化するばかりだ。シフトを手に入れる唯一の方法は、一日中集中して、オファー画面をスワイプすることだ。そんな状況にまで達している」と書き込んでいる。(60) 多くのドライバーが、画面を自動でタップするアプリを使用し、自分の指しか使わないドライバーに対してシフト争奪戦で優位に立とうとしている。さらにはアマゾンや、アマゾン傘下にあるスーパーマーケットチェーンであるホールフーズの配送センターの前にある木に、スマートフォンが吊るされている写真まで現れた――ドライバーたちはそうすることで、同僚にミリ秒単位で先んじて、より多くの仕事を手にしようとしているのである。

苦情や問題が発生した場合、アマゾンは通常の従業員よりもはるかに簡単に独立請負業者を解雇できる。この事実は、ギグエコノミー全体の規律ツールとしても機能している。労働者は苦情を避けようとし、さらに顧客やプラットフォームを満足させ、高い評価を得てそれによってより多くの仕事を獲得するために、そしてギグエコノミーにおける解雇通知に相当するアカウント閉鎖から逃れるために、無理して働こうとする。アマゾンにとって、プラットフォームをベースにした独立請負業者の雇用は、非常に安い固定費で、柔軟性と拡張性の高いオンデマンド労働力を生み出すものだ。ドライバーにとっても、こうした雇用形態は柔軟性があり、特に副業を持つドライバーにとってはありがたいが、同時にいくつかの点で非常に不安定なものだ。それにもかかわらず、彼らの数は増え続けている。正確な数字を把握するのは難しいが、明確な指標が存在する。同社が運営するアマゾン・フレックス・ドライバーのためのクローズドなフェイスブック・グループには、すでに2万7000人以上のメンバーがいる。同時にアマゾンの広報担当者は、英国内だけでもアマゾン・フレックスのために働く「数千人の配送パートナー」がいるという、大雑把な数字をあげている。アマゾンにとって、これらのドライバーは顧客の需要に対応し、柔軟性を高めるために重要な存在だ。

アマゾン・フレックスの雇用モデルは、多くの点で、下請けチェーンの末端に長い間存在してきた宅配便の雇用関係と大きな違いはない。しかしデジタル・プラットフォームは仲介者を排除し、柔軟性の強化を可能にしている。短時間の「ギグ」によるプラットフォーム労働が、顧客の要求に柔軟に対応できるのは明らかだが、見過ごされてしまいがちなのは、プラットフォーム労働が効果的で安価であるということが、いかにデジタルな組織化と監視に依存しているかという点である。標準化とアルゴリズム管理に関するさまざまなテクノロジーは、トレーニングの時間を短縮し、労働プロセスの（自動化された）組織化と管理を促進するほか、労働力確保に対する柔軟で短期的な解決策をもたらす。まさに、アルゴリズムによる組織化とデジタル管理の新たな可能性こそが、超柔軟な労働力を効率的で管理しやすく、いつでも拡大可能なものにすることを、アマゾン・フレックスの規模で実現しているのである。

ラストワンマイルの台頭は、買い物や食事といった消費のパターンにおける重要な変化を示している。これらの活動は、都市がどのように構築され、その中を人々がどう移動するかにおいて極めて重要だ。都市の商店街やレストラン、それに付随する消費や日常的な移動の慣行（言い換えれば「都市空間」）は、プラットフォームの台頭によって変化する。この発展の目に見える兆候は、プラットフォームを利用したフードデリバリーの台頭だ。ベルリン、ロンドン、その他多くの都市の景観は、デリバルー、ウーバーイーツ、フードラといった食品宅配プラットフォームで働く、自転車やスクーターに乗った宅配業者の集団によって占められている。そうしたドライバーの多くも、独立請負業者である。ここでも、アマゾン・フレックスと同様の契約上の取り決めや、アプリによる労働プロセスの管理が見られる。ある者は時間給で、またある者は「ドロップ」（配達）の回数に応じて報酬を受け取る。これは企業の固定費削減の一手法であると同時に、ギグエコノミー全体に渡る、出来高払いの復活とも言える傾向である。ベルリンのバイク便配達員の多くは移民で、多くの場合、危機に瀕している欧州諸国からやって来ている。彼らはドイツ語が話せなくても、アプリを通じて簡単に配達労働に溶け込むことができる。この状況からわかるのは、多くの物流業務において、移民労働力がいかに重要な存在になっているか、またプラットフォームが労働市場の階層をどのように再構築しているかということだ。こうした困難な状況にもかかわらず、フードデリバリーで働く労働者たちは、ギグエコノミーにおいても抵抗することが可能であることを示してきた。近年、欧州全土で、創意工夫に富んだ団結やストライキに後押しされて労働争議やストライキの波が起きており、そこからは、労働組合にとってのプラットフォーム労働の課題を発見し、プラットフォーム労働者の団結を成功させるためのヒントを学ぶことができる。

ラストワンマイルは現在、こうした業務の焦点となっている。そこは、プラットフォームの台頭と、生産・流通・消費の「ロジスティクス化」が、ロジスティクスの最後のフロンティアで合流する場所だ。いまやいたるところに浸透した「オンデマンド」の観点から見て、ラストワンマイルは、時間と（モノや情報などの）流れによって都市の地理を作り変える重要な要素となっている。このロジスティクス的都市化は、新たな交通インフラや都市倉庫、宅配バンで混雑する道路に関わるだけでなく、オンライン小売の台頭やこれまで以上に迅速な戸口配送の可能性などによってすでに変化しつつある、都市における小売業や公共空間のこれからのあり方とも関係があるのである。

シームレスではない何か

アラン・セクラは、著書『フィッシュ・ストーリー（*Fish Story*）』において、「かつて港湾住民は、グローバル経済が目で見て、耳で聞いて、鼻で嗅ぐことができるものだという幻想を抱いていた」と書いている。「しかし港での商品の移動が規則化される、文字通りコンテナ化されるようになればなるほど」と彼は続ける。「つまりより合理化され、自動化されるほど、港は株式市場に似てくる」彼にとって決定的だったのは、臭いの抑制だ。かつては臭いを放っていた商品も、今では「紙幣を少し細長くしたようなプロポーションの箱[61]」に保管されている。コンテナ化された物流景観が持つイメージは、現代アートにとってだけでなく、ロジスティクス業界にとっても魅力的であり、そのウェブサイト、パンフレット、プロモーションビデオ、製品カタログには、コンテナやクレーン、操作盤が氾濫している。そうした写真や映像、ナレーションはすべて、「連続的でシームレスな、滞りのない物流」というロジスティクスのファンタジーを表現している。ロジスティクスやロジスティカル・メディアについて研究する際、こうした物語は魅力的ではあるが、実際の現場はまったく異なる。

２０１６年8月、韓国の海運会社ハンジン（韓進）が破産を宣告した。この発表を受けて、同社が所有していた船団の運航がストップした。港に停泊して司法の判断を待つ船舶もあれば、差し押さえを避けるために国際水域に留まる船舶もあった。乗組員は日に日に、水や食料を売ってくれる業者を見つけることが難しくなった。立ち往生した2隻の船に約３８００万ドル相当の商品を積んでいたエレクトロニクス企業のサムスンは、ブラックフライデーを控えた数か月間という重要な時期に、米国内の顧客にサービスを提供できなくなることを懸念した。ハンジンの倒産は、２００７

年の世界金融危機以降に顕在化した海運業界の危機が劇的な形で表出したものだった。それから10年が経過し、世界のコンテナ船のサイズはほぼ倍になった。大幅な過剰容量と激しい競争により運賃は低迷し、多くの海運会社が破綻の危機に瀕している。ロジスティクスは、資本の矛盾を空間的・時間的に再編成する手段であると同時に、こうした矛盾の主体であり担い手でもある。コンテナとアルゴリズムには、標準化とモジュール化の力が表れている。これらのイメージを念頭に置けば、ロジスティクスの歴史をシームレスで途切れのない循環と、グローバルな均質化の歴史として安易に理解してしまいかねない。本章の中心的な目標は、「ロジスティクスをシームレスとは程遠いものとして理解する」という姿勢を主張することで、この物語を覆すことである。

多くの失敗、障害、システムの矛盾が世界のロジスティクスを分断している。現場では、ロジスティクスは障害、失敗、問題、誤解に満ちている。その多くはありふれた理由で起きているように見えるかもしれないが、よくよく調べてみると、ロジスティクスのオペレーション自体に備わる、矛盾した複雑な性質にまで遡ることができる場合が多い。当然ながらそうした矛盾は、労働と資本の間にある大きな分裂を含むものの、それだけに限定されるものではない。資本主義のロジスティクスに内在する、協力と競争の間にある別の重要な矛盾も浮上している。その結果、相違と矛盾に引き裂かれたグローバルな循環システムが生まれる。これはまた、コンテナ輸送の忘れられた空間に関する視覚的・理論的作品において、セクラが到達した理解でもある。

こうした矛盾の中でも最も重要な、資本と労働の矛盾については、近年波乱含みであることが示されている。オークランド港の閉鎖（それは間違いなく、「オキュパイ」運動〔2011年に始まった国際的な社会運動で、自らの主張に注目してもらうため、特定の場所を占拠（オキュパイ）することで存在感を示す手法からこう呼ばれる〕全体における最も重大な局面だった）から、香港やバルパライソにおける最近のストライキや抗議に至るまで、物流業界は労働者による紛争の波に見舞われている。欧州では、ドイツ、イタリア、ポーランド、フランスのアマゾン従業員による労働争議や、北イタリアの物流ホットスポットにおける移民労働者の力強い抗議活動が起きている。[62] ギグエコノミー全体で労働者が団結し、ストライキを起こすようになっている。フォックスコンをはじめ、多くのサプライチェーンの出発点となっている中国の工場で働く労働者は、数年前から条件改善を求めて闘い、一定の成果をあげてきた。人間の労働力がサプライチェーンにシームレスに組み込まれることに抵抗してきた現場は、まだまだたくさんある。本章の主張のひとつが正しいとすれば、すなわち、商品の流通が今日さらに重要性を増しているとすれば（つまりロジスティクスがグローバルな資本蓄積にとってますます重要な産業になっているのであれば）、それは埠頭、船舶、倉庫、トラックで働く労働者にとっても朗報だ。端的に言えば、彼らの労働が資本にとって重要になるにつれ、彼らの（潜在的な）力も飛躍的に高まるのである。

第3章　遊びの工場——ゲーム

第45代米大統領ドナルド・トランプの元首席戦略官スティーブ・バノンはかつて、デジタル移民の労働力をベースとしたビジネスに6000万ドルを投資していた。2006年、バノンは以前勤めていたゴールドマン・サックスを説得し、IGE（Internet Gaming Entertainment）という会社に出資させたのである。IGEは当時、「ワールド・オブ・ウォークラフト」のような大規模オンラインゲームに関係するシャドーエコノミーにおいて、最も重要なアクターのひとつだった。ワールド・オブ・ウォークラフトはその頃、世界中の何百万人ものプレイヤーがオンラインでプレイするタイプのゲームの中で最も人気のあるタイトルのひとつであり、その人気は現在も変わらない。バノンが投資したとき、ワールド・オブ・ウォークラフトのオンライン空間には700万人以上のプレイヤーがいた。このゲームのデジタル世界に広がっているのは、暗い森、広大な平原、緑の丘、そびえ立つ山々、広い海、巨大な都市、たくさんの人間や魔法生物が住む静かな村など、素晴らしいグラフィックで描かれた中世の風景である。プレイヤーはモンスターを倒し、この風景の中を探索して、他のプレイヤーと交流したり、クエストをクリアしたりして、アバターのスキルを伸ばし、ゴールドやバーチャルグッズを集めて、ステージを少しずつ進んでいく。

そのような忍耐力や時間のない人たちのために、ＩＧＥはゲーム内通貨であるゴールドをリアルマネー（現実の通貨）と交換して提供していた。同社のウェブサイトでは、武器やレアな「マウント」（騎乗可能なクリーチャー）などのバーチャルグッズも販売し、さらにはキャラクターのレベル上げサービスまで提供していた。プレイヤーは自分のアカウントを渡し、料金を支払うと、数時間後に指定のレベルにまでアップしたキャラクターを受け取ることができた。こうしたリアルマネーを介した非公式なバーチャルグッズの取引は、ゲームのパブリッシャーによって禁止され、多くのプレイヤーから嫌われている。しかしそれは数百億ドル規模のビジネスであり、ＩＧＥは２００６年時点の同市場において、ロサンゼルス、上海、香港にオフィスを構える最大の企業だった。しかしバノンの投資家たちにとって不運なことに、ＩＧＥはすぐトラブルに見舞われた。プレイヤーたちが、ゲーム内通貨をリアルマネーと交換する行為に対して集団訴訟を起こし、それがゲームの楽しみを「実質的に損ない」、「減少させる」と訴えたのである。[1]さらにこのゲームのパブリッシャーであるブリザード・エンターテインメントは、リアルマネー取引に対する厳しい措置を開始し、ＩＧＥが利益を維持することはさらに難しくなった。最終的にＩＧＥの仮想通貨事業は海外に売却され、投資は失敗に終わり、同社は方向転換してアフィニティ・メディアというブランド名で再出発し、複数のゲームサイトやコミュニティを運営するようになった。バノンは同社のＣＥＯを務め、悪名高いブライトバート・ニュース・ネットワークの会長に就任する２０１２年までそのポストにあった。

バーチャルグッズと通貨を取引する影の業界は、当時ＩＧＥと同じように、一様に打撃を受けたが、ワールド・オブ・ウォークラフトやその他のゲームにおいて現在も存在し続けている。欧米で事業を行っていたプラットフォームの大部分は、ＩＧＥと同様の法的問題に直面した後、それまで供給元となっていたアジア、中でも中国に事業をシフトした。２００６年までに、中国人ゲーム労働者たちは、ＩＧＥが保有する在庫の圧倒的多数を提供するようになっていた。彼らのように欧米のサーバーへとログインするデジタル移民は、一般に「中国のゴールドファーマー」と呼ばれている。バノンは実質的に、ほぼ完全に中国人（出稼ぎ労働者）の労働力で成り立っている会社に参加していたのだ。

ロサンゼルス、ベルリン、深圳の間のゲーム労働者

一見すると、ゲーム産業はテイラー主義的な工場から最も遠いように見える。それは楽しさや遊びといったことから連想する、自由で創造的、形式張らずフラットな業界といったイメージを享受している。しかし本章では、ゲームのもうひとつの側面、つまりゲーム内のアイテムを獲得するためにひたすらプレイする「中国のゴールドファーマー」の仕事のような、ゲーム産業の退屈で反復的、単調で、厳しく管理された労働に光を当てる。ゲームの開発と維持に費やされる労働も、ゲーム内経済に費やされる労働も、かなりの割合において、創造的でコミュニケーションに基づくものではなく、退屈で反復的なものなのだ。もちろんゲーム業界には、高給取りの花形デザイナーや、

何万人ものファンの前でプレイして有名人となる、eスポーツのプロプレイヤーなどがいるが、彼らの仕事は同じゲームの同じ部分で何か月も同じ作業を繰り返す、大勢のテスターや「ファーマー」の上に成り立っている。本書を執筆する動機となった問題意識に従って、こうした人々の労働に私は最も興味がある。

本章の主人公は、第1に、中国のデジタル工場で働くいわゆる「ゴールドファーマー」であり、第2に、そうしたゲームを提供する会社（巨大企業の場合もある）において、ゲーム開発や品質保証に携わるデジタル労働者である。どちらの労働者も、ゲーム産業の複雑で、大陸を横断するほど広大なバリューチェーンの一翼を担っている。彼らの日々の労働に焦点を当てれば、ゲーム産業は「大人になることを拒むオタクたちの楽しい遊び場」というより、むしろデジタル工場に近いという図式が見えてくる。次節で取り上げるゴールドファーマーたちは、デジタル工場の枠組みが興味深い形で表れている場所で働いていることが多い。そうしたゲーム工場には、何百人もの労働者、大規模な寮、シフト制、ノルマ、監督者を持つところもある。プレイヤーは、オンラインゲームが24時間起動されているコンピューターの前でシフトを組み、バーチャルグッズを集める。そうして蓄積されたバーチャルグッズは、ゲーム内でより良い体験をしようとする、主に欧米のプレイヤーたちに転売される。

本章の前半では、ゲーム内に広がるシャドービジネスの政治経済に焦点を当てるが、後半ではゲーム開発に注目する。現代のビデオゲーム開発には数億ドルの費用がかかることが多く、開発のさまざまな段階に何百人もの労働者が関わっている。ここでは特に、ゲーム開発の中でも華やかさに欠ける段階、つまり品質保証とテストに携わる労働者の仕事に焦点を当てる。彼らの仕事は、ほとんどの場合、何日も同じ場面をプレイすることだ。彼らはゲーム産業において、単調さと繰り返し、不安定な条件と長時間労働という特徴を持つ特定の労働者層を代表する存在だ。その労働条件は、中国のゴールドファーマーたちになじみ深いものだ。テスターもゴールドファーマーも、ビデオゲームの多面的な政治経済の一部だ。彼らの間に大きな違いがあることは否定できないが、顕著な類似点も観察することができる。そうした類似性によって、ゲーム産業におけるさまざまな形態のデジタル労働は互いに関連しているのだ。

「1日12時間、1週間休みなしで、私は同僚とモンスターを殺し続けています」

ゲーム分野における長年の噂話や激しい議論を経て、2000年代初頭、「ゴールドファーミング」が数百万ドル規模のビジネスにまで拡大し、そこでは工場のような環境で膨大な数の労働者が雇われていることが明らかになった。当初、ゴールドファーミングの取引は、個々のプレイヤーによって行われていた。彼らはバーチャルグッズを収集し、それを他のプレイヤーにリアルマネーと引き換えで渡すことで、自分の好きなゲームで稼げることを発見したのである。そうしたプレイヤーの中には、いくつものコンピューターを用意して一度に複数のアカウントでプレイするようになったり、グループを結成してリビングルームや地下室を拠点に、本格的にビジネスを始めたりする者もいた。2000年代初頭には、中国を中心に大規模なグループが登場し始めた。韓国の起業家たちが人件費の安い中国で人を雇い、彼らをワールド・オブ・ウォークラフトのような人気オンライン・ロールプレイング・ゲームの労働者にしたという噂もある。調査によれば、２００８年までに、40万人から１００万人のデジタル労働者がゴールドファームで働いており、その圧倒的多数が中国にあると推定されている(2)。

中国がこのビジネスの中心地として浮上してきたのは、人件費が比較的安いというだけでなく、ゲーム人口が多いという理由もある。中国人ユーザーは、ワールド・オブ・ウォークラフトにおける最大のプレイヤー層を形成している。すでに大規模オンラインゲームの世界に精通しているこうしたプレイヤーたちは、ほとんどトレーニングを必要としない労働者「予備軍」となっている。中国のデジタル工場によって、欧米のゴールドファームはあっさり追い抜かれたが、わずかな数のゴールドファームが今も欧米諸国で運営を続けている。１日12時間労働でかろうじて食いつないでいる、カナダのあるゴールドファーマーの投稿によれば、２０１６年は、中国の大型連休の間に最大の利益を得られたそうだ。この期間は中国の業者の活動が低下するので、ゴールドの価格が上昇するのである(3)。顧客の大部分は米国や欧州、そして日本や韓国にいるが、もちろん中国も新たな市場として成長している。同国の新しい中産階級は、ゲームにお金と時間を費やす余裕を持つようになっている。

「１日12時間、１週間休みなしで、私は同僚とモンスターを殺し続けています」２００５年、ある中国の若い労働者は新聞記者に対して、ワールド・オブ・ウォークラフトというデジタル空間での自分の仕事についてこう語った(4)。この作業から彼が得るバーチャルグッズは、彼の雇用主によって仲介業者に転売される。仲介業者が所有するデジタル・プラットフォームでは、そうしたバーチャルグッズが、ゲームを早く進めたい退屈したプレイヤーに提供される。彼が勤める工場は古い倉庫の地下にあり、同じような仕事をする多くの労働者とともに働いている。中国の典型的なゲーム工房には20台から100台のコンピューターが設置され、すべてのコンピューターを休まず稼働させられるよう、50人から200人ほどの労働者が交代でプレイしている。趣味で生計を立てようとする、友人同士のグループからなる工房もあるが、ほとんどはゲーム労働者で、規律の取れた運営がなされている。こうしたデジタル工場の多くは従業員に寮と食事を提供している。従業員のほとんどは16歳から40歳までの男性だ。[5]

中国人ゲーム労働者の大部分は、仕事で使うコンピューターやゲームソフト、そのアカウントに加え、仲介プラットフォームや欧米の顧客と取引するために必要な語学力、ならびにペイパルなど決済手段のアカウントを持ち合わせていないため、自らの労働力をファームのオーナーに売るしか方法がない。特に大規模な工房は、高度に組織化された形で運営される傾向にある。監督者を雇い、タイムカードやシフト制を導入して、1日24時間コンピューターを稼働させている場合もある。こうしたデジタル工場の多くは、同じ空間の中に、インターネットカフェと典型的な工房が混ざり合ったようなデザインをしている。よりプロフェッショナルな工房では、制服があり、エアコンが完備され、従業員を奮起させるためのポスターが壁に貼られているところもあれば、みすぼらしい建物の中に古いコンピューターが設置され、それが発生する熱によって呼吸困難になりそうなところまである。小規模な工場では、ボスがゲーム労働者の指揮と顧客との取引の両方を行うが、大規模な工場では監督者がいて労働者を管理し、高度な分業体制をとる傾向にある。あるゲーム労働者は、ゲームブログに自分のデジタル工場について次のように語っている。

私が最初に所属していたゴールドファーミング企業はとても大きくて、ゴールドファーミング用に少なくとも1万のアカウントを保有していたと思う。私の仕事場では40人の従業員が働いていて、昼も夜も交代で作業していた。なので、そうしたアカウントは24時間３６５日、絶え間なくファーミングに使われていた。……毎日とてつもない疲労感を覚えたよ。毎日最低でも10時間ファーミングしなくちゃいけないんだから、わかるだろ？　いつもコンピューターの画面を見ていて、いつも同じインスタンス〔ゲーム内のシーンやエリア〕と同じモブキャラを見ている。だからとても疲れるんだ。[6]

この言葉通り、彼らの作業は単調で疲れるものであることが多く、シフトは通常10時間から12時間におよぶ。労働者の中には熱心なゲーマーもいるが、ゴールドファーミングの作業自体が楽しいものであることはほとんどない。ゲーム内のより複雑で、より興奮するような場面に関わる作業もあるが、ほとんどのゴールドファーミングは、非常に単純な作業に限られている。ワールド・オブ・ウォークラフトの場合も、他のゲームと同様、「ファーミング・エリア」と見なされるエリアがある。そこで何らかの作業を行うと、比較的短時間で、ユーザーがゲーム内の通貨やアイテムを手に入れられるという場所だ。そのようなエリアでは、ファーマーもよく見かける。ゲーム内のデジタル空間でビジネスを行う彼らの姿を観察すれば、ファーミングが反復的で、単調な作業であることがよくわかるだろう。たいていの場合、ファーマーはゲーム内の有利な機能や抜け穴を何度も繰り返し利用する。多くのファーマーは、その仕事が単調で疲れるものだと訴える（とはいえ彼らの中で、空き時間に同じゲームを熱心にプレイする人々の数は驚くほど多いが）。あるゲーム労働者は、次のように主張している。「週に6日から7日、1日に12時間、同じ場所を何度も往復してクリックし続ける作業をしてみれば、それがゲームなんて呼べないことは明らかだろう」

アゼロスの政治経済

ワールド・オブ・ウォークラフトはおそらく、世界でもっとも有名な大規模多人数同時参加型オンラインRPG（MMORPG）だろう。2004年に最初のバージョンがリリースされて以来、このゲームはオンラインゲームの世界を大きく変えてきた。ピーク時には月間1000万人以上のプレイヤーが会員として存在しており、その多くが1日の大半をこのゲーム世界の中で過ごしていた。多くのプレイヤーにとって、それは日常生活の一部となり、瞬く間に文化現象にまで発展した。ワールド・オブ・ウォークラフトは2004年のリリース以来継続的に拡大しており、過去15年間で1億人以上のプレイヤーを魅了した。現在、このゲームは世界中のさまざまな地域のサーバーで運営され、11の言語で利用できる。すべてのプレイヤーは利用料を支払っており、パブリッシャーであるアクティビジョン・ブリザードにとって10億ドル規模の利益をもたらしている。カリフォルニアに本社を置く同社は、約９６００人の従業員と複数の事業部門を擁し、「コール・オブ・デューティ」、「デスティニー」、「スカイランダーズ」、「ディアブロ」、「キャンディー・クラッシュ・サーガ」、「ファーム・ヒーローズ・サーガ」など、さらに多くのゲームをさまざまなプラットフォームに向けて、多様なビジネスモデルで提供している。ワールド・オブ・ウォークラフトは、同社のタイトルの中でも最も知名度が高く、他のフォーマット（テレビシリーズや書籍など）でもたびたび関連作品が製作されている。

ワールド・オブ・ウォークラフトに登録すると、ユーザーはまずアバターをデザインしなければならない。アバターとはビデオゲームのキャラクターで、時間の経過とともに成長するのが一般的だ。それぞれのアバターには過去の経歴、特徴、外見がある。ワールド・オブ・ウォークラフトの場合、アゼロスというファンタジー世界を舞台にしていて、さまざまな種類の人間や非人間のアバターを選択できる。彼らの大半は、「アライアンス」あるいは「ホード」のいずれかの勢力に属している。これらの二大勢力の間で続く争いが、このゲームを形作っている。アゼロスに入ると、プレイヤーはこの中世の魔法世界の住民となり、モンスターを倒したり、世界を探索したり、「クエスト」に挑んだりすることができる。ほとんどのロールプレイング・ゲームと同様に、プレイヤーの目的は、強さや敏捷性、精神力、スタミナといった、アバターのさまざまなパラメーターを成長させることだ。ワールド・オブ・ウォークラフトではゲームを進めるにつれ、他のプレイヤーの助けなしに先に進むのが難しくなる。そのためプレイヤーは、ゲーム内の基本的なコミュニティである「ギルド」を形成する。各ギルドは複数人のプレイヤーから構成され、その数は10人未満から１

50人以上までと幅広く、チャットを介してコミュニケーションを取り合いながら、難しいクエストを達成するために活動を調整する。

プレイヤーの評価は、非常に高度な算出法に基づいて行われる。ゲームのさまざまなステージを旅する中で、キャラクターは体力や経験値、武器、マウント（騎乗可能なクリーチャー、ゲームでは非常に重要）など多くのものを集めなければ先に進めない。武器や防具などのアイテムを手に入れる鍵は、ゲーム内通貨である「ゴールド」だ。ゴールドはさまざまなクリーチャーや他のプレイヤーから略奪できるが、ハーブ摘みや鉱石採掘、釣りなどの特定の活動によっても獲得できる。プレイヤーによる労働の成果は、オークションハウスで交換することができる。ゲームを楽しめるかどうかは、そうしたデジタルアイテムをどのくらい持っているかによって左右されることが多いが、そうしたアイテムは多くの場合、特に楽しいとは思わない作業をこなさないと獲得できない。プレイの多くは複雑で、しばしば他のプレイヤーとの協力が求められるエキサイティングな冒険となるのだが、退屈で反復的で単調な作業も、ワールド・オブ・ウォークラフトの大きな要素である。デジタル・カルチャーの研究者であるスコット・レットバーグが観察したように、特にステージ初期の頃に、自分のアバターをレベルアップさせる作業は「テイラー主義に近い、頭を使う必要のない反復的な」プレイ体験によって特徴づけられることが多い。そして「クエストをプレイするときのメンタリティは、組立ラインに立っているときのそれと共通するものがある」[8]ワールド・オブ・ウォークラフトでは、ゴールドや持ち物を集めてステージを進めていく際に、こうした骨の折れる作業を避ける方法はほとんどない。ゲーマーはこのシステムがフェアだと考えている。近道がないことで、プレイヤーが費やした時間とスキルがゲーム内の財産に反映されるからだ。しかし「苦行」に不満を募らせ、仲間に追いつきたいと願うプレイヤーや、リッチでパワフルなアバターに憧れるプレイヤーにとっては、このシステムは問題だ。そしてこの問題が、プロファーマーが活動する基礎を築くこととなった。

デジタル・シャドーエコノミー

後から追加された限定的な機能を除き、ワールド・オブ・ウォークラフトは、すべてのユーザーに公平な競争環境を提供するため、ゲーム内の通貨やアイテムをリアルマネーと交換することを公式には認めていない。それによりワールド・オブ・ウォークラフト、および同様の仮想経済を持つ他のゲームでは、ゴールドファーミングによるシャドーエコノミーが形成される土壌が整っている。ゴールドファーミングにはさまざまな形態がある。基本的なのは、ゲームをプレイしてゲーム内通貨（ワールド・オブ・ウォークラフトの場合はゴールド）を稼ぐというものだ。ゴールドファーマーはゲームにログインし、自分のアバターを使って特定のタスクを実行する。ワールド・オブ・ウォークラフトにおける典型的なタスクは敵を倒すことで、敵はゴールドやその他の貴重なアイテムを落とす。ファーマーはそうしたアイテムを拾って、アバターのアカウントに蓄える。このゴールドはさまざまなプラットフォームや仲介業者を通じて、リアルマネーを払ってでもゲーム内通貨を手に入れたいと考えるプレイヤーに提供される。また、多くのゲーマーが「パワーレベリング」

と呼ぶファーミングもある。これはゲーム労働者が、ゲームのさまざまなステージをクリアしてアバターを成長させつつ、パワーやスキル、武器、ゴールドを獲得するというものである。目標に達した後、アカウントが買い手に引き渡される。そのため買い手は、初期段階のキャラクター育成にかかる時間と労力を節約できる。3つ目の、より高度なファーミングは、最大60人のゲーム労働者を集めて、上級プレイヤーの集団に仕立て上げることだ。このプロゲーマー集団は、ワールド・オブ・ウォークラフトの最終ステージで強敵モンスターと戦う際の支援を必要とする顧客に、バーチャル傭兵軍団として派遣される。

グーグルで少し検索すればすぐに、ワールド・オブ・ウォークラフトのゴールドや、他の多くのゲーム内通貨、さらには育成済みのアバターやその他の商品を販売する多種多様なサイトが見つかる。そうしたショップのひとつが、ドイツ市場でトップに立つMMOGA.deだ。このサイトは幅広いゲーム関係のサービスを提供し、700万人以上の顧客を抱えている。ワールド・オブ・ウォークラフトに関しては、全サーバーにおいて、さまざまな引き渡し方法でゴールドを提供するほか、パワーレベリングも請け負っている。「目標に素早く到達するためには、プロゲーマーにキャラクターのレベルアップをしてもらうだけでいいのです」と、このプラットフォームは宣言している。「私たちは最高のプロゲーマーを厳選して紹介します」と宣伝は続き、そうしたプロは「あなたのアカウントを脅かす可能性のある、サードパーティーのプログラムやボットを使用しません」と主張している。[9] MMOGAは2016年に3億ユーロで中国企業に売却された。[10] この金額、そしてこの取引にほとんど誰も注目しなかったという事実は、この業界の市場が巨大である一方で、大部分が表に現れてこない日陰の存在であることを示している。これはこうしたプラットフォームが法的にはグレーゾーンにあるためだ。ワールド・オブ・ウォークラフトやその他のパブリッシャーは、ゲーム内通貨を金銭で売買することを明確に禁じているが、大部分の国の法律では、バーチャルアイテムやゲーム内通貨をリアルマネーで取引することに対処する規定が不十分であるため、正確な法的状況ははっきりしていない。

さらにプラットフォームは通常、ファーマーと顧客との間の仲介者として機能する。上海に拠点を置くゲームワークショップUcdao.comの創設者であるアラン・チウは、「私たちは株式市場のようなもので、ここで買うことも売ることもできます」と説明している。「私たちはさまざまな仕事を外注しています。レベルを1から60にまで上げたいという人がいれば、それをしてくれる人を見つけるのです[11]」この方法は、時間のない多くのプレイヤーにとって魅力的な選択肢となっている。ワールド・オブ・ウォークラフトにおいて、平均的なプレイヤーが最高レベルに達するには数百時間ものプレイ時間がかかる。バーチャルアイテムや通貨の販売を手がける別のプラットフォームの従業員は、彼らのビジネスモデルについて、「私たちは何万人ものファーマーからゴールドを買い取り、小売プラットフォームで再販しています。ですからある意味では、私たちは輸出業者なのです」と説明している。「違いは商品がバーチャルであること、手続きがデジタル環境で行われることだけです[12]」この業界で最大の利益を確保しているのは、ゴールドファームの所有者、そしてさらにその仲介プラットフォームだ。

ゴールドファーミングのシャドーエコノミーはグローバルであるため、その売上規模を見積もるのは困難だ。スティーブ・バノンがかつて経営していたIGE社の全盛期には、バーチャルグッズの売上高は3億ドルから100億ドルと推定されていた[13]。当時、業界はよりオープンな形で運営されており、IGEは最大手ゲームのパブリッシャーと協定を結ぶことを望んでいた。しかし合意は実現せず、パブリッシャーはすぐに、ゴールドファーミングに対してより厳しい措置を取り始めた。IGEは事業を香港に移し、米国支社は不満を持つプレイヤーと和解したが、その合意内容からワールド・オブ・ウォークラフト内のバーチャルグッズの販売を禁じられた。香港支社は何とか軌道に乗り、数年間はゲーム内通貨やその他のアイテムを扱うオンラインストアとして最も人気のサイトの一つであった。しかし理由は不明だが、IGEは最終的にこれらの事業を売却し、倒産した。この激動の数年間によって、ゴールドファーミングはシャドーエコノミーの産業としてはっきり位置付けられるようになり、業界全体の規模や発展に関する、信頼できるデータや情報を集めることが著しく困難になった。一部のプラットフォームは仲介者の役割に徹しようとし、そうすることでリスクの多くを、実際にファーミング労働が行われる現場、つまりゲーム労働のデジタル工場に押し付けた。

二重の移民

中国のゴールドファーム労働者の構成は年々変化している。第1世代の労働者は多くが学生で、彼らはインターネットカフェで作業していた。彼らはゴールドファーミングの工房を自ら開設し、次第に農村地域からの移民（移住者）を雇うようになった。深圳にあるゴールドファームのオーナーであるウェイ・シャオリャンは、「学生よりも若い移住労働者を雇う方が良いです。われわれの給料は学生から見ると良くないのですが、田舎から来た若者にとってはかなり魅力的なのです」と南華早報に語っている。[14]これらのゴールドファーム労働者の中には、もともと本当に農業に従事していたが、中国の急成長する都市へ出稼ぎに出てきていた者もいる。彼らはワールド・オブ・ウォークラフトのオンライン空間の中で、二重の移民（移住）労働者となったわけである。

２０１１年にゲ・ジンが制作したドキュメンタリー『ゴールドファーマーズ』は、こうした中国のデジタル労働者の生活について、貴重な洞察を提供している。[15]この低予算ドキュメンタリーは、中国のゲーム工房の労働条件について特に興味深い洞察を行う一方で、ゴールドファーミングという労働の別の側面にも着目している。それはゲームにおいてファーマーたちが経験することと、彼らと欧米人プレイヤーとの接触に光を当てているのだ。そうした接触は、敵対的なものになることが多い。『ゴールドファーマーズ』に登場する中国のゲーム労働者は、「こちらが中国人のファーマーだと知ると、彼らは『お前たちがここにいる権利はない』と言ったり、理由もなく攻撃したりすることさえあります」と証言している。[16]

多くの欧米人プレイヤーが、ゲームを進めるためにゴールドファームのサービスを利用している。にもかかわらず、ワールド・オブ・ウォークラフトの文化では一般的に、商業的なゴールドファーミングやリアルマネーでのゴールドの売買をよしとしない。それは不正行為であり、ゲームの精神やゲーム内経済に反するものと見なされている。それがインフレを引き起こすと、プレイヤーたちが認識しているからだ。そのためゴールドファーマーは、その活動に対する攻撃を常に受けている。ゴールドファーミングを行っているデジタル労働者は、自分たちが多くの欧米のプレイヤーに憎悪を呼び起こしていることをよく理解している。時には彼ら自身が熱心なプレイヤーであることもあって、自分たちの仕事がいかに一般のゲーマーのプレイを妨げるかを知っているのだ。『ゴールドファーマーズ』に登場するある労働者は、次のように説明している。

ゲームを職業として行うゲーマーは通常、1つの場所に留まって、同じモンスターを何度も何度も倒し、ゴールドを手に入れ続けます。それが彼らの仕事で、ボスからのプレッシャーもあるので、そこに留まらなければなりません。他のプレイヤーがその場所に来たら、彼らには戦う以外に選択肢がありません。彼らは働かなければならず、プレッシャーにさらされているからです。なので私たちのようなプロゲーマーは、確かに普通のゲーマーに影響を与えています。……もしゲーム中にプロゲーマーを見かけたら、彼らの仕事を理解し、少し距離を置いてあげてほしいと思います。彼らはとても感謝するはずですし、どこかによけて、あなたの邪魔にならないようにするでしょう。彼が必要としているのは、ほんの少しの空間なのです[17]。

ワールド・オブ・ウォークラフトの世界では、ファーミングは人種と深く結びついてきた。すべてのゴールドファーマーが中国出身というわけではなく、また、ワールド・オブ・ウォークラフトのほとんどの中国人プレイヤーはゴールドファーマーではない。しかし、このゲームの用語で「中国人である」や「中国人のようにプレイする」という表現は、ゴールドファーミングと同義になっている。オンラインゲーム内でプレイヤーの人種や民族を特定するものは物理的な身体ではないため、その主な目印となるのは、ゲーム内での特定のプレイスタイルだ（あるいは労働スタイルと呼ぶべきだろう）。多くの場合、ファーマーを見つけることはたやすい。儲けが得られる場所に留まって、ゴールドを得ようと反復作業を行っているからだ。遊んでいるのではなく、働いているとわかる振る舞いをするアバターや、ファーミングのできる場所に留まっているだけのアバターは、人種差別的な攻撃を受ける可能性がある。このように、ファーミング労働は人種と深く結びついており、ファーミングに対する反発は、人種差別的なイメージやスローガンによって助長されている。

ファーミング労働者の中には、ゲーム内で買い手のアバターにゴールドを渡すこと、あるいは新規顧客を引き付けることを専門とする者もいる。それを警戒心の強いプレイヤーや、ブリザードのゲーム内警察である「ゲームマスター」に発見されずに行わなければならない。そのためゴールドファーマーの行動は、現実世界の路地でドラッグを売るディーラーにたとえられることが多い。そして、欧米の人々がそうした人物を頭に思い浮かべる場合、その人物はほぼ常に移民である。ゲーム内のチャットで交わされる「簡単にゴールドが手に入る」という売り込みは、ゴールドファーマーに対する反感を引き起こしやすく、そのためブリザードは、ゲーム内メッセージを介した売買を妨害するアンチスパム・システムの導入を進めることとなった。ワールド・オブ・ウォークラフトのデジタル空間では、ゴールドファーマーは他のプレイヤーがプレイする空間で働く不法移民として扱われる。ゲーム全体を通じて、正当な「ゲームを楽しむプレイヤー」と、招かれざる「ゲーム労働者」を区別するための人種プロファイリングが、絶え間なく行われている。名前が数字で構成されていたり、いかにも「西洋人」でないように見えるアバターは、話しかけられても反応しないプレイヤーと同様に、しばしば疑いの目で見られる。さらに欧米人プレイヤーは、「中国のファーマー」を追い詰めるための「自警団」を結成することさえある。

ドキュメンタリー『ゴールドファーマーズ』では、欧米のプレイヤーたちと、ゴールドファーミングに対する彼らの反応も紹介している。そのうちの1人であるガレスは、米国のハードコアプレイヤーで、ゲームに特化したラジオ番組を運営している。また彼が「ゴールド売り産業」と呼ぶものに反対するウェブサイトも運営している。ゴールドファーマーについての意見を聞かれたガレスは、彼らが「これらの企業の知的財産権を尊重していないし、ゲーム内の他のプレイヤーに対しても敬意を払っていない」と主張している[18]。ガレスによれば、欧米人プレイヤーのさまざまなグループが、有名なファーマーのリストと彼らがよくいる場所を掲載したウェブサイトを運営しており、「プレイヤーが暇なときに出かけていって、そうしたファーマーを殺《キル》し、お金やアイテムを集めるのを阻止できるようになっている[19]」。「殺す《キル》」とは、ファーミングに使うアバターを殺したり妨害したりして、ゲーム労働者が仕事をしにくくすることである。

なかには、「中国のゴールドファーマーは死ね」などといったタイトルで、ファーマーたちを攻撃するプレイ動画をユーチューブにアップロードする人や、中国のゴールドファーミングに反対する歌をつくっている人までいる。リサ・ナカムラはその素晴らしい論文の中で、こうした動画によっていかにワールド・オブ・ウォークラフトにおける労働の人種化が助長されているかを示している。[20]『ゴールドファーマーズ』に登場するプレイヤーのガレスは、自身のラジオ番組がきっかけとなって起きたゴールドファーマーに対する襲撃について、次のように語っている。

私は「ワールド・オブ・ウォークラフト・ラジオ」の番組内で、イースタン・プレイグランズ［ワールド・オブ・ウォークラフトに登場する地域］にある「テュールズ・ハンド」と呼ばれる有名な場所へ行く様子を放送しました。そこはファーマーたちによく知られている場所なのですが、それはドロップ［クリーチャーを殺すと手に入るゴールドやアイテム］が期待できるからです。放送中、私たちは20人ほどの仲間をそのエリアに滞在させて、ファーマーが何かすれば基本的には殺《キル》しました。とても楽しかったですよ。[21]

デジタル労働・デジタル移民

こうした中国の労働者は、奇妙な二重の立場に身を置いている。彼らは出身国に留まりながら、グローバルサウスの新興デジタル労働者階級に属する一方で、ゲーム空間とその周辺文化では、現実世界の移民とほぼ同じ特性を持っている。彼らはゲーム空間に通底する文化とは異なる状況の中、労働者としてその空間に入っている。彼らの労働力はサービスとして欧米人プレイヤーに売られ、それが他の欧米人プレイヤーからの攻撃の理由にもなっている。他の人々が余暇を過ごす場所で働くというのは、さまざまな「オフライン」の職業、特にサービス業でよく見られる移民労働の共通の特徴である。ゴールドファーマーは、その特性から見ても、経済的地位から見ても、移民労働者の立場と、グローバルサウスの「安価な労働力」の立場を兼ね備えている。興味深いことに、こうした二重の立場が1人の人間に具現化されている。中国の作業場で働く、アウソーシングされた末端労働者でもあり、デジタル空間で人種差別的な攻撃を受けながら、ゴールドファーミングという汚れ仕事をする移民でもあるのだ。

A・アニーシュは、インド人IT労働者の移動性に関する重要なエスノグラフィーの中で、デジタル技術によって可能になった新しい形態の労働移動性に光を当てるために、「仮想移住」という概念を提唱した[22]。IT部門で働く多くのインド人デジタル労働者が欧州、米国、オーストラリアへ移住する一方で、インドに留まりながら欧米企業で働く人もいる。さまざまな柔軟かつ一時的なモデルによって、現場で顧客と接してほしいという要求と、労働およびインフラにかかるコストとを調和させようとしている。こうしたプロセスは、インドのITホットスポット（およびその地域や国特有の移動パターン）を、他のグローバル拠点と多重かつ複雑な形で結び付けている。それにより、一般的なアウトソーシングの慣行にさらなる次元が加わっている。アニーシュが仮想移住という言葉を使ったのは、インドに留まりながら海外の顧客のために働く労働者たちの経験を説明するためだ。彼らの労働は、本人がいる物理的な場所とは一致しない文化や空間、時間の中で行われる。インドを離れることなく欧米企業で働くこうしたインド人デジタル労働者たちは、「移住なき移住」をしているのだと、彼は主張している[23]。

仮想移住の概念は重要だ。それにより、ネットワーク化された経済においては、地理が移動し得ることが示されているからである。つまりアウトソーシングのような概念では、いま問題にしている空間的、社会的、経済的な複雑さを完全には捉えられないのだ。アウトソーシングやオフショアリングという馴染みのある概念が、ネットワーク化されたデジタル労働者の現実と経験を捉え切れないことは、おそらくインドのIT労働者のケース以上に、オンラインゲームの政治経済と中国のゲーム労働者の経験から明確になる。MMORPGは、グローバル経済であると同時に、プレイヤーが共有する生活空間でもある。その中では、それを遊びとして楽しむプレイヤーと、仕事として行うプレイヤーが大勢集まり、起きている時間の大半を過ごしている。先ほどのドキュメンタリーで、ファーマーが欧米のプレイヤーに、ゴールドファーミングという仕事を理解し、彼らがゲーム内のわずかな場所に滞在することを認めてほしいと懇願していることからは、ゲーム内でのやり取りが収入を得る手段というだけでなく、感情的にも影響するものであることが読み取れる。攻撃を受けることで彼らの仕事は、感情的にも、ほとんどの労働者に課せられる日々のノルマという点でも困難なものになってしまう。非合法経済やインフォーマル経済で働くことの物質的なリスク、脆弱性、そして感情的な側面は、デジタル移民でもオフライン労働者でも共通するのである。

ゴールドファーミングのシャドーエコノミー、そしてそれが生み出すデジタル移民には、新しい形のグローバルなインフラ接続によってもたらされた、新しいトポロジー的地理が表われている。デジタル労働の性質、あるいはその生産物の性質は、労働の移動性と財の移動性との間の線引きを複雑にしている。ネットワーク化されたインフラとソフトウェアのおかげで、データをミリ秒単位で全世界に伝送でき、たとえば複数の労働者が同時に2つの異なる大陸から同じプロジェクトに取り組むことができる。これにより、アウトソーシングやオフショアリングといった一般的な用語の想定を覆す、複雑な空間構成が生み出されている。

ここでは、仮想移住やデジタル移民といった語彙が考察をより深める上で役立つだろう。これらの用語を使うことで、アウトソーシングやオフショアリングとの根本的な断絶を主張しているわけではない。そうではなく、こうした概念を既存の語彙に加えることで、デジタル技術とインフラによって可能になった、労働移動性の現在の変容をより理解できるのである。いかにデジタル技術とインフラが、地理的な経済空間の概念だけでなく、労働の移動性と多数化に関連する問題にも影響を及ぼしているかは、もうおわかりだろう。それらは現在進行しているグローバル空間の不均一化の一部であり、そうした不均一化によって、地図の作成は断片的で、重複が多く、不安定なものとなっており、北／南や中心／周辺といった安定したカテゴリー分けにも疑問が投げかけられている。

深圳の端にあるデジタルゲーム工場で働き、ワールド・オブ・ウォークラフトのデジタル経済に携わる農村からの移民労働者は、単に「二重の移民」であるだけでなく、複雑な経済的トポロジーの住民でもある。労働力のある場所、労働が行われる場所、消費が行われる場所、購入者がいる場所は、ワールド・オブ・ウォークラフトの政治経済、インターネットのインフラ、プラットフォームを通じたさまざまな形態の仲介業、決済システムなどによって結びついた、異質だが重なり合うさまざまな階層で運営されている。こうした複雑で断片化された、空間とテクノロジーの構造は、多様で断片化された労働の姿と重なり、したがって、多様で断片化された移民の姿とも重なるところがある。おそらくゴールドファーマーはその典型的な例と言えるだろう。

ゴールドラッシュの後

ワールド・オブ・ウォークラフトにおける中国のゴールドファーミングの全盛期は、すでに終わったかもしれない。無数のプラットフォームが依然としてワールド・オブ・ウォークラフトのゴールドを提供しているものの、それらのビジネスは多角化している。一般のプレイヤーやゲームのパブリッシャーがゴールドファーマーを攻撃したことで、ゴールドファーミング工房は経済的な影響を受け、なかにはアカウントの凍結やIPアドレスによるアクセス拒否によって閉鎖を余儀なくされたところもある。ワールド・オブ・ウォークラフトをはじめとして、多くのゲームがゴールドファーミングを禁止しており、ゲーム会社は可能な限りそれと戦おうとしている。ワールド・オブ・ウォークラフトのパブリッシャーであるブリザードは、ゲームをファーマーやボットから守るために多くの技術専門家を雇っており、多くの「ゲームマスター」（ブリザードによって雇われた一種のゲーム内カスタマーサービス）は、ほとんどの時間をファーマーの追跡や、ファーミングが疑われるアカウントの停止に費やしている。ブリザードは毎月、数千のアカウントを停止しているが、そのほとんどすべてがゴールドファーマーのものであり、一般のプレイヤーのものではない。その結果、中国の工房は繰り返し閉鎖に追い込まれて、従業員の解雇とコンピューターの売却を余儀なくされている。

ゲームコミュニティの噂によると、一時期、ハッキングされたアカウントが市場に溢れたが、ブリザードがアカウントのセキュリティを強化する対策を講じたことで、少なくとも一時的には、ワールド・オブ・ウォークラフトのアカウントは銀行口座よりも安全であったようだ。アカウントの停止やその他の強制的措置に加えて、ブリザードはこのビジネスモデルを部分的に合法化するという新たな姿勢を打ち出した。2015年、ブリザードはワールド・オブ・ウォークラフト・トークンを導入した。プレイヤーはこのトークンをブリザードから購入し、オークションハウスで他のプレイヤーに売ることで、ゴールドを得ることができる。オークションハウスでトークンを購入したプレイヤーは、それを現金に戻すことはできないが、1か月間無料でプレイできる。この合法的なゴールド購入方法を導入することで、ブリザードはゴールドの取引から分け前を得ると同時に、ゴールドファーミングのビジネスモデルを弱体化させている。トークンの仕組みはワールド・オブ・ウォークラフトのゴールドを現金に換えることを許していないため、それはゴールドファーマーにとってあまり役に立たない。トークンはゴールドファーミング業界に生き残る余地を残しているが（特にトークンの価格よりも低い価格でゴールドを提供できた場合）、ワールド・オブ・ウォークラフトにおけるその余地はますます狭まっている。

中国南部の賃金上昇も、この地域のデジタル工場には不利に働く。珠江デルタ地域の深圳周辺には、労働者が利益の分け前を増やすよう求める運動が波及しており、もはやこの地域の最低賃金層の競争力は低下している。ゴールドファーミングはゲーム業界全体で依然として問題となっている。たとえば近年、経済危機に瀕しているベネズエラのプレイヤーたちは、現金を稼ごうとして「ルーンスケープ」などさまざまなゲームに目を向けている。ハイパーインフレの中、ゴールドファーミングは彼らにとって、外貨を稼いで生計を立てる手段となっている。ゴールドファーミングによって、ルーンスケープ内に緊張が走り、オンラインフォーラムのレディット上では、ベネズエラのファーマーをゲーム内で殺す方法のガイドが登場して、ゲーマーの間で論争が巻き起こった[24]。経済的に生き延びようとしているだけのベネズエラのファーマーを攻撃することを批判する人が多かった一方で、彼らの活動の違法性を主張する人もいた。しかし多くのベネズエラのゲーム労働者は、他に選択肢がほとんどないと感じている。ゴールドファーミングに取り組み始めたばかりのあるゲーム労働者は、オーストラリアのゲームサイトでこう漏らしている。「毎日プレイしている友人がいるけど、彼らはプレイしなければその日は何も食べられないんだ[25]」

中国、ベネズエラ、その他の国々で、海外サーバーへの仮想移民として働くこれらの労働者の経験は、デジタル資本主義における労働の移動性の複雑なトポロジーを最も明確に示している。オンラインゲームは経済空間となり、したがってそれはまた、ゲーム内通貨、ファーミング労働、そして対立をめぐる複雑で興味深い政治が展開される労働と搾取の場ともなる。ゲーム空間のこうした特性によって、グローバルな不平等を下地とし、各種のインフラ（サーバーや光ファイバーケーブル、仲介プラットフォーム、グローバルな決済インフラなど）の力で実現している、複雑な経済空間が活性化する。さらに一般のゲーマーとプロのゲーム労働者が共有する生活空間は、非正規労働者の人種化をめぐる政治も動かしている。デジタル化が労働と移動性を根本的に再構成しつつあり、デジタル移民が労働移動の形態としていっそう重要になることは明らかだ。

このようなデジタル移民は、他の流通形態と連続したものとして捉えなければならない。商品の移動は船や飛行機だけでなく、大陸を横断する光ファイバーケーブルを通じても行われることが多くなり、生産と流通のグローバルな地理が根本的に再構成されている。現在、労働力の移動はさまざまな形を取っているが、その最たるものが、より良い生活を求めて国境を越えたり、都市部に移住したりする何億人もの移民や出稼ぎ労働者である。さらにグローバルな流通とインフラによって、労働力は商品として結晶化された状態で世界中を移動することができ、通信システムによって、データやサービスは長距離にわたってより迅速に伝達することができる。このような目に見える人とモノの移動と比べると、オンラインゲームでゴールドファーマーが行っている、本章で考察したような仮想移住は、それほど明白ではない。しかし、人種差別的な罵倒を受け、「ここにいる権利のない者」として攻撃されながらも、攻撃する人々と同じプレイヤー層にサービスを提供しているベネズエラ人労働者は、領土的な境界を越える多くの移民たちと、一見しただけではわからない多数の共通点を持っている。

ゲーム開発――ゲームスタジオにおける労働と対立

ここで舞台を変えよう。場所はベルリンにあるゲーム会社のオフィスだ。そこでは、ワールド・オブ・ウォークラフトよりもかなり小規模ではあるが、非常によく似たゲームが制作・運営されている。このオフィスはドイツのある大手ゲーム会社のものだ（同社は２０１６年に中国のゲーム会社に買収されたが、独立した子会社として運営を続けている）。ベルリンオフィスは、２０１０年に、倒産した別のゲームスタジオを買収して開設された。ベルリンの有名なアレクサンダー広場にほど近いオフィスビルの6階に、約60人の従業員が働いている。部屋は近隣の他のオフィスビルとあまり変わらないが、大型スクリーン、ゲーム機、ビーンバッグチェア、卓球台、エナジードリンクなど、ゲーム業界特有の設備が備えられている。こうしたニューエコノミーの典型的なアイテムや、明らかにカジュアルな雰囲気にもかかわらず、これらのオフィスでは労働争議が繰り広げられている。

ここスモーリン社（仮名）のベルリンオフィスには、文字通り1枚しか紙がない。それは労働者評議会のもので、廊下にある黒板に貼られている。(26)「ドイツの労働法では、労働者評議会に関する情報はすべて紙で掲示しなければならないと定められていますが、当社の社内コミュニケーションはすべてイントラネットを使い、オンライン上で行われています」と労働者評議会の広報担当者は説明する。(27) 彼の意見では、このことは労働者の権利に関する法規制と、ゲーム業界との関係を象徴している。「社員たちは、労働組合やストライキを非常に時代遅れなものだと考えています。労働組合は紙を利用し、対面での会議を行っています。メールもビデオ会議もなく、古臭くて時代遅れだと思われています(28)」それでも彼が率いる労働者評議会は、欧州で初めてのユニークな成功例となっている。ストライキや労働組合がほとんど存在しないこの業界において、ドイツの多くの「古い産業」で標準的な労働者評議会の存在は、極めて特別なことだ。

2012年にゲームバブルが崩壊したとき、ドイツの大手ゲーム企業のひとつで、労働者評議会を設立する機会が訪れた。ゲームバブルの崩壊は世間的にはあまり知られていないが、ほぼすべての欧州のゲーム制作会社に危機をもたらした。スモーリンは100人近い従業員を解雇し、残った従業員もパニックに陥った。現在、労働者評議会の広報担当者を務めている人物も、会社を去る従業員のリストに入っていた。彼の短期契約は切れており、会社も引き留めるつもりはなかった。しかし彼は、ドイツの労働法に抜け穴があることを発見した。同法では、会社が臨時契約の終了した従業員を職務から解放しなければ、その従業員は正社員となると規定されている。危機で生まれていた混乱が、彼に有利に働いた。「人事部の従業員も多数解雇されていたために、何もかもが混沌としていました」と彼は説明する。「会社にこの規定を知る者はおらず、私を職務から解放しようとしませんでした。もう、会社は私を正社員にするしかありません。その1時間後、私は労働者評議会を始めたのです[29]」

彼の試みが成功したのは、ドイツのゲーム業界ではかなり特異なことだ。スモーリンの競合であるスプゲーム・スタジオ（仮名）の従業員が労働者評議会の設立を計画し始めたとき、雇用主は脅迫と圧力で応じた[30]。2015年、同社の異なる2つの従業員グループがver.di（ドイツ統一サービス産業労働組合）に連絡を取り、労働者評議会設置の可能性について話し合った。同年の秋、ver.diの書記が状況を把握するために、ハンブルクにあるスプゲームのオフィスを訪れた。しかし彼女は、出鼻をくじかれてしまう。その日彼女が到着すると、彼女を招いた従業員たちはオフィス前の通りにたむろしていた。「彼らはその日の朝に解雇を告げられ、荷物をまとめるとすぐに退去させられたのです。彼らはまさに茫然自失の状態でした[31]」

スプゲームは、解雇が労働者評議会設立の取り組みとは無関係であると主張したが、組合と従業員はお見通しだ。解雇された労働者の多くは社内ツールに慣れようとしていた人たちで、労働者評議会を立ち上げるための最善の方法について、オフィスのチャットツールを通じて議論していた。結局、解雇された28人の従業員の多くもこのチャットのメンバーだったのだ。スプゲームはプール、無料の食事、パーティーが提供されるキャンパスを自画自賛していたが、多くの従業員は休暇の少なさ、タイトなスケジュール、低賃金に不満を抱いていた。実際、2015年にドイツで最低賃金が制定されると、スプゲームの従業員の多くが昇給した。大卒の開発者でさえ、月2000ユーロ未満でフルタイムで働いていたのである。28人の労働者が解雇された後も職場での話し合いは続き、組合を「会社に害を及ぼそうとする外部の要素」として嫌がらせや攻撃が行われていた、と多くの従業員が報告した(32)。最終的に、2016年初めに労働者評議会を設立するための会議が開かれたが、従業員の半数以上が設立に向けて前進することに反対票を投じた。もし評議会が設立されていれば、その半年後に起きた出来事で役に立っていたかもしれない。スプゲームは全従業員のおよそ半分にあたる、約500人を解雇したのである。

テスティングの労働力

スモーリンの本社は、ドイツにおけるゲームの中心地であるハンブルクにあり、他にもマルタ、リヨン、イスタンブール、ソウル、サンフランシスコ、ベルリンにオフィスを構えている。ハンブルクにあるスプゲームのキャンパスと比較すると、スモーリンのベルリンオフィスはかなり控えめだ。ベルリンオフィスの唯一の仕事は、「ドラゴンボイス・オンライン」(仮名)というゲームの保守と開発である。[33] これはワールド・オブ・ウォークラフトのようなオンライン・マルチプレイヤー・ゲームだが、ビジネスモデルは異なる。ワールド・オブ・ウォークラフトはサブスクリプション型だが、ドラゴンボイスは基本プレイ無料のゲームだ。プレイヤーはブラウザでゲームにアクセスし、アバターを選択してプレイを開始する。アバターは中世と魔法の世界に放り込まれ、単独で、または他のプレイヤーとともにクエストをこなして力をつけ、ステージを進めていく。ワールド・オブ・ウォークラフト以上に、ゲーム内の通貨をどれだけ貯められるかによって進行が左右される。それがスモーリンのビジネスモデルの鍵だ。ゲームにはサブスクリプション料も広告もないため、ゲーム内通貨の販売がスモーリンの唯一の収入源となっており、ゲームの開発チームはプレイヤーのフラストレーションのレベルを慎重に管理する必要がある。現在、このゲームには1700万以上の登録アカウントがあり、200万人以上のユーザーが定期的にゲームをプレイしており、常時6万~7万人がプレイしている。その中で、ゲーム内通貨を購入するのはごく一部だ。しかしそうしたプレイヤーは、ゲームの運営を黒字にするのに十分な金額を費やしている。

調査の間、スモーリンの分業体制のなかで私が注目したのは、品質保証部門のゲーム作業員だった。品質保証チームの任務は、ゲーム内のエラーを探し出し、それをソフトウェア・エンジニアに報告することだ。ゲームの新バージョンは約2週間ごとに完成し、テストサーバーにアップロードされる。すると、品質保証担当者はそれをプレイしてエラーを探さなければならない。ある品質保証担当者は「出口、入口、さまざまな部屋、バーチャルな飲み物、武器、動き、すべてをテストします」と説明する。[34] テスターはエラーを見つけると、それを修正してもらうために、「エラーチケット」を記入して開発担当チームに送る。テスト作業は非常に単調で、反復的なものになりがちだ。「実際にゲームをプレイするのと同じですが、ずっと同じことの繰り返しです。とても疲れます」[35]。品質保証担当者の中には自由時間にゲームをプレイするのを楽しんでいる人もいるが（そうする従業員は意外と多い）、彼らはテストが疲れる作業だと感じている。「私は鉄鋼工場で1年間働いたことがありますが、ここでの仕事もそのときと同じくらい疲れます。丸一日かけて同じエラーを再現しようとし、少なくとも7万回はコンピューターのマウスをクリックするというのは、かなり疲れるものです[36]」

通常、朝一番に到着する品質保証スタッフは、前日に完成したパッチをテストする。ドラゴンボイスはすべてベルリンで開発され、50万行を超えるコードで構成されており、常に改良や拡張が行われている。コーディングだけでなく、テスト作業も極めて労働集約的であり、自動化が非常に困難で、人間の作業員によって行われなければならない。同時に、この労働の大部分は、広範なトレーニングや特別な創造性を必要としないため、労働者はいつでも交換され得る。ほとんどの品質保証担当者は正式なトレーニングを受けていないが、数人は6週間のトレーニングコースを受けて修了証書を得ている。一般的に、チームは2種類の従業員で構成されている。第1のタイプはコアチームで、そのほとんどがスモーリンで一定期間働いている。多くが何年もこの仕事を続けており、違う部署に移ることを希望している者もいる。コアチームの隣にいるのが第2のタイプで、彼らは短期雇用の従業員であり、ゲームに対する新鮮な視点を提供するために必要とされている。彼らは

「テスティングモンキー」と呼ばれる。このタイプの従業員は数か月間働き、その後新しいグループと交代する。彼らの多くがインターンで、全員がゲームファンであり、将来ゲーム業界で働くことを目指している場合が多い。「報酬があることに驚く人もいます。ここに来て、どのように仕事が行われているのかを見るのをとても喜んでいます。少なくとも最初のうちは」と、品質保証部門で働く労働者評議会の責任者は説明する。[37]

このことはスモーリンの品質保証チームのインターンだけでなく、業界全体に当てはまる。「この業界で働く人々の90パーセントが、ゲーム業界のファンです」と、ベルリンのアレクサンダー広場を見下ろすスモーリンのオフィスで、労働者評議会の広報担当者は、皮肉交じりにこう締めくくった。「この偉大なプロジェクトに参加しようとする熱意には、カルト的な特徴が見られます」[38]

その結果、多くの労働者が低賃金と長時間労働を進んで受け入れており、おかげで、この業界の労働組合はなかなか定着できずにいる。スプゲーム・ハンブルクを担当する労働組合の書記も、こうした印象があることに同意する。「彼らは皆ゲームファンで、本当にこの業界で働きたがっています。そのため、彼らは低賃金や劣悪な労働条件を受け入れるつもりでいることが多いのです」[39]

スモーリンの場合、労働者の組織化の始まりはレイオフに端を発しているが、賃金も一因であった。労働者評議会の発起人は私に、「評議会を設立した主な理由は、時給が5ユーロだからです」と説明した。[40] 5ユーロという賃金は、当時のドイツ政界で議論されていた最低賃金案のどれよりもはるかに低く、建設業や清掃業など他の一部の業界でしか見られないものだった。品質保証担当者は通常、ゲーム会社の仕事で下層に位置する。彼らは会社内の他の職種に移ることを期待して、低賃金、長時間労働、有期契約、そしてしばしば非常に疲れる単調な労働を受け入れる傾向にある。米国のゲーム業界でも似たような状況が見られる。テスト労働者の大半は若い労働者であり、そのほとんどが臨時契約を結んでいるため、ゲーム会社の労働者の中でも最も下の、使い捨て可能な層にいると感じている。[41]ノースカロライナ州にある北米の名門スタジオ、レッドストームの元品質保証担当者は、雑誌『ジャコバン』への寄稿の中で、多くの若い労働者が「ゲーム業界という次のハリウッド」で出世することを望んでレッドストームの品質保証部門に入ってくると報告している。そうした労働者のほとんどが臨時契約からスタートし、給与は最低賃金で、ピーク時には週60時間労働をすることが期待されていた。極めて不安定で、プロジェクトの終了と同時に解雇されることも多い。「臨時契約の従業員が不要になると、全員が一か所に集められ、何の予告もなく即座に解雇され、また必要になったら連絡すると言われるのが普通でした[42]」

他にも、この業界の雇用環境に典型的な事象がある。たとえば「クランチタイム」だ。品質保証テスターの給与は非常に低く、スモーリンの給与体系で最下層に当たるが、しかし同じオフィスで働く他のチームも彼らと多くの問題を共有している。ゲーム業界は、従業員に期待される残業時間が多いことで有名だ。それを象徴するのが「クランチタイム」で、これはゲームや新しいステージ、または重要なアップデートがリリースされる前の数日間や数時間を意味する。スモーリンのある労働者は次のように説明している。

クランチタイムになると、従業員たちは寝袋を持参して、リリースに間に合わせるために5

日間オフィスに寝泊まりすることになります。外出もできないし、家にも帰れません。私たちはピザを注文して、ずっと仕事します。子供の面倒を見るために家に帰りたいという人がいれば、彼らには否定的な感情が向けられます。(43)

このような話からは、ゲーム業界の労働力が依然として男性に偏っている理由の一端が垣間見える。まだ圧倒的に女性の仕事とされている子供の世話は、長時間かつ非常に流動的な労働時間とはふつう両立しない。スモーリンの労働者評議会は、労働時間だけでなく、ゲーム業界における広範な性差別の存在（たとえばゲーム業界における性差別をめぐるスキャンダルとして注目を集めたゲーマーゲート事件〔2014年にビデオゲーム業界で起きた一連の論争で、ゲーム業界に関係する女性をターゲットに、#Gamergateというハッシュタグを使ってオンライン上でハラスメント行為が行われたことからこう呼ばれる〕など）も指摘しており、それを女性労働者の比率が低い理由のひとつとして挙げている。実際、これらの相互に関連する問題――労働強化、特にクランチタイムにおいて行われるものと、ゲーム文化で横行する性差別をめぐる闘争――は、世界のゲーム業界における対立と争いの最も重要な争点であることがはっきりしている。(44) クランチタイムは、ゲーム業界において古くから知られた事実である。どうやら「ニューエコノミー」のネオリベラルな精神に業界の商業主義が結びついて、過酷な労働条件を助長しているようだ。そうした労働条件は、プロフェッショナルと創造《クリエイティブ》という2つの労働文化の中の、従業員にとってマイナスな側面を併せ持つことが多い。ニューエコノミーのスタートアップ文化は、常に「創造的」で「自由な」労働文化と、長時間かつ、しばしば無給の残業を抱き合わせにしてきた。しかし、特に大手スタジオでは、フラットな組織構造と自由な精神は消え去り、残業だけが残っている。

エレクトロニック・アーツのケース

現在、世界のゲーム業界の年間売上高は１５００億ドルを優に超える。たとえば２０１３年にリリースされた記録破りのゲーム「グランド・セフト・オートV」は、売上高が60億ドルを突破しており、本書執筆時点で最高興行収入をあげている映画『アベンジャーズ／エンドゲーム』の２倍以上である。この業界の中心にいるのは、ロックスター（グランド・セフト・オートのパブリッシャー）、テンセント、ユービーアイソフト、ソニー、そしてエレクトロニック・アーツ（ＥＡ）などの大手スタジオだ。ＥＡの従業員数は約９０００人で、そのうち１３００人がバンクーバーにある最大の施設で働いている。ＥＡはこのデジタル工場を、スポーツジム、グルメ料理、文化プログラムなどが用意された、カリフォルニアのグーグルプレックスに似た充実したキャンパスとして整備している。どのデジタル工場でも、ジムやバスケットボールコートなどのアメニティが、創造的で自由な労働文化を形成するための鍵となっている。しかしこうした施設は、見学が許可されて出向くと、不審に思うほど誰も使っていないことが多い。あるスモーリン社員は、卓球台が空いていることについての私の質問に対し、「２人でミーティングをする際に使うことがあります。遊びながらプロジェクトについて話すことができます。腰にも良いですしね」と説明した。[45]

ゲーム業界は、ビデオゲームの黎明期に端を発する「遊びとしての仕事」という神話を、いまだに引きずっている。最初のコンピューターゲームの多くは、暇つぶしとしてデザインされ、商業的・文化的な対象としては真剣に捉えられていなかった。そうしたゲームの大部分が、冷戦期に軍の兵器開発に協力していた大学において、学問としてコンピューターを研究する中から生まれてきた。それはシミュレーション技術の派生として生まれたものであることが多く、科学者自身の気晴らしにプレイされることがほとんどだった。コンピューターやインターネットと同様、冷戦時代に確立された米軍と大学との結びつきは、デジタルゲーム開発の中心的な原動力となった。[46] 代表的なものは、１９６２年にマサチューセッツ工科大学で開発された有名なゲーム「スペースウォー」であり、何十年もの間、ゲームは主に研究所で働く科学者やエンジニアの研究の副産物、暇つぶしであり続けた。数は少ないとはいえ、ロシアの科学者たちも、同じような状況だった。「テトリス」は、モスクワにあったロシア科学アカデミーのドラドニーツィン・コンピューティング・センターに所属していたコンピューター科学者によって作られ、今もなお非常に人気があるゲームだ。

そうした研究機関にいた北米の学生たちが、ゲームを流通させ始めた。スペースウォーはコンピューター科学者たちによって、インターネットの前身である軍のネットワーク「ARPANET」を通じて流布された。[47] ベトナム戦争と学生運動という時代において、若い科学者の中には、自分たちのプロジェクトを後援する国家や軍に対して批判的になる者が増えた。そう考えれば、勤務時間内におけるゲームの開発とプレイは、低レベルの抗議活動の一形態として理解することができる。当時は「バーチャルゲームは仕事の拒絶だった。それは余暇、快楽主義、そして時間通りに規律を守って働くことや生産性の放棄を象徴していた」と、グレイグ・デ・ピューターとニック・ダイアー＝ウィザフォードは彼らの画期的な著書『帝国のゲーム（*Games of Empire*）』の中で指摘している。[48]彼らは特に、１９７０年代初めに自由奔放な「反労働」文化を体現していた初期のゲーム会社、アタリを取り上げている。しかし今日の大手ゲーム会社については、「そのアナーキーな自己イメージは、アタリ時代の名残であり、小規模なゲーム会社にはまだ多少当てはまるかもしれないが、ＥＡのような巨大企業とは相容れない――しかしそれは、ゲーム業界が発する魅力の神話的要素として残っている」と論じている。[49]

２００４年、あるＥＡ従業員のパートナーが書いた公開書簡がスキャンダルを巻き起こし、ＥＡはゲーム業界の労働条件をめぐる論争の中心に身を置くこととなった。「ＥＡ従業員の配偶者」という署名が入ったブログ記事が、パートナーが搾取されている状況について辛辣な口調で訴え、最終的にＥＡの当時のＣＥＯ、ラリー・プロブストに「従業員に何をしているのか、あなたはちゃんとわかっている。ですよね？」と問いかけたのである。[50]このブログ投稿をきっかけに、ゲーム業界では雇用条件に関する議論が続いている。２００４年のＥＡへの公開書簡が指摘していた重要なポイントが「クランチタイム」で、それは例外的な状況ではなく、多くの開発現場において日常的に行われるものとして説明されていた。「プロジェクトは終始スケジュール通りに進みました。クランチはプロジェクトを加速させることも、遅延させることもありませんでした。それに、クランチは実際の製品にさしたる効果をおよぼしませんでした。長時間労働は意図的で計画的であり、経営陣はそれを行う際、自分たちが何をしているか知っていたのです[51]」

EAは、ゲーム業界が商業主義に傾倒していく中、それが持つアナーキーなイメージを利用し続け、長労働時間と労働者への圧力を強化してきた企業の例である。2004年の論争について、ウォールストリート・ジャーナル紙は「エレクトロニック・アーツは自社をヒップでクリエイティブなイメージで売り出しているが、同社内の仕事はそれとまったく異なり、むしろ速いペースで動く24時間体制の自動車組立ラインに似ている」と報じた。[52] 2005年と2006年には、EAはソフトウェアエンジニアの未払い残業に関する集団訴訟を1490万ドルで、グラフィックアーティストの同様の訴訟については1560万ドルで和解した。EAの労働者はそれ以降、大幅な待遇の改善を勝ち取ったが、全体的な状況は多くの面で変わっていない。ほとんどの労働者は、いまだにクランチに取り組むことを期待されていると感じている。このことは、クランチタイムがデジタル労働者を搾取し、労働規制を避けるために展開される常套手段であることを示唆している。多くの場合、クランチタイムは労働者からより多くの時間を引き出すための標準的な戦略のようだ。創造的な労働者の「自由な精神」と「情熱」は、こうした戦略を可能にする重要な文化的要因である。

クランチタイムが労働の組織化と剰余価値の増大の重要な要素であり続けているとしても、エンジニアのガレージや地下室から出発したゲーム業界は長い道のりを歩んできた。スモーリンのベルリンオフィスは、ゲーム会社に期待されているすべてのアイテムを持っているが、それでも周辺の他のITオフィスと大して違うわけではない。ゲーム業界は近年、爆発的な成長と深刻な危機を経験し、多くの労働者にこの業界が「成熟した」という印象を与えている。

ゲームデザイナーとプログラマーは、従業員の中でも中核的な存在であり、テスターよりも良い条件と高い給料を得ている。しかしソフトウェア業界やゲーム業界の一部で支持されているハッカーのイメージによって、同じようにプログラマーの仕事の特徴である標準化やルーチン化が見えにくくなってしまうきらいがある。コードとは「労働がソフトウェアの形で結晶化されたもの」であり、それが生み出される条件はさまざまだが、コーディングの労働はかなり反復的で退屈なものになりがちだ。[53] メディア理論家のユッシ・パリッカは論文の中で、プログラミングには「退屈」で手間のかかる現場の長い歴史があることを指摘している。それは、コンピューティングの未来は「プログラミングのオフィスワーク」にあるとしたアラン・チューリングの発言から始まり、1970年代のゼロックスの研究施設PARCにおけるコーディング労働の分割（創造的な「メタプログラミング」の労働とそれを技術的に実行する労働へ分割）、そして現在までを網羅するもので、パリッカは「工場労働としてのソフトウェア労働」の文化史を描いている。[54] ゲーム業界もこうした傾向を免れているわけではなく、より権威があり創造的とされるコーディングの領域ですら、標準化や労働の分解、ノルマ設定の対象となりつつある。

オーストラリアのゲーム業界で働く労働者に関する研究でも、同様の傾向が見られることがわかっている。すなわち、少なくとも大手スタジオの間では商業主義の傾向が見られ、それにはより短期の契約の増加と、生産プロセスにおける構造、基準、階層の増加を伴う。[55] この傾向はまた、労働の分解と高度な労働分業にもつながり、専門化とより反復的なタスクを助長する。ある労働者は次のように述べている。「同じドアを500万回開き、同じ効果音を5000回も聞きました。ヴィロショットを1年間毎日プレイしてみてください。365日目にそれが過去最高のゲームだと思うことは絶対にありませんよ」別の労働者はこう付け加える。「頭を作る人がいて、体を作る人がいて、環境を作る人がいて、それをアニメーションにする人がいます」[56] このプロセスのほとんどはアウトソーシングで行なわれ、それはベルリンでも同様だ。スモーリンの従業員は、「多くのグラフィック作業は、韓国の大規模なグラフィック工場にアウトソーシングされていて、そうした工場は1日に300個のデジタルアーマーをさまざまなテクスチャ、自動露出、ガンマ補正、3Dモデルで製作することに特化しています」と説明している。[57] それによりこの労働は、プロのゴールドファーミング・ビジネスが最初に始まったまさにその地域へと移る。

対立、喜び、物質性

過去数十年間続いた対立は、業界の商業主義を後押ししたが、その恩恵は不均等に分配されている。ゲーム業界の労働は階層化されており、一部の労働者は相対的に高い安定性と高い給料を享受しているが、多くのリスクはより流動的で安定性の低い労働者に負わされている。この章で取り上げた例は、特にこうした労働体制の間の摩擦が、いかに不満や労働争議の源になり得るかを示している。近年、国際的なビデオゲーム業界では、さまざまな場所で、さまざまな争点をめぐって対立が起きている。ゲーム・ワーカーズ・ユナイト〔2018年に設立された、ゲーム業界の労働者の権利を守るための国際的な労働組合〕やSTJV〔Le Syndicat des Travailleurs et Travailleuses du Jeu Vidéo（ビデオゲーム労働者組合）の略で、2017年に設立された、フランスのゲーム業界の労働者を代表する労働組合」といった新しい活動は、ビデオゲーム労働者の組織化を進め、集団的な意見表明の手段を見つけたいという願望が広がり続けていることを示している[58]。

ゲーム業界において、創造的労働のテイラー主義化が直線的で摩擦のないプロセスとして見出されることはない。その代わりに、この業界では異なる労働体制が複雑に組み合わされており、それらはいずれもゲーム開発における独自の歴史を持っている。仕事の中でもゲームプレイの喜びが得られることも時にはあり、中国のゴールドファームのデジタル労働者でさえ、仕事に楽しみを見出すことがある。ゲーム業界で働く多くの労働者はビデオゲームのファンでもあり、業界への参加に対する彼らの喜びは、長時間労働や低賃金によって引き起こされる痛みと同様、実際に感じられるものである。創造性の魅力と文化を、労働力をより効果的に搾取するための単なるイデオロギーとして退けることは、的を射ていない。むしろ、合理化と分業の深化・複雑化という文脈の中で、この労働体制がどのような経緯で発展してきたかを理解する必要がある。

ベルリンを拠点とするテスターと、中国のゴールドファーマーの作業プロセスの間で似ている点が多いとしても、彼らの全般的な条件は大きく異なる。ゲーム業界には一般的に、コンゴ民主共和国でのコルタン採掘から、メキシコでのコンピューター組立、カリフォルニアでのコーディング労働、ベルリンでのストーリー開発、米国でのグラフィック開発、韓国での数百万のピクセル化されたオブジェクトを生産するデジタル労働、インドでのカスタマーサービスホットライン、ベルリンでの品質保証、中国でのCDおよびゲームパッケージの生産に至るまで、多岐にわたる生産と流通の回路が関与している。たった1本のゲームを開発するだけでも、さまざまな経済回路と層が結び付けられるのだ。デジタル労働力は世界中に分散しており、さまざまな形にセグメント化され、階層化されている。

最終的にこのリストは、ゲームの労働、インフラ、製品の物質性そのものを示している。オンライン・マルチプレイヤー・ゲームは膨大な量のデータを生み出す。大量のデータと、一般のプレイヤーおよびゲーム労働者の双方が高速インターネット接続を通じてアクセスできるという点は、パソコン、ルーター、ネットワーク接続、データセンター、光ファイバーケーブルなど、デジタル接続に関する物質的なインフラの重要性を示している。そうしたインフラ、ならびにそれが必要とする電力は、ゲームの物質性のもうひとつの側面を表している。ニコラス・カーが２００６年に行った推定では、ゲーム「セカンドライフ」のアバターは、ブラジルの平均的な市民と同じくらいの電力を消費する。(59)

こうしたコンピューターやインターネットのインフラは、国境、労働の再生産にかかる地域特有のコスト、言語能力、決済インフラ、その他多くの要因と相互作用し、複雑な経済地図をつくり出している。この地図を概念化するためには、国家経済の概念的枠組みと相互作用、そしてインターネットを平坦で境界のない平面として理解することだけでは不十分だ。むしろ、こうしたグローバルなインフラの接続と切断が、境界の増加と断片化、そしてそれに伴う労働と移民の形態の増加と断片化を意味することを理解する必要がある。

第4章　分散型工場――クラウドワーク

2013年、アーティストであり建築家でもあるニック・マスタートンは、短編の映像作品「海外でのアウトソーシング（*Outsourcing Offshore*）」を制作した。[1]制作したといっても、彼はビデオのコンテンツを自分で作るのではなく、アマゾン・メカニカル・タークやタスクラビット、ファイバーといったいわゆるクラウド（群衆）ワーク・プラットフォーム上で分散して存在しているオンラインワーカーに、すべての撮影とナレーションを外注した。これらのプラットフォームでは、雇用主が小さな仕事の依頼を投稿し、労働者は少額の報酬と引き換えに自宅のパソコンで作業を行う。マスタートンは、労働者に自分の職場や昼食を写真に撮ったり、仕事生活についての短い音声ファイルを録音したりするというタスクを投稿した。たとえば、移動手段についての質問に答えたり、好きな歌を歌ったり、将来の夢や心配事について話したりするよう求められた。そしてマスタートンは、依頼したタスクの結果を編集し、短いビデオクリップにまとめた。そこには、クラウドワーク・プラットフォームを通じて出されたさまざまなタスクをパソコンの前に座りながら解決するという、世界中の労働者の生活を活写した動画が凝縮されている。

労働者たちの声と物語が交錯することによって生まれる親近感は、職場の写真によってさらに増す。というのも、ほとんどの職場は、労働者の自宅や寝室、食卓、あるいはテラスにあるパソコンなのだ。モンタージュで示されるこれらの写真は、まったく異なる境遇にある何千人もの労働者が、互いに隔絶された状態で労働するという分散型工場の姿を明らかにする。プラットフォームのアルゴリズム・アーキテクチャーは、これらの労働者を統合し、彼らの見えない協力関係を調整して、彼らをグローバルな競争に巻き込む。「海外でのアウトソーシング」の抽象性と親密さが適切に捉えたのは、デジタル工場たるこれらのプラットフォームである。それは、世界中の多様な労働力を統合する、ウェブ上で仮想的に設けられた分散型の工場である。

現在、マスタートンが彼のビデオプロジェクトに使用したようなプラットフォームは、クラウドにつながった、世界中の数百万人というデジタル労働者を雇用している。パソコンを通じて働く彼らは、秒単位で雇用・解雇可能な、超柔軟でオンデマンド型の労働力である。機械が（今のところ）計算できないが、アルゴリズム・インフラによって組織された、人間の認知力の集合体であれば容易に解決することのできる、些細なタスクに汗を流している。オンライン労働プラットフォームは、新しい形のコントロールと柔軟性を実現しており、デジタル生産の分散型サイトとして、グローバル経済の多くのノードにとって不可欠なものである。特にＡＩ（人工知能）の開発とトレーニングにおいては、その存在は極めて大きい。現在、何百万人もの労働者がデジタル労働プラットフォームにログインし、写真の分類、ソフトウェアのテスト、録音された音声の書き起こし、検索エンジンの検索結果の最適化などを行っている。こうした、人目に触れず、世界中に散らばっている労働者たちは、デジタル労働者階級の中では数を増しつつある人々だ。より一般化して言えば、彼らはインターネットの政治経済を形づくっている人々だ。

本書の文脈では、クラウドワーク・プラットフォームを通じて組織される断片的なデジタルワークは、デジタル工場がどのようなものかを示す典型的かつ具体的な例と言える。クラウドワークでは、労働の標準化、分解、定量化、監視は、デジタル技術によってまったく新しいものとなり、しばしば（半）自動化された管理、協力、制御という形で行われる。クラウドワーク・プラットフォームは（他の多くのギグエコノミー・プラットフォームと同様）、アルゴリズムによる管理と自動監視を特徴とする。これらのプラットフォームにおいて、労働者は独立した請負業者であり、彼らとプラットフォームとの契約関係は、こうした小さなタスクの完了までにかかる時間だけのもので、ものの数秒で終わることも多い。したがって、このようなオンデマンド労働には、極端な柔軟性と偶発性が備わっている。この点でデジタル・プラットフォームは、出稼ぎの日雇い労働や内職などといった、何世紀にもわたる偶発的な単発労働の伝統を受け継いでいる。

デジタル技術による新しい形のコントロールと契約上に見られる古い形の柔軟性と、インターネットに接続されたすべての人々にリーチできるプラットフォームとが組み合わさると、マスタートンの「海外でのアウトソーシング」で描かれた、グローバルに分散した異質性の高い労働力を取り込むことが可能になる。従来型の工場の場合とは異なり、このプラットフォームは空間、時間、ライフスタイルのいずれにおいても均質化の程度が低いほうが望ましい。この点によって、古典的なテイラー主義との重要な違いが明らかになる。つまりデジタル・テイラー主義は、フォーディズム〔フォードの創業者であるヘンリー・フォードが提唱し、自社の工場で実践した経営思想〕的な意味でのデジタル版「大衆労働者」を生み出さないのである。本章では、労働の多数化について分析していくが、それにはまず、クラウドワークが女性や介護を担う人々、そしてグローバルサウス（の農村部）における新しいデジタル労働者といった人々に偏った、新たな労働者グループとその搾取がいかに生み出されるのかを説明する。デジタル・プラットフォームは、企業が、非常に多様でグローバルな労働者グループにアクセスし、オンデマンドで利用し、数秒で解雇することを可能にする。この労働形態の先駆者は、再びアマゾンだった。

「サービスとしての人間」

2006年、マサチューセッツ工科大学（MIT）で行われた講演において、アマゾンの創設者でありCEOのジェフ・ベゾスは「隠れたアマゾン」について話すことを約束した。[2] それは世界的に有名なオンライン小売プラットフォームであるアマゾンの、あまり知られていない事業のことだ。彼はアマゾン・ウェブ・サービス（AWS）の名の下で運営されているサービスを、クラウド・コンピューティング・インフラを中心とした、いくつかのオンラインサービスの集合体として紹介した。AWSは世間の関心をあまり引いていないが、ストリーミング・サービスのネットフリックスからCIA（米中央情報局）に至るまで幅広い顧客を持つ。AWSを擁するアマゾンは、グローバル規模のクラウド・コンピューティング・サービスにおける最重要プロバイダーでもあるのだ。しかしベゾスは２００６年のＭＩＴでの講演を、データセンターやデータケーブルではなく、ＡＷＳの別部門、クラウドワーク・プラットフォームであるアマゾン・メカニカル・タークに触れることから始めた。人間の労働力をサービスとして提供するこのプラットフォームの原理は、クラウド・コンピューティングの論理に従っている。つまり、アウトソーシングでき、柔軟で、スケーラブルで、オンデマンドで利用可能ということだ。

ＡＷＳの他の部門と同様、メカニカル・タークはもともと、アマゾンが事業を運営する中で遭遇した問題の解決策として開発された。オンラインのマーケットプレイスを構築するにあたり、アマゾンはサイト上のすべての重複商品や不適切な商品を確実に識別できるソフトウェアを開発しようとしていた。ところがこのタスクは、コンピューターで置き換えることはできないと判明した。そのときアマゾンは労働者を新たに雇う代わりに、メカニカル・ターク・プラットフォームを開発し、その作業を「ヒューマン・インテリジェンス・タスク（ＨＩＴ）」としてインターネット・ユーザーたちにアウトソースした。そのソフトウェアは、あらかじめ選択された商品リストを生成し、重複すると思われる商品をメカニカル・ターク・プラットフォームにアップロードする。するとそこに登録された労働者たちが、それらの商品が本当に重複しているかどうかを判断し、彼らはその見返りとして２セントを得る。コンピューターで処理できないタスクを、柔軟でスケーラブルなクラウドの労働力にプラットフォームを通じてアウトソーシングするというのは、成功するモデルであることが証明され、アマゾンはすぐに、オンライン上で作業をアウトソーシングするためのプラットフォームとして有償提供することにした。すると他の企業もすぐにメカニカル・タークを使用し、画像の分類、テキスト内のスペルミスの修正、製品の説明、メールアドレスの検索、さまざまな調査への参加、デジタル化、あらゆる種類のデータの分類といった小さな作業をクラウドの人々にアウトソーシングし始めた。

労働者を雇ってデータ処理作業をさせるというのは新しい話ではない。事務員、秘書、電報配達員といった職業が、何世紀にもわたって存在してきた。最近の例としては、在宅ワーカーが雇われることの多いコールセンター業務員や、自宅で作業する翻訳家やその他の人々が挙げられる。初期のインターネット経済自体、本業の時間外に自宅で働く有給・無給の労働者によって支えられてきた。チャットルームのモデレーター、ソフトウェアのテスター、趣味でプログラムを書く開発者やゲームの改造者、メーリングリストの参加者などである[3]。しかしクラウドワーク・プラットフォームが可能にするスピード、規模、アルゴリズムによる組織化は、クラウドの労働力に独自の新しい性質を付加している。人間とコンピューターのインタラクション、ならびにアマゾン・メカニカル・タークに関する画期的な研究を行ったリリー・イラニは、「数百人の在宅ワーカーを数週間雇う代わりに、たった1人の人間が、6万人の労働者を2日間雇うことができる。このスピードとスケールの変化は、人間の労働者を計算力と考えることができるようになるという、質的な変化を生み出す」と解説している[4]。

すぐに他のプラットフォームが、メカニカル・タークの先駆的なビジネスモデルを模倣し始めた。今日メカニカル・タークは、2006年にベゾスがMITでの講演内で適切に定式化した原則に従って運営される、数千のクラウドワーク・プラットフォームのひとつに過ぎない。「ソフトウェア・アズ・ア・サービス（サービスとしてのソフトウェア）という言葉を聞いたことがあるだろう。それに倣うなら、これはピープル・アズ・ア・サービス（サービスとしての人間）なのだ(5)」

オンデマンド労働力のグローバル生態系

デジタル・プラットフォームを通じて労働力が組織化されるというのは、世界的に拡大している現象だ。クラウドワーク・プラットフォームが労働力を組織化、管理する際の論理は、ますます新しい分野へと広がりつつあるギグエコノミーの特徴とも重なる。ウーバーやヘルプリング、デリバルーといったプラットフォームを介した労働は、「オフライン」で実行されるため特定の地域に縛られているが、それを除けば、これらのプラットフォームにはオンデマンド労働、柔軟な契約、自動化された管理といった共通の論理が見て取れる。そのため、デジタル労働のためのクラウドワーク・プラットフォームの根底にある労働関係は、アルゴリズムによる管理と監視の台頭と、さまざまな分野で進行する労働市場の柔軟化の文脈で理解されるべきだ。こうした動きは広範かつ多面的であり、ギグエコノミーやデジタル・プラットフォームの枠をはるかに超えている。そう考えると、ここで述べた多くの論理は、デジタル労働プラットフォームに限定されるものではなく、デジタル資本主義における労働の変容の重要な傾向の一端として分析されなければならない。確かにクラウドワーク・プラットフォームは、アルゴリズム制御によるオンデマンド労働の一例に過ぎず、ある面では極端な例ではある。しかしこれらのプラットフォームは、労働の世界におけるより広範な傾向を表してもいるため、労働の未来の実験室として注意深く分析する価値がある。

クラウドワークという用語は、広義には、オンライン・プラットフォームを通じ、デジタルデバイスを使って遠隔で働く大勢の人々に委託される労働と定義される。したがってクラウドワーク・プラットフォームは、デジタル労働（ここでは便宜的に、ラップトップやスマートフォンなどのデジタルデバイスを使った、データ操作を中心とした労働と定義する）を仲介している。この点は、ウーバーやデリバルーのような、ロケーション・ベースのギグエコノミー・プラットフォームとの大きな違いだ。そうしたプラットフォームでは、労働者が車、スクーター、自転車を使い、都市の中で乗客や食べ物を輸送する。しかしそうした労働者と同様に、クラウドワーカーもプラットフォームの従業員ではなく、通常は「独立した請負業者」（定期的な契約を持たないフリーランス労働者）であると説明される。ほとんどのクラウドワーク・プラットフォームは仲介役として機能し、顧客となる企業がさまざまなタスクを、グローバルなオンデマンド労働者たちにアウトソーシングすることを可能にし、それと引き換えに手数料を得る。プラットフォームは通常、そうしたタスクの仲介を行うだけでなく、労働プロセスを細部にわたって管理し、支払いや評価などまで行っている。しかし労働者に対する責任を回避するために、自らを単にオンライン労働力のマーケット、あるいはテクノロジー企業として戦略的に位置付けていることが多い。

クラウドワーク労働者の規模を測定することは複雑で、困難な作業となる。その労働が不定期で、非公式であることが多く、極めてグローバルな性質を持つためだ。メカニカル・タークの黎明期以来、このビジネスは爆発的な成長と多様化を遂げ、アマゾンの先駆的プラットフォームは現在、多くの競合他社によって圧倒されている。国際的に見ると、最大手のプラットフォームとして、幅広いデジタルワークを提供し、2019年には登録フリーランサー数が2700万人を突破したフリーランサー・ドットコムや、1200万人以上の労働者を抱えるアップワーク・ドットコムなどが挙げられる。従来の労働市場統計では、こうした労働形態が考慮されていないことが多く、この労働市場全体の規模を定量化しようとする試みは、大まかな推計として理解されるべきである。2015年、世界銀行はこれらのプラットフォームに登録された労働者の数を、約4800万人と推定した。2017年の別の推定では、中国のプラットフォームを考慮に入れた結果、登録労働者の数は7000万人に達するとされている。(6) もちろんすべての労働者が常に活動しているわけではなく、これらのアカウントの一部は休眠状態かもしれないため、実際に活動中のクラウドワーク労働者の数はかなり少なくなるが、それでも数千万人単位になる。これらの研究を総合すると、クラウドワーク労働は、グローバルサウスとグローバルノースの両方の労働市場において重要な要素になりつつあることがわかる。

今日、オンライン労働のためのクラウドワーク・プラットフォームは、非常にさまざまな形態と目的を持って存在している。より複雑なタスク（プログラマーやデザイナー、翻訳者など）のためのプラットフォームもある。そうしたプラットフォームでは、フリーランスの労働者が仕事をめぐってグローバルな競争を行っており、時にそれは入札やコンペティションの形で行われる。この世界では、ランキングや資格、経験が重要な評価軸となり、労働者のプロフィールはさらなる仕事を確保するために重要なものとなる。このようなプラットフォームは、さまざまなクラウドワーク・プラットフォームが織りなすスペクトルの端に位置し、高度な資格が必要となる複雑な仕事（「マクロワーク」と呼ばれる）を組織することが多い。それとは対照的に、アマゾン・メカニカル・タークのようなプラットフォームは、主に簡単なタスクを提供し、クラウドワークというスペクトルにおけるもう一方の端に位置している。そうしたタスクの大多数は反復的で、完了するのにほとんど時間がかからない。本章の調査は、後者に焦点を当てており、それはジェフ・ベゾスが２００６年にＭＩＴで行った講演において、「マイクロワーク」と表現されていた。「これをマイクロワークと考えて下さい。たとえば１ペニー払って、写真に人間が写っているかどうかを教えてもらうことができます[7]」

アマゾン・メカニカル・タークは現在、「24時間３６５日、オンデマンドでグローバルな労働力にアクセスできます」と宣伝している。そのウェブサイトでは、「Ｍタークは、手作業で処理する必要のある、単純で反復的な作業を請け負うのに適しています」と主張している[8]。こうした仕事はほとんどの場合、ログインしている労働者が数分または数秒で解決できる単純作業に変換される。メカニカル・タークを適当に見てみれば、次のようなＨＩＴが掲載されているのがわかるだろう。「レシートの画像を見て、何のレシートかを特定する――報酬＄０・０２」、「画像の中にあるテキストを丁寧に入力する――報酬＄０・０１」、「写真の画像に可能な限り多くのタグを付ける――報酬＄０・０２[9]」このようなタスクが数十万件、マイクロタスク・プラットフォーム上で請け負うことができるようになっている。

一般的に、こうした小規模で単純なタスクは出来高払いであり、正式な資格は必要ない。そこには写真のカテゴリー分け、音声の書き起こし、商品の説明、写真や短い動画の撮影、アンケートへの参加、デジタル化やさまざまなデータの分類などといった仕事が登録されている。本章では、このような種類のクラウドワークに焦点を当てるが、マイクロワークとマクロワークを明確に区別するのは難しい。同じプラットフォーム上でも、タスクの性質は大きく異なるからだ。いずれにせよ、今日のクラウドワークは、単純なデータ処理に限定されていないどころか、むしろ、デジタル労働の他の分野にも進出するようになっているという点を念頭に置くことが重要である。

ＡＩの裏側にある労働

近年、ＡＩのトレーニングと最適化が、クラウドワークのダイナミクスを変化させる主な要因となっている。ＡＩの開発は、分類された大規模な学習データセットが基盤となっており、その作成にはとりわけ大量の人手が必要になる。クラウドワーク・プラットフォームは今日、自動運転車を動かすアルゴリズムや、人間の言葉を理解するデバイスに必要な、何百万時間もの隠れた労働を提供している。ドイツのプラットフォームであるクリックワーカーは、世界１３０か国以上に１８０万人以上の登録者を抱え、そのサービスを特に機械学習ソフトウェアの開発者に宣伝している。「人間によって最適化された学習データで、ＡＩシステムやアルゴリズムを改善しましょう。クリックワーカーは、あらゆる規模のプロジェクトに対応し、ＡＩシステムのトレーニング、検索の関連性の向上、コアサービスの全体的な効率の向上を支援します[10]」

クリックワーカーは検索エンジン最適化からコンテンツ作成まで、さまざまなサービスやタスクを幅広く提供しているが、ＡＩアプリケーション用の学習データ提供という、活況を呈する分野のみに事業を集中しているプラットフォームもある。早期から事業を行っていたクラウドワーク企業であるクラウドフラワーは、２０１８年にフィギュア８へとブランド名を変更し、機械学習アプリケーション用の学習データセットにフォーカスするようになった。その後このプラットフォームは、２０１９年にアッペンに買収され、ＡＩに特化した別のクラウドワーク・プラットフォームとなった。「学習データは最初からラベル付けされていたり、自然に集まってきたりするわけではありません。信頼性の高い学習データを作成し、アノテーション（画像や音声といったデータに付与されるラベルやメタデータのことで、これが付与されることにより、ＡＩモデルが特定の情報を学習・認識できるようになる）を付けるためには、人間の知能が必要です」と、アッペンは自社のウェブサイト上で宣伝している。「当社のプラットフォームは、画像、テキスト、音声、オーディオ、ビデオ、センサーデータを収集・ラベル付けし、最も革新的な人工知能システムの構築、トレーニング、継続的な改善を支援します[11]」このプラットフォーム上で働く１００万人以上の労働者のように、ますます多くのデジタル労働者が多様なプラットフォームに登録し、たとえば、スマートホーム用音声認識ソフトウェアをトレーニングしたり、デジタルアシスタントの学習用に手のジェスチャーを撮影したり、あるいは自動運転アルゴリズムの学習用に写真の中の歩行者や交通信号機をマーキングしたりして、ＡＩの開発・トレーニング・サポートに関わるようになっている。

こうした例だけでなく、ＡＩシステムに莫大な投資が行われている重要な分野は他にもたくさんあるが、クラウドワークにとって特に重要なのは大量のデータを必要とする自動運転の開発だ。近年、フォードやフォルクスワーゲン、ゼネラルモーターズといった伝統的な自動車メーカーや、ウーバー、アップル、グーグル（その子会社であるウェイモは多くの人々から現時点で開発を先導する存在と見なされている）などの後発企業によって、完全自動運転車（およびより控えめな運転支援システム）の開発という野心的な取り組みに、膨大な額の投資がなされてきた。自動運転市場では、巨額の司法投資、公共の場での広範な議論、そしてウーバーとグーグル間の企業秘密窃盗に関する訴訟などにおいて、企業やコングロマリット間で激しい競争がくり広げられている。この自動運転車の開発競争において重要な要素は、自動車が交通の中で遭遇するあらゆるものの写真の、アノテーション済みデータセットである。

自動運転車は安全性が極めて重要であるため、他の車や歩行者、自転車、信号、警察の交通検問、動物、工事現場、道路の凹凸など、あらゆる状況で遭遇するすべてのものを認識できなければならない。アルゴリズムをトレーニングするために、開発者は大量のアノテーション済み写真やビデオ素材が必要となる。これこそが、世界中の労働者がクラウドワーク・プラットフォームにログインし、一日の大半をビデオや写真素材の中の対象物に印やラベルを付けることに費やしている理由だ。素材は主に走行中に撮影されたビデオから取られたもので、依頼されるタスクには、映像内のさまざまな物体にラベルを付けることが含まれる。他の作業者は、遠くの同僚が行ったラベリングや、さまざまなアルゴリズムがシミュレーションで行った判断をダブルチェックする。自動運転車向けソフトウェアの開発に必要とされる学習データの量と要求精度は、多くの既存プラットフォームが機械学習のためのデータアノテーション作業に集中する原因となっただけでなく、このニーズに特化した新たなプラットフォーム（スケール、マイティＡＩなど）を生み出す一因となった[12]。そうしたプラットフォームのひとつであるマイティＡＩ（その労働者向けインターフェースには「スペア５」という名前が与えられている）は、２０１９年にウーバーに買収され、他の顧客向けの事業を閉鎖し、ウーバーの自動運転車開発に専念するようになった。

クラウドワーク・プラットフォームを通じたアウトソーシングが重要な、他の多くの分野にも言えることだが、自動運転システムに対するクラウドワーカーの隠れた貢献は、自動化という注目されるプロセスの進展がいかに人間の労働者に大きく依存しているかを示している。自動運転車の開発には、何十万人ものプラットフォーム・ワーカーがデータにアノテーションを付ける「ゴーストワーク」が欠かせない[13]。多くの自動化の事例と同様、自動運転に関する議論はテクノロジーに焦点が当たっており、アルゴリズムの能力を誇張する一方で、必要な人間の労働を見えにくくする傾向がある。

自動化していると思われているシステムにおける人間の労働力の重要性は、アマゾンの先駆的プラットフォームの名前「メカニカル・ターク」によく表れている。メカニカル・タークとは、18世紀に大きな注目を集めたチェス・コンピューターを指す。この装置は「トルコ人（ターク）」の人形と、一見すると精巧な装置から構成されていた。このチェス・コンピューターは驚くほどの成功を収め、多くの人々を負かし、伝説によればナポレオン・ボナパルトに勝利した。しかしその秘密は単純だった。実はタークが機械仕掛けというのは幻に過ぎず、中に隠れた手練れの人間によって操られていたのである。[14] アラン・チューリングからは、皮肉にもＡＩ研究の初期の例として、またヴァルター・ベンヤミンからは、唯物史観とその神学との関係の寓話として言及されたメカニカル・タークは、人間と機械、科学と魔法との間のグレーゾーンを象徴する存在となっている。アマゾンがこの「最初のコンピューター」にちなんで自社のプラットフォームに名前を付けたこと、そして初期にこのプラットフォームを宣伝するために「人工の人工知能」というスローガンを使用していたことには、その本質が表れていた。

ＡＩを開発し、複雑な環境へ導入するのは、進取の気性に富む取り組みだが、大きな挫折や、人間の労働力の重要性が継続してもいる。実際に自動運転車の開発は、一時期の熱狂を経て、近年その歩みは減速している。自動運転車は、限定的で管理されたテスト区間外の交通に見られる無限の複雑性に対処しきれていないことから、完全な自動運転車は当面実現しないとする懐疑的な声が強くなっている。複雑な状況で立ち往生した自動運転車を助ける方法として、遠隔地に作業員を待機させておくことを提案する企業もある。そうしたいわゆる「テレオペレーター」たちは、コールセンターやオンデマンドのプラットフォームで働き、自動車に搭載されたソフトウェアから呼び出され、カメラを使用して状況に対処することになるかもしれない。このシナリオは、寝室やキッチンから立ち往生した自動車をナビゲーションするクラウドワーカーという職業が生まれる可能性を示している。

いずれにせよ、デジタル・プラットフォームにおけるグローバルな労働の現状が示しているのは、自動化を単に、ますます賢くなるソフトウェアや高度なロボットによる仕事の排除と捉えられないということである。むしろクラウドワークは、新しいテクノロジーの発展がいかに労働の世界を揺るがし、一部の仕事を破壊する一方で新しい仕事を生み出し、その過程でバリューチェーンを変化させているかを示す好例なのである。ある時点で消滅した仕事が、別の時点で形を変えて再び現れることはよくある。クラウドワークの場合、アルゴリズムによって行われていると思われている労働は、実際にはしばしばドイツの民家やベネズエラのインターネットカフェ、ケニアの街角に隠れている多数のオンデマンド労働者によって行われているか、少なくともサポートされている。これらの労働者は、機械学習の進歩と複雑な関係にある。彼らはその発展の重要な原動力だが、機械学習が利用される製品によって置き換えられる危険に常にさらされている。前述の通り、この発展はしかし、人間の労働力に対する新たな需要を生み出し続けている。このような労働者を視野に入れると、仕事のない未来について推測するよりも、真にグローバルなデジタル労働市場の出現や、リモートワーカーの新しい組織化法・管理法、さらには新しい形の抵抗が見られる現在を分析することの方が重要である。

「月100ユーロ稼がないと生活できないんだ」

ダニエルはクラウドワーカーだ。27歳の彼は、新聞でこの業界について読んで興味を持ち、さまざまなプラットフォームを試してみることにした。いま彼は、主にクラウドグルというプラットフォームで働いている。クラウドグルはドイツのプラットフォームで、比較的小規模な、約5万人の労働者を抱えている。彼はベルリンのヴェディング地区にある学生用アパートに住み、その机は2つのディスプレイと砂時計で占められている。彼にはこの仕事が必要だ。両親はベルリン工科大学の費用を支援してくれており、彼も学生アシスタントとして働いているが、金銭的に苦しいことには変わりはない。「月100ユーロ稼がないと生活できないんだ」と彼は説明する。「たいていは上手くいって、最高の月には400ユーロ以上を稼いだこともあるよ」[15] 古くから労働者階級が住むヴェディング地区でも家賃は急騰しており、節約するにも限界がある。クラウドワークのおかげで、彼は本を買うといったちょっとした贅沢もできている。

ダニエルは短いテキストを入力する作業に特化している。クラウドグル・プラットフォームは、従来のマイクロタスクに加えて、いくつかテキスト関連の仕事も提供している。そうした仕事は主に、オンラインショップやその他の企業の製品説明や、小規模な広告テキストが中心だ。検索エンジンの結果画面でトップに表示されるためには、適切なキーワードを含むオリジナルのテキストが非常に重要であり、人間によって書かれたテキストが強く求められている。その需要を満たすのが、ダニエルのようなクラウドワーカーというわけだ。ほとんどのテキストは比較的短く、典型的なタスクは製品説明で、たとえばハードウェア店のウェブサイト用に200語程度の文章を書くと、1～2ユーロの報酬を得られる。ダニエルはそうしたタスクの専門家になった。彼が書く文章のほとんどは、オンラインショップ、特にハードウェア店や家具店用の製品説明である。「カーテンを説明する方法を千通りも見つけました」と彼は笑う。[16]

ダニエルにとって、クラウドワークの最大の利点は柔軟な労働時間だ。学業と、学生アシスタントとしての仕事のことを考えると、時間の決まった仕事を見つけるのは不可能に近い。クラウドワークは他の作業の間に、いつでも好きな時にできる。「オーブンで料理ができるのを待つ間に、30分働けます。講義の間に休憩時間があれば、すぐにラップトップを広げて、カーテンについて別の文章を書きます」[17]机にあるコンピューターの画面の横には、大きな砂時計が置いてある。「この砂時計を使って、それに見合う時間内で文章が書けるかどうか計っているんだ」とダニエルは言う。彼にとって、それに見合う時間内でとは、時給換算で5〜6ユーロ（ドイツの公式な最低賃金を大幅に下回る数字）を超えることだ。文章を書く仕事が十分にあれば、目標を達成できる。しかし最大の悩みは、プラットフォームで得られる仕事の数が変動することだ。儲かる仕事が見つからないこともあり、そうなると、貯蓄のないダニエルは経済的に困窮してしまう。ここからはクラウドワーカーお決まりのパターンだ。このプラットフォームのウェブサイトを、ブラウザのタブで常に開いておき、定期的に求人をチェックするのだ。競争は厳しく、高い報酬が得られる仕事は数分で消えてしまうこともある。文章作成の仕事がない場合、ダニエルはデータ処理や写真のラベル付けのような、古典的なマイクロワークに頼らざるを得ないが、彼はこうした種類のクラウドワークが好きではない。「そうしたデジタル組立ライン的な作業は、僕には意味がありません。時給3ユーロ以上稼ぐには、よほどスピードが速くないと無理だから」

デジタル組立ライン

「デジタル組立ライン」という言い回しは、大部分のマイクロタスクに対して、非常に適切な表現である。こうした作業を組織するクラウドワーク・プラットフォームでの労働は、ほとんどの場合、徹底的に分解され、標準化されている。元の仕事の大部分は巨大なデータセットで構成されており、それが数分または数秒で解決可能な非常に小さな作業「マイクロタスク」に分解される。これが機能し、利益を生むためには、労働の集約と、膨大な数のクラウドワーカーの間の協力が、ほとんど自動的に組織されなければならない。この分業と協力は、労働者から見えないところで機能しており、プラットフォームによって自動的に調整される。これはアルゴリズムによって組織化された協力の一例だ。ダニエルは、彼が知らないうちに、世界中の多くの労働者と協力している。その意味で、このプラットフォーム上で働いていると、彼は寂れた工場の唯一の労働者であるかのような感覚を覚えるかもしれないが、クラウドワークの本質はしばしば高度に協力的である。

その結果、ダニエルのようなクラウドワーカーにとって、こうした作業をこなしながら自分の労働の意味を知るのは難しいことが多い。たとえばライアンエアーのウェブサイトをチェックし、特定のフライトの料金を1回5セントで確認する理由など、想像してみるしかない。多くの場合、クラウドワーカーは手がけているタスクの正確な目的をまったく知らないのである。たとえばペンタゴンが後援するAI戦争プロジェクトとして物議を醸した「プロジェクト・メイヴン」(機械学習を活用して、ドローンが撮影した映像の中から人物や物体を識別する試みが行われていた)には、グーグルのエンジニア(その多くが最終的に同プロジェクトに反対した)だけでなく、クラウドワーク・プラットフォームを通じてデジタル労働者も関わっていた。彼らの唯一の違いは、デジタル労働者たちがプロジェクトに反対することができなかったという点である。その理由は、彼らは自分たちがそれに関わっていることを知らなかったためだった。クラウドフラワー（現フィギュア8）に登録していたクラウドワーカーは、ソフトウェアをトレーニングするために衛星画像の中の物体をラベル付けしていたが、彼らは自分たちがグーグルやペンタゴンのために働いていることを把握していなかった。[18]

マイクロワークは通常、高度に標準化されており、個々のクラウドワーカーの労働をアルゴリズムで追跡、評価するさまざまな技術が導入されている。一部のプラットフォームでは、ランダムに記録されるスクリーンショットやキー入力ログを通じて、クライアントが労働者を管理できるようになっている。プラットフォームは多くの場合、タスクがうまく行われたかどうかを自動的に判断するか、顧客に判断させ、それに応じて労働者を評価する。この点で最も厳しい規定を設けているのはアマゾン・メカニカル・タークだ。同プラットフォームでは、タスクが十分に納得のいく形で実施されたかどうかをクライアントが判断でき、その結果を受けて、報酬を支払うべきかどうかが決定される。完成した成果物の権利は、報酬が支払われるかどうかにかかわらず、クライアントが手にする。この仕組みにより、労働者が自分の仕事が不当に拒否されたと感じる状況が生まれる。こうした労働者が今後より多くの仕事を受けるためには、タスク依頼者から肯定的な評価をもらう必要がある。つまり、実行したタスクが却下されると、報酬を失う可能性だけでなく、今後仕事を取りづらくなる可能性が生じるのだ。

不払いやその他の問題について苦情を言うのは、かなり難しい場合が多い。多くのプラットフォームでは、技術的な設計上の理由で、依頼者と労働者が直接コミュニケーションを取ることができず、中には労働者が依頼者と連絡を取ろうとすることを完全に禁止しているところさえある。それでは恣意的な不払いやタスク自体の論理的な間違いなどの問題を、タスクを出す依頼者と話し合うことができないため、この点はクラウドワーカーが抱く不満の最大の原因のひとつとなっている。このような状況に抗議するため、労働者たちは「われわれはロボットではない」というスローガンを掲げている。注目すべきことに、このスローガンはアマゾンの配送センターの労働者によっても使用されている。

時間と労力をかけて労働者とコミュニケーションを取り、自社と深い結びつきを持つ労働者のコミュニティを育てているプラットフォームもあるが、マイクロタスクでは通常、人間の労働力はアルゴリズムで管理される。これは、人間の労働力を可能な限りシームレスにコンピューティング・インフラに統合するという、プラットフォーム側の論理に合わせるためだ。重要なのは、これがコストの問題でもあるという点だ。ある大口の依頼者が、研究者のリリー・イラニに次のように説明している。「（労働者との）電子メールのやり取りに時間を費やすことはできません。メールを見るのに費やした時間を換算すると、彼らに支払った金額よりも高くなるのです。この仕組みは、アルゴリズムのシステムとして自動操縦で機能しなければなりません[19]」

クラウドワークの中心的な機能は、人間の労働を、複雑なアルゴリズムのアーキテクチャーに自動的に組み込むことである。多くのプラットフォームは、分散して存在している人間の労働者たちに、自動的にアクセスできるよう設計されている。ソフトウェアが人間の認知能力を必要とする場合、アプリケーション・プログラミング・インターフェース（ＡＰＩ）を通じて、そのソフトウェアがプラットフォーム上で自動的にタスクを作成することが可能となっている。そのような例として、ソーシャルメディア上で削除すべき不快なコンテンツを探すアルゴリズムが考えられる。そのようなアルゴリズムは、ソーシャルメディアにアップロードされた画像を自動的に選別し、たとえば裸体を含むものを削除するかもしれない。しかしソフトウェアが確信を持てない場合、画像をクラウドワーク・プラットフォームに自動でアップロードし、ダニエルのようなクラウドワーカーに2セントを払って、画像が不快なものかどうかを判断させ、その答えを自動的に把握して、次に進むようにプログラムすることができる（一連の判断から学習させるようにもできるかもしれない）。

この例から、アルゴリズムの開発とその支援の両面において、クラウドワーカーの労働力が重要であることがまたも示された。ソフトウェアは非常に複雑なタスクを実行できるにもかかわらず、人間が簡単に解決できる課題につまずいてしまうという、似たような例は数え切れないほどある。そうした障害は、ソフトウェアによる計算が困難な、文化的、文脈的、または視覚的、聴覚的な問題であることが多い。ソフトウェアは急速に進化しているが、そうした問題から人間の労働力が必要とされる現場は、デジタル・プラネットフォームや、それ以外の場所においても、依然として膨大な数にのぼる。クラウドワーク・プラットフォームは、コンピューティングにおけるそうしたギャップに対処し、それらを埋めるための柔軟かつスケーラブルな労働力を提供する。しかしこの労働力は、テクノロジーによって覆い隠され、スクリーンの裏側に隠れたままになっていることが多い。

オンデマンド労働力

資本の観点から見た場合、クラウドワークは非常に柔軟かつスケーラブルで、オンデマンドの労働力を創出することができる。そうした労働力の契約・解約は即座に行うことができ、雇用主の責任は大幅に軽くなる。このようなプラットフォームを通じて単純作業をアウトソーシングしているＩＴ企業にとって、クラウドワークはさまざまな形態の人間の労働を実験できるようにすると同時に、自らを労働集約型企業ではなくテクノロジー企業としてアピールすることを可能にする。それはベンチャーキャピタルを惹きつける上で有効な、戦略的な動きとなる[20]。

クラウドワーク・プラットフォームはしばしば、自らを雇用者と被雇用者の間の単なる仲介者であり、オンライン上で労働をやりとりする、市場に似た存在であると主張する。しかしそうしたプラットフォームと、それによる労働プロセスの構造化について詳しく調べると、労働と資本の間の中立的な仲介者には程遠いことが明らかになる。デジタル労働のインフラとして、このプラットフォームは従来の工場に備わっていた社会空間的機能の多くを担っている。アマゾンの配送センターと同様、クラウドワーク・プラットフォームにおける労働は、高度な管理、標準化、分解によって特徴づけられる。ほとんどのプラットフォームは、労働の測定と監視のための精密なテクノロジーを備えている。プロセスの大半は自動的に機能するため、プラットフォームと労働者の間で情報の非対称性が高まり、一方向的な命令が増える。まさにこうした、タスクの標準化、アルゴリズムによる管理手段、労働プロセスを組織化するための監視、そして結果とフィードバックの自動測定こそが、本書がデジタル・テイラー主義と表現しているものの重要な特徴なのである。

デジタル技術が分散した労働者を、分解、標準化、監視によって組織化するというのは、クラウドワークの重要な側面のひとつだが、特定の契約形態や賃金形態によって可能になる極端な柔軟性からは別の側面が見えてくる。クラウドワークにおいても、新たな形態のアルゴリズム管理とデジタル制御が、柔軟で臨時的な労働形態と組み合わされる例が、再び登場する。人間の労働力の精密な組織化、測定、管理を可能にするデジタル技術こそが、労働の柔軟化と多数化を可能にするのである。クラウドワークの場合、非常に異質で分散した労働者たちを、精密に組織されたデジタル工場に組み入れることができる。

ここでは、クラウドワークが単なるテイラー主義の復活として理解できないことが明らかになる。というのも、実際のところ、労働を空間的および契約的に組織化する方法は、テイラー主義的な工場とは正反対の傾向にあるからである。ダニエルと彼の同僚たちが世界中に散らばっているという事実に加えて、彼らの法的な雇用形態も、従来の工場とは決定的に異なる。労働者をデジタル工場に柔軟かつオンデマンドに組み込むという点が、クラウドワークの重要な特徴であり、テイラー主義的な工場との決定的な違いである。クラウドワーカーとの雇用契約は、労働の柔軟性を最大化し、プラットフォームが労働者に対して負ういかなる義務からも解放されるように設計されている。前章で論じたような、独立請負業者の法的構造や出来高払いの復活といった傾向は、クラウドワーク・プラットフォームにおいて最も急進的な形で現れていると言えるだろう。これらの要素は、デジタル・テイラー主義にとって極めて重要である。それらは、デジタル技術による労働プロセスの組織化とともに、スケーラブルで極めて柔軟な労働力を生み出すのに役立つだけでなく、工場という規律空間の外において資本の下、労働の実質的包摂（生産プロセスの細部を制御することを表したマルクスの有名な用語）を可能にするためにも、欠かせないものとなっているのである。

ほとんどのプラットフォームは、労働者を「独立請負業者」とみなしており、タスクごとに支払いが行われる。この傾向は特にマイクロワークにおいて顕著だ。プラットフォームにログインしたクラウドワーカーと、その労働力の購入者との法的関係は、タスクが継続する間だけ続く。マイクロワーク・プラットフォームでは、それは数秒から数分であることが多い。そうしたプラットフォームにログインした労働者は、写真にタグを付けるタスクを見つけるかもしれない。タスクを引き受けると、たとえば写真に人が写っているかどうかを尋ねられる。質問に答えると、プラットフォームは労働者のアカウントに数セントを振り込む。そのころにはもう、労働者は次のタスクに移っている。

大部分のギグエコノミー・プラットフォームでは、労働者を独立請負業者と定義することが労使関係の眼目となっており、これにより両者の関係は、通常の雇用のために設計された多くの労働法や規制の範囲外へとシフトしている。プラットフォームの利用規約に明記されているように、独立請負業者は、休暇手当や病気休暇、出産休暇、保険制度、失業手当など、多くの正規雇用者が享受している福利厚生を受ける権利がない。さらにその給料は出来高で支払われるため、出来高払いという、前時代的な賃金制度が出現している。

カール・マルクスはかつて、出来高払いを「資本主義的生産様式に最も適した賃金形態」と表現した。[21]『資本論』が執筆された当時、出来高払いはより一般的で（特に問屋制家内工業において）、その後資本主義の歴史の中で下火になっていったが、マルクスの言う出来高払いの特徴は、オンライン労働プラットフォームやそれ以降の世界における出来高払いの（契約上の）機能を理解する上で、今でも驚くほど役に立っている。「賃金の形態そのものが、労働の質と強度を制御するため、労働の管理は大部分が不要になる」とマルクスは述べている。[22]特にマイクロタスクにおいては、作業するスピードと時間は労働者が決定する。しかし労働の継続時間と強度は、クラウドワーカーが得ることのできる収入額に直接関係する。この意味で、労働の強度と期間をめぐる工場主・監督者と労働者との間の対立は、労働者が押し切られた形になってしまっている。マルクスは、時間給と出来高給が歴史的に共存しており、時には一つの工場内でさえそれらが共存していたことを示している。

デジタル資本主義において、独立請負業者の法的構造は、出来高払いの復活と密接に結びついている。それは港湾トラックドライバーや自転車宅配業者、そしてクラウドワーカーに至るまで、さまざまな業界で見ることができる。この契約と賃金の形態は、雇用主に柔軟性を提供し、中断時間や保険、作業設備にかかるコストを労働者自身に押し付けるという意味で機能的だが、物理的な工場やその監督者が存在しない中で、労働プロセスを組織する手法としても機能する。出来高払い制度は、作業の成果を測定し管理するデジタル技術の仕組みと同様に、労働力を管理・監督する必要性を取り除く。労働を強化し、労働プロセスの管理を転嫁するという出来高払いの特殊性は、クラウドワークの重要な要素だ。出来高払いの復活は、デジタル・テイラー主義の現象がまったく新しいものでも、古いものの単なる復活でもないことを示している。それどころかデジタル技術は、以前は資本主義的生産様式において疎外されていた（とはいえ決して消滅したわけではない）賃金形態に頼ることにより、急進的な労働の柔軟化を可能にしている。

極めて柔軟でスケーラブルな労働力の創造に向けたこうした諸条件は、クラウドワークの不安定性を助長している。マイクロワークの分野では、これらの条件に非常に低い賃金が加わることによって、状況がさらに悪化していることが多い。国際労働機関（ＩＬＯ）が主要な5つのプラットフォームを対象に行った調査によると、２０１７年の平均で、有給労働のみを考慮した場合の労働者の時給は４・４３ドルだが、仕事を探す時間などの無給の時間を考慮すると、平均時給は３・２９ドルに下がる。[23] 多くのプラットフォームにおける非常に不安定な受注状況が、クラウドワークの不安定さをさらに悪化させている。

デジタル・プラットフォームは、高度な分業を可能にし、労働プロセスを構造化し、組織化し、労働者を管理する。その結果、たとえクラウドワークが在宅ワークの一種であったとしても、従来型工場の規律空間で行われた、労働の実質的包摂が可能になる。労働プロセスはプラットフォームによって完全に組織化・構造化され、大規模に展開され、高度な分業の一部となっており、それゆえ高度に社会化されている。しかし工場としてのプラットフォームが持つ特性は、多種多様な労働者を空間的にも、その主体としても均質化することなく取り込むことができる点にある。さて、ここからが議論の核心部分だ。テイラー主義の工場とは異なり、デジタル・プラットフォーム上での労働は、均質な主体を生み出さない。つまりフォーディズム的な意味でのデジタル大量労働者は存在しないのである。それどころか、現代のデジタル・テイラー主義は、非常に多様な状況や社会的構成や場所において、非常に異質な労働力を包摂することを可能にしている。これは、異なるプラットフォームの労働力の中にパターンが存在しないという意味ではない。しかし、労働者間の（目に見えないが）緊密な協力と分業のシステムの中、プラットフォームによって組織された労働者の異質性は、伝統的なテイラー主義の工場が必要とする主体的、空間的、組織的な同期性と比べると、目を見張るものがある。

労働の実質的包摂は通常、テイラー主義的な工場に関連しており、労働プロセスだけでなく、労働者や工場を取り巻く社会も均質化すると一般的に理解されているが、デジタル工場としてのプラットフォームはより柔軟である。生産のインフラとしてのプラットフォームは、労働者を均質化する必要がほとんどない。それどころか、（ほとんど）誰でも、（ほとんど）どこからでも、いつでもアクセスできるという点が、プラットフォームの重要な特徴のひとつとなっている。したがって、デジタル・テイラー主義に特有の包摂技術は、従来のテイラー主義とは逆の効果を持っている。つまり労働者を均質化するのではなく、労働の多数化を促進するのだ。次の節で取り上げる、クラウドワークの人口統計と空間的構成に関する洞察が、このことを物語っている。

プラットフォームの労働者

ベルリン在住の学生クラウドワーカーであるダニエルは、多様でグローバルに分散した労働力の一部だ。多くのプラットフォームでは、何万人ものデジタル労働者が同時に活動し、コンピューターの前に座ってタスクを実行している。ダニエルが講義の合間に大学近くのカフェで、あるいは夜にベルリンのヴェディング地区にある小さなアパートでタスクに取り組んでいる間、彼が頻繁に利用する複数のプラットフォームでともに働く同僚には、場所も状況もまったく異なるさまざまな人々がいる。家族を養うためにフルタイムで働くインドのソフトウェア・エンジニアから、収入の足しにするために副業をする北米の年金受給者、レバノンの難民キャンプでお金を稼ぐ機会を求めるパレスチナ難民、家事・育児とクラウドワークを両立させるスペイン人のシングルマザーまで、このデジタル労働力の顕著な特徴はその異質性にある。

クラウドワーク・プラットフォームと呼ばれるデジタル工場において、世界中から集められた人々が1つのワークフローへと組み込まれる。標準化とアルゴリズムによる管理、そして安定したインターネット接続さえあればどこからでもプラットフォームにログインできることが、このように幅広い労働者の参入を可能にしている。労働者は自宅、ネットカフェ、さらにはスマートフォンからでもプラットフォームにアクセスできる。この時空間的な柔軟性が、そうした新しいタイプの労働者を生み、従来とは異なる時間単位での労働参入を可能にしている。クラウドワークがなければ、ダニエルが講義の合間の30分で収入を得る機会はほとんどないだろう。これは、新たな労働力のプールを資本に提供することになる。そしてこの発展は、グローバルな分業の変化や新たな形のジェンダー搾取を生み、最終的には労働市場のさらなる柔軟化をもたらす要素となっている。

ここで再び、サンドロ・メッザードラとブレット・ニールソンが提唱した「労働の多数化」という概念は、こうした力学を分析する上で有益な出発点となる。というのは、第1にクラウドワークは、伝統的な労働地理を覆し、まったく異なる経済空間や状況をリアルタイムで結びつけるという、デジタル技術・インフラの潜在力を示す一例であるということだ。クラウドワーク、およびより一般的なデジタル技術は、現在進行形で進むグローバル空間の異質化の一部であり、断片的で重なり合う不安定な地図を作り、南北や中心／周辺といった安定したカテゴリーに疑問を投げかけている。第2に、「労働の多数化」の概念は、多くの人々が生活費を賄うために複数の仕事を掛け持ちしなければならないという意味で、文字通りの労働の倍増を示唆している。クラウドワークは、経済的に生き残るために、他の仕事と掛け持ちできる仕事の代表格だ。クラウドワークは往々にして、労働時間と自由時間の境界をさらに曖昧にする。このようにクラウドワークは、労働の柔軟化と、労働が不安定化・多数化する傾向を示す極端な例となっている。最後に、「労働の多数化」は、プラットフォームで働く労働者自体の異質性を示唆している。

このように、プラットフォームの労働力において、労働の多数化のさまざまな次元を観察することができる。そこには、生計を立てるためにいくつもの仕事を掛け持ちしているという文字通りの側面から、グローバルなデジタル労働者階級全体に広がりつつある、複雑かつ不均質な分業まで含まれている。多くのプラットフォームで、差別や社会不安、あるいは自宅療養の必要な慢性疾患などの理由から、正規の労働市場で職を見つけるのに苦労している人々が見られる。また、1つの仕事で十分な収入を得ることが難しい労働者も存在する。そうした状況下では、デジタル・プラットフォームでの仕事が、2番目、3番目の仕事として選ばれることが多くなる。クラウドワークは、どんなスケジュールにも組み込むことができ、夜間や週末にも行えるため、このような労働者にとって魅力的な選択肢だ。ニューヨーク州北部の労働者が報告しているように、通常の仕事中にクラウドワークをする時間を見つける人さえいる。地域医療システムのコールセンターに勤務する彼は、電話対応の合間にプラットフォームで作業する時間があるそうだ。「その収入で、冬には家族の暖房用の燃油を買え、夏にはバカンスを楽しめます[24]」

クラウドワークは特にグローバルノースにおいて、多くの人々が切実に必要としている追加収入を得るための重要な手段となっている。メカニカル・タークで働く別の労働者は、「夫の仕事から基本的な生活費を賄えるだけの収入を得ていますが、この（プラットフォームでの）収入は、文字通り私たちの食事にもなっています。学校の遠足、クリスマスプレゼント、誕生日プレゼント、そして休暇のための費用にもなります[25]」と説明している。彼女は米国への移民者であり、仕事の面接を得ることとすら苦労しているため、生活費を稼ぐためにクラウドワーク・プラットフォームでの仕事に頼っている。

これらの例は、複数の危機に見舞われたグローバル経済の社会的・経済的ダイナミクスに、クラウドワーク・プラットフォームがいかに適合しているかを示している。また、これまで資本がアクセスできなかった時間単位に、クラウドワーク・プラットフォームがアクセスできることも示している。次の節では、こうしたクラウドワーク・プラットフォームの進展における2つの重要な側面であり、クラウドワーク労働における2つの重要な構成要素でもある、「家事・育児の負担を担いながらもクラウドワーク・プラットフォームで働けるようになった女性たち」と「グローバルサウスでのモバイルインターネット・インフラの拡大」について触れる。こうした変化に対する認識を背景に、マイクロワークと引き換えにインターネットや携帯電話のクレジットを付与するなど、クラウドワークを通じてこの労働資源を利用しようとするいくつかの試みが生まれた。

クラウドワークと家事・育児

ＡＩの開発に特化したデジタル労働を提供するプラットフォームであるｉメリットは、そのサービスを宣伝するため、あるニュース記事に掲載された同社プラットフォームの説明文を自社のウェブサイトに投稿した。

ＡＩについて、あまり知られていない事実がある。それはＡＩが、数十万人の人間によって支えられているということだ。ベネズエラのメイクアップアーティストからインドの保守的な地域の女性に至るまで、世界中の人々がデジタル版の針仕事を行っている。それには、街の写真に写っている車に印を付けること、画像にタグを付けること、コンピューターが完全には理解できないスピーチの断片を書き起こすことが含まれる。[26]

以前、ミラ・ウォリスと私は、労働者としての女性について言及することと、ＡＩの背後にあるデジタル労働を針仕事に喩えることは、一見無関係に思えるかもしれないが、実際にはそうではないと主張してきた[27]。プラットフォーム上の労働力は非常に多様であり、その大半が男性であることが多いものの、実際、ほとんどすべてのプラットフォームと国で見られる層として、クラウドワークと賃金の発生しない再生産労働〔家事や育児など、家庭生活を営むための仕事で、生産活動を支える労働を指す〕を両立させている女性が挙げられるのである[28]。

クラウドワークは通常、個人のコンピューターを使用して自宅から行われ、受託できるタスクと割ける時間があるときにいつでも実行できる。このような空間的および時間的な柔軟性は、給与の発生しない家族の世話と家事（これらは依然として主に女性によって行われている）を担う人々に適している。夫が仕事でほとんど家を空けている、ミズーリ州在住の29歳の女性労働者は、メカニカル・タークから得られる副収入の重要性を次のように説明している。「私はできるだけ家にいて、子供の面倒をみなければなりません。メカニカル・タークは私の家族にとって素晴らしいものです。医療費の支払いや、電気代の値上げ分の足しに使うことができました[29]」

クラウドワークのプラットフォームに参加する多くの女性は、慢性疾患や高齢の家族の介護のために正社員の仕事を諦めざるを得ず、その穴埋めにクラウドワークに頼っていると説明する。ある労働者は「私はすでに退職していて、退職金をできるだけ長く持たせるようにがんばっています」と言う。この労働者は、本人の意思に反して退職せざるを得なかった。「母が深刻な健康問題を抱えていて、私が主に介護しているので、再びフルタイムで働くことは選択肢にはありません[30]」。このような話は、特に米国の労働者の間でよく聞かれる。米国の医療制度では、低所得者への保障が弱く、多くの人々が外部の介護サービスを利用する費用の捻出に苦しんでいる。

デジタル・プラットフォーム上での有償労働と家族の世話を両立させようとする労働者には、育児中の若い母親もいる。ある母親は、夫の収入を補い、子供を養うために十分な収入を得ることがいかに難しいかを語っている。「家事や育児の合間に隙間時間を見つけて、1日8〜10時間を費やし、時には1日10ドル稼ぐこともあります[31]」彼女のように、多くの人々が家族の世話や家事の合間に30分や1時間のクラウドワークをこなし、自分や家族のために収入を得ている。こうした女性労働者の多くは、クラウドワーク・プラットフォームを通じたデジタル労働が、子供やパートナー、親戚の世話をしながらお金を稼げる唯一の選択肢であることを強調している。このように、デジタル・プラットフォーム上での在宅労働の重要な側面のひとつは、ジェンダー化された(再生産)労働の分業の中や、世界的に異なる文脈(米国からインド、さらにはたとえばイタリアやスペインでの緊縮財政といった文脈)で繰り広げられている社会的再生産の危機の中にある。

家族の世話と両立して行う在宅でのデジタル労働は、従来のクラウドワーク・プラットフォームだけに限られていない。「在宅ワーママ(在宅勤務で働く母親)」に特化したウェブサイトが複数あり、クラウドワークやその他の形態のデジタル労働を在宅ワーカーに提供している。たとえば北米のサイトwham.comは、記事、求人情報、24万5000人以上の会員と30億件以上の投稿があるフォーラムを備えている。このフォーラムでは、育児をしながら在宅でできる、さまざまなオンラインあるいは電話を通じた仕事が、会員によって共有・議論されている。

デジタル技術・インフラは、デジタル労働を在宅の労働者にアウトソーシングする新たな可能性を開く。しかし在宅労働自体は目新しいものではなく、長い歴史を持っている。たとえば19世紀には、女性による縫製作業などの労働が知られていた。カール・マルクスは『資本論』の中で、イギリスのレース作りや、わら編みの例を挙げている。それらは主に家庭で行われ、ほとんどが女性や子供によって担われていた。マルクスは、「家内工業」は「工場の外部部門」になったと表現している。そして、工場で働く産業労働者のほかに、「資本は目に見えない糸を使って、もうひとつの軍隊を動かしている。それが家内工業における外注労働者だ」と説明している。[32]マルクスはこのシステムを説明する中で、出来高払いを近代の在宅労働の基礎としているが、これは繊維産業や女性労働者が大半を占める他の多くの産業における在宅労働の、歴史的および現代的な例にも当てはまる。このようにジェンダー化された分業形態やその社会的・空間的組織は、今日のギグエコノミーの重要な先駆けであり、その系譜の中に位置づける必要がある。

興味深いことに、有償の家庭労働を低く評価する戦略の中にも、歴史的な連続性が見られるものがある。職場としての家庭は、再生産労働と家族の世話を認め、「暇な主婦」が楽しみのために縫製などのマイクロタスクを行っているのであり、それゆえに正当な賃金を必要としないという神話を作り上げている。ドイツのある企業のＣＥＯは、賃金と、人々が自社のプラットフォームで働く理由について議論する中で、「彼らは楽しみのためにやっているのです。多くの人々が自宅でテレビの前に座り、ＤＳＤＳ（人気テレビ番組）を見ながら、ついでにいくつかの画像を分類しているのです」と私に主張した。[33]

ソフトウェアの構造に組み込まれた、目に見えない女性の労働は、コンピューティングにおけるジェンダーの歴史だけでなく、ソフトウェアとジェンダー化された分業との関係も反映している。1世紀前、「コンピューター」という言葉は、科学者の指示を実行する人間を指し、彼らは即席の真空管コンピューターで作業したり、軍の機関で弾道計算表を計算したりしていた[34]。これらの労働者の大半は女性だった。その中には訓練を受けた科学者もいたが、一般的にジェンダーに基づいた労働の区分けが行われ、彼女たちの仕事は事務的なデータ入力として分類されていた。その一方で、第2次世界大戦中のコンピューティング部門で女性の重要性が高まっていたにもかかわらず、コンピューター開発における一般からの認知は、男性の科学者やエンジニアが独占する状況にあった[35]。ウェンディ・チュンは著書『プログラムされたビジョン（*Programmed Visions*）』の中で、若い女性の多くが「コンピューター」と呼ばれていたこの時代について次のように書いている。「当時、女性は労働力として利用できるだけでなく、より優れた、より良心的なコンピューターであると考えられていた。それは、彼女たちが反復的で事務的な仕事に優れているとされていたためである[36]」当時の女性の中には、後に科学者として活躍する人もいたが、大部分はこの分野が発展する過程で不要になっていった。こうした女性コンピューターの立場は、今日のクラウドワーカーと多くの類似点を示している。当時のコンピューター科学の背後、そしてマシン自体の背後に人間の「コンピューター」たちによる労働が隠されていたように、現代のクラウドワーカーたちはプラットフォームとAIの魔法の背後に隠されている。

「次の50億人」

「私はインドにある多国籍企業で、フルタイムで働いていました。そこで自国の人材採用を担当していました。子供が生まれる前のことです。その子が2歳になった現在は……クリックワーカー・ドットコムのようなサイトで在宅勤務をすることが気に入っています」[37] クリックワーカー・ドットコムのプラットフォームで働くこの労働者も、育児をしなければならないため家に留まらざるを得なくなり、クラウドワークに目を向けた。ただし、前述の労働者とは異なり、彼女はグローバルサウスで拡大しつつあるデジタル労働者階級の一員だ。彼女のような労働者は、多くのプラットフォームで大多数を占める存在であり、クラウドワークにおけるもうひとつの重要なセグメントを形成している。

多くのクラウドワーク・プラットフォームでは、インターネット接続さえあればほぼ誰でも利用できるが、特定の国の労働力に特化しているプラットフォームもある。今日では、安価な労働力を求めて、グローバルサウスの人々をターゲットにしたプラットフォームがいくつか存在する。デジタル労働のグローバルサウスへのアウトソーシング自体は、目新しいものではない。長い間、主に大企業が現地支社や海外のパートナー企業を通じてビジネスプロセスのアウトソーシングを行っており、比較的安価なデジタル労働の見つかるインドやフィリピンが主要な拠点とされていた。[38] クラウドワーク・プラットフォームは現在、より分散化された方法でこれらのフローの一部を代替し始めており、これによりグローバルサウスのデジタル労働力が地理的・社会的に多様化している。クラウドワーク・プラットフォーム上の労働者のうち、インドとフィリピンの占める割合は依然として極めて高いが、その地理的な集中度は低下しており、オンライン労働プラットフォームは間違いなく、真に「惑星規模」の労働市場を史上初めて生み出していると言えるだろう[39]。

「私たちはメカニカル・タークで生計を立てており、それで住宅ローンを支払い、食費を賄い、家族を養っています。生活の中で必要なものは尽きることがありませんし、私たちがおよそ5年近い年月をかけて築いてきたこのアカウントを失えば、血を流す思いで昼夜を問わず働いてきた努力も水の泡です[40]」このインド人労働者の言葉からは、アカウントを停止されることに対する恐怖が感じられる。アマゾンはインド人労働者に対する新規アカウントの登録を制限しているため、結果として既存アカウントの売買や共有が盛んになっており、アマゾンは虚偽の情報を提供したとされるアカウントの停止を開始した。停止する基準はかなりランダムなようで、アカウント停止への恐怖はインド人労働者の最大の懸念となっている。

グローバルサウスに暮らす労働者へのシフトは、インフラ整備に依存している。（ある程度安定している）インターネット接続を備えたコンピューターへのアクセスは、依然として限られているものの、増加傾向にある。世界的な携帯電話、スマートフォン、モバイルインターネット・インフラの普及により、さらに広範で地理的に多様なグローバル労働力への直接的なアクセスが可能になっている。グローバルサウスの携帯電話所有者は20億〜30億人にも及ぶが、そのほとんどがインターネット接続を備えた据え置き型コンピューターを普段から利用できる環境にない。さらに多くの労働者をデジタル労働のグローバル市場に取り込むための先駆的なプロジェクトを行っているのが、txteagle社だ。2009年に立ち上げられた同社のプラットフォームは、農村部の貧困層に注目し、携帯電話の通話料金と引き換えに、彼らが簡単なタスクを実行することを可能にした。これはテキストメッセージでも可能で、スマートフォンを持っていない人でも参加できた。ケニアにおける携帯電話契約数は、2000年から2012年にかけて200倍以上に増加しており、グローバルサウスにおいて初期にモバイル・クラウドワークに取り組んできたtxteagleにとって、この国は絶好の出発点となった。[41] たとえばノキアは、ケニアの2万人のtxteagleワーカーに対して、携帯電話のメニューを現地語に翻訳する業務を依頼した。txteagleは、アフリカの農村部の貧困層にグローバルな労働市場で働く機会を提供するという宣伝文句を掲げていたが、同時に、これらの労働者がインドの労働者よりも20パーセント安価であることにも言及していた。[42] 現在、同社は社名をジャナに変更し、3000万人以上のユーザーにリーチしている。そして彼らに、広告視聴や簡単なタスクへの参加と引き換えに、無料の通話時間を提供している。

これによりジャナは、フェイスブックのInternet.org／Free Basics〔いずれもフェイスブック社が関わるプロジェクトで、Internet.orgは開発途上国などに住む50億人がインターネットを利用できるようにすること、Free Basicsは特定のウェブサイトをデータ料金をかけずに閲覧可能にするサービスを提供することを目指している〕など、いくつかの類似のインフラ実験と歩調を合わせている。これらのプロジェクトは、世界中の貧困層を現金ではなく、彼らのアテンション（注意）や消費者としての選択、そして労働力によってインターネットに接続することを可能にしようとするものだ。この取り組みは、フェイスブックとサムスン、ノキア、エリクソンといった企業とのパートナーシップからなり、マーク・ザッカーバーグが「次の50億人」と呼んだ、主にグローバルサウスに暮らし、インターネットにもフェイスブックにも接続していない人々をつなぐことを目指している。(43) この取り組みは、グローバルサウスのスマートフォン・ユーザーがインターネットにアクセスできるようにするための技術的ソリューションと、新しいビジネスモデルを推進した。主要なＩＴ企業が、インターネットの範囲をグローバルサウスまで広げることに関心を示しているのには、新しい顧客層を開拓したいという願望だけでなく、潜在的な労働者層を創出したいという動機もあることは明らかだ。スマートフォンが新しい形態の決済インフラを具現化するにつれて、マイクロワークの可能性は非常に大きなものになっている。

インフラ開発の面で、ケニアはインドとフィリピンをモデルにヒントを得ており、クラウドワークの発展などを視野に入れた戦略「シリコンサバンナ」を目指している。(44) ケニアのような国々は、開発戦略として、また外貨獲得の方法としてクラウドワークに目を向けてきた。グローバルサウスの労働者を受け入れ、彼らに力を与えるグローバル労働市場として、多くの期待がクラウドワークに寄せられている。(45) しかしクラウドワーク・プラットフォームは、それと同時に世界中の労働者間の激しい競争を加速させ、いわゆる底辺への競争〔外国企業を誘致するため、あるいは産業を育成するためといった理由から、国が企業向けの規制緩和や減税などを他国と競うように進める結果、労働環境や社会福祉などの面が最低水準へと向かってしまう現象〕を引き起こしている。さらに、今日の多くのクラウドワーク・プラットフォームは、理論的にはインターネット接続さえあれば誰にでも開かれたグローバルな労働市場だが、そこへのアクセスは国籍、インフラ、為替、スキル、差別などによって不公平に構造化されており、グローバルサウスの労働者はグローバルノースの労働者よりも平均して低い収入しか得ていない[46]。デジタル労働の複雑で細分化した地理は、クラウドワーク・プラットフォームの台頭によって再び変容しており、したがって、シームレスなグローバル労働市場という概念とは相容れない。クラウドワーク・プラットフォームは、国境のないグローバルな労働市場というより、物理的および政治的空間（たとえば国の法的枠組み）にさまざまな形でつながった労働の複雑な地理を形成するデジタル工場なのである。インターネットには、物理的および政治的領域とつながりながらも、これらの領域を特定の方法で越えることのできる生産空間としての特質があり、それはグローバル空間の異質化の重要な要素となっている。多くの点で、クラウドワークはこの新たな経済地理を表す典型的な例と言える。

隠れた労働力

自動化はさまざまな形態で存在し、ＡＩや機械学習はそのひとつに過ぎないが、現在では確かに人間の労働者を置き換え、将来的にはさらに多くの仕事を消滅させる可能性がある。しかし自動化によって消滅した仕事は、しばしばまったく異なる形で、新しい場所において、新しい労働力によって担われるという奇妙な傾向がある。自動化のインフラと技術自体も、少なからず人間の労働によって生み出され、維持されている。この傾向を如実に示しているのが、数千のクラウドワーク・プラットフォームを通じて組織されたグローバルに分散した労働力だ。こうした形態の人間の労働力は、ＡＩの開発とサポートにとって重要であるにもかかわらず、ほとんど認識されていない。クラウドワーカーにとって、現在のＡＩへの莫大な投資が意味するのは、データ労働に対する需要の増加であり、その自動化ではない。もちろん、これは将来変わる可能性がある。クラウドワーク・プラットフォームで行われる作業の多くは、現在のソフトウェア開発の最前線にあるからだ。しかしこうした展開も、現在私たちが鮮明に観察できるように、人間の労働力に対する新たな需要を生み出す可能性がある。グローバル化された資本主義の文脈における自動化は、多くの予測が示唆するような直線的なプロセスではなく、むしろ激動的で不均一、そして危機に満ちたプロセスである。その中で見られる労働は、ある場所で自動化されても、しばしば別の場所で再出現し、地理的にも社会的にも再構成されて、コードとコンクリートの新しいインフラの背後に隠される。

クラウドワーカーの労働は、実にさまざまな形で隠されている。その多くは公共の場所以外、しばしば自宅などのプライベートな空間で行われる。地理的に分散しており、他の多くの労働形態よりも可視性が低い。また、多くの労働規制や伝統的な労働争議の範囲外で行われている。さらにそれは、アルゴリズムのマジックによっても隠されている。デジタル・プラットフォーム上で労働者が行う作業の多くは、ソフトウェアに偽装されており、一般にはすでに自動化されていると考えられている。実際にクラウドワークは、視覚的、文脈的、文化的な問題に対処する上で、ソフトウェアだけでは解決できない場合に特に重要になる。クラウドワーク・プラットフォームは、企業がこれらの問題をグローバルに分散した労働力にアウトソーシングできるようにするだけでなく、プラットフォームが持つアルゴリズムの仕組みによって労働プロセスを厳しく自動的に管理することを可能にし、結果として、複雑なソフトウェア・アーキテクチャーに統合可能な、超柔軟でスケーラブルなオンデマンド労働力を生み出している。

他のギグエコノミーのプラットフォームと同様、クラウドワーク・プラットフォームも、自らが単に雇用者と労働者の間を仲介する存在であると主張していて、オンライン上で労働力をやり取りする市場に似ている。しかしこれらのプラットフォームと、その多くが労働プロセスを構造化する方法を詳しく調べてみると、それらが労働の需要と供給の中立的な仲介者ではないことが明らかになる。生産のインフラとして、従来の工場の持つ社会空間的機能の多くを担っているのだ。マイクロタスクのプラットフォーム上で行われる労働は、高度な標準化と細分化、そして労働のデジタル監視・測定を特徴とする。しかしあらゆる工場と同様に、デジタル工場としてのプラットフォームは、技術についての議論を引き起こすだけでなく、それ自身が生み出し、組み込まれる法的・社会的取り決めについても疑問を投げかける。独立請負業者という法的地位や出来高払いは、柔軟な労働力を生み出す手段であるだけでなく、人間の労働力を組織化し規律に従わせるための重要なツールにもなる。これらの要素が組み合わさることで、従来の工場やオフィスといった規律空間の外において、特殊なタイプの、資本による労働の実質的包摂が促進される。こうした形の労働の組織化は、接続性の高まりと相まって、資本に新たな労働力のプールを開放する。労働者はインターネットカフェや自宅、さらにはスマートフォンを通してプラットフォームにアクセスでき、それによって、新たな労働者が従来とは異なる時間単位で賃金労働にアクセスしやすくなっている。その結果、グローバルな分業体制が変化し、ジェンダーに基づく新たな形の搾取が生み出され、究極的には労働市場のさらなる柔軟化の一端を担っている。

クラウドワーカーは世界中に分散し、互いに孤立した状態で競争し合い、労働法制でも守られることがほとんどないため、彼らが集団行動する可能性は非常に限られているように思われる。しかしながら、さまざまな形の抵抗運動が現れており、それは多くの場合、クラウドワーカー同士が出会い、交流し、支え合うオンラインフォーラムから始まっている。もうひとつの方法は、「ターコプティコン」などの戦術的な技術介入だ。これはインターネットブラウザに組み入れるソフトウェア（プラグイン）で、依頼主とタスクの内容についての評価を労働者間で交換できるようにするもので、彼らが草の根のデジタルストライキを行うことを可能にする。[47] 嘆願書の作成から、クラウドワークの最低要件に関する共同パンフレット作成に至るまで、クラウドワーカーたちは声を上げ、政治的要求を行える存在であることを示してきた。これらの抗議活動は、クラウドワーカーたちが、行動を制限する困難な条件にもかかわらず、実際にコミュニケーションを取り、集団的に行動することができることを証明している。

第5章　隠れた工場——ソーシャルメディア

「それは、つながった世界という夢から始まった……」これは2019年のサンダンス映画祭でプレミア上映され、高い評価を得たドキュメンタリー『グレート・ハック——SNS史上最悪のスキャンダル』の冒頭の言葉である。[1] ストリーミング配信プラットフォームであるネットフリックスによって製作されたこの作品は、データ分析会社ケンブリッジ・アナリティカが2016年のブレグジット国民投票や、同年のドナルド・トランプの米国大統領選勝利などに影響を与えたスキャンダルを追っている。そしてケンブリッジ・アナリティカが行った違法なユーザーデータの収集や、ユーザーに対する怪しげな選挙広告の集中砲火を非難している。これらの行為は、今日最も重要なソーシャルメディア・プラットフォームである、フェイスブックとの共謀によって可能となった。

ケンブリッジ・アナリティカはその全盛期、有権者一人ひとりについて5000ものデータポイント〔特定の対象に関する個別の情報単位のことで、この場合は有権者の年齢や性別、住所などといった項目が考えられる〕を保有していると主張していた。同社のデータセット、プロファイリング用ソフトウェア、そしてターゲティング広告が選挙を勝利に導く——この英国企業が行ったこれらの主張は、完全に非現実的とは言えないものだった。ドナルド・トランプの選挙陣営がターゲティング広告の可能性を信じていたことは明らかだ。選挙戦のピーク時、彼らはフェイスブック広告に毎日100万ドルを費やしていた。ケンブリッジ・アナリティカの活動が選挙結果にどの程度の影響を与えたかについては、いまだに激しい議論が続いているが、世論操作の場としてのソーシャルメディア・プラットフォームの重要性は明白なものとなった。そして、ケンブリッジ・アナリティカが有権者操作とフェイクニュース拡散の象徴となる中、その活動において最も重要なプラットフォームであったフェイスブックにも、ますます厳しい目が向けられることとなった。スキャンダルを受けて、フェイスブックの役割そのものが批判の対象となったのである。ケンブリッジ・アナリティカの行為を可能にしたことやスキャンダルへの対応に対する批判が高まる一方、批判はすぐにプライバシーや、フェイクニュースやヘイトスピーチの拡散など、より広範な問題にまで及んだ。2016年以降、米国議会の公聴会で議員たちに追及されるマーク・ザッカーバーグの姿が、定期的にニュースで報じられるようになっている。

実際、2016年に右派政治が2つの勝利を収めたスキャンダルは、フェイスブックのイメージにとってターニングポイントとなった。フェイクニュースの台頭と民主的手続きに対する懸念の高まりは、ソーシャルメディア、特にフェイスブックのイメージをかつてないほどの規模で揺るがした。「人々をつなげることで世界をより良い場所にする」というフェイスブックの無邪気な主張は、多くの人々にとってますます偽善的なものに思えるようになり、そのプラットフォームはフェイクニュース時代の民主主義をめぐる広範な懸念と議論の中心にある。今日に至るまで、フェイスブックは2016年の事件から回復できていない。その年はフェイスブックのイメージにとっても、また世界の進歩主義政治にとっても悲惨な年となった。そしてネットフリックスのドキュメンタリーは、フェイスブックによるユーザー監視とデータ収集に対する痛烈な批判を展開することで、2016年よりも前から存在していた批判の流れに拍車をかけている。多くの国々で、プライバシーをめぐる懸念が、フェイスブックにとって長年にわたる最大の問題だった。ケンブリッジ・アナリティカ事件によって、フェイスブックのビジネスモデルの根底にある慣行が持つ、政治に対する驚異的な影響力が明らかになった。要するに同プラットフォームは、ユーザーデータを収集し、ユーザーの注目（アテンション）を広告主に販売可能な商品へと変換しているのだ。

ドキュメンタリーの冒頭部分で、このビジネスモデルが簡単に触れられている。デモや人種差別的な掛け声が飛び交う映像を交えながら、ナレーター役であり、ニューヨークを拠点に活動しているデジタルメディア専門のデビッド・キャロル教授は、「つながった世界という夢が、私たちを引き裂いてしまったのはなぜなのか？」と問いかける。そしてすぐに、その理由と思われる答えを提示する。「私たちはいま、商品になっているのだ」ドキュメンタリーの中で、個人情報が売買されるということの問題は、主に民主的手続きにとっての問題として論じられている。しかし別の観点からは、ターゲット広告を企業に販売するための個人情報の収集が、フェイスブックの政治・経済に対する影響力の中核にあることが明らかになる。

デジタルメディアに関する批判的な分析では、長年にわたって、こうした前例のないレベルで行われる個人情報収集が糾弾されてきた。さらに、デジタル労働の理論家たちの間では、価値と無賃労働に関する議論が広がっている。フェイスブックはプラットフォームを提供しているが、サイトを魅力的にしているコンテンツのほとんどはユーザーによって生成されており、同社が広告主に販売しているのは、そうしたユーザーのデータと注目だ。このことから、ソーシャルメディア上でのユーザーの活動は、搾取された労働と考えるべきだと主張する理論家もいる[2]。

ユーザー監視やプライバシー侵害に関する批判分析と、ユーザーによる労働の搾取という議論は、いずれも非常に重要なものだ。しかしこれらの議論から欠落している視点がある。それは、ネットフリックスのドキュメンタリー（そして前述のような、ソーシャルメディアに対する現代の批判の多く）が、個人情報が「何の努力をしなくても生み出され、何の場所を用意しなくても保管され、何の問題もなく分類される」という印象を与えている点である。実際はそうではない。

本章では、デジタル監視や無賃労働に関する議論でほとんど語られない要素、つまりインフラの問題について考察する。ソーシャルメディアのインフラを掘り下げ、「インフラとしてのソーシャルメディア」について論じる。ソーシャルメディアのアルゴリズム、物質的なインフラ、そして人間の労働力（プログラム開発、データセンターやプラットフォーム運営などに必要な労働力）を考慮することで、フェイスブックやその他のソーシャルメディア・プラットフォームの政治・経済に対する影響力における、技術的、物質的、そして労働集約的な側面に焦点を当てる。このアプローチは、ソーシャルメディア労働の多様な側面を明らかにする。北極圏近くのデータセンターで働く警備員や技術者、シリコンバレーのソフトウェア開発者やテスター、ドイツ、インド、フィリピンで働くコンテンツ・モデレーターなど、さまざまな人々がソーシャルメディア労働に関与している。

プラットフォーム広告の政治・経済に対する影響力

基本的に、フェイスブックとグーグルのビジネスモデルは複雑ではない。どちらの会社も、広告を通じて収益の大部分を得ている。また、この2つのプラットフォームは、オンライン広告の世界市場を支配している。グローバルの広告市場の規模は3000億ドルを超えるとされ、あらゆる推定において、グーグルが最大の広告販売業者とされている。同社は全広告支出における約3分の1を占め、それにフェイスブック（約20％）とアリババが続き、アマゾンが4位となっている。(3) 広告収入は、アルファベット（グーグルの親会社）の収益の80％以上、フェイスブックの収益の95％以上を占めている。アルファベットは事業の多角化を進めているが、広告は同社のビジネスモデルの中核であり、そして同社を世界で最も価値のある企業のひとつとしている。同じく時価総額のランキングで上位に入るフェイスブックについても、この傾向がよりはっきり見られる。その莫大な売上と利益は、実質的にすべてソーシャルメディア・プラットフォーム上の広告枠の販売が生み出しているのだ。

オンライン広告と従来型広告の大きな違いは、フェイスブックやグーグルが正確なターゲティングを提供できるという点である。フェイスブックがユーザーに関する情報を収集しているため、広告主は年齢や性別、場所といった基本的な要素だけでなく、興味や行動といった、より詳細な指標を使ってターゲティングできる。これらのデータは、フェイスブックとユーザーとのインタラクションや、プラットフォーム外でのユーザーのオンライン活動を追跡することによって収集されている。こうして蓄積された膨大な量のデータを利用して、フェイスブックは個々のユーザーの正確なプロファイルを構築することができる。それは一定の基準に従ってグルーピングされ、そこに含まれるユーザーの注目（アテンション）が広告主に販売される〔つまり個々のグループに対して表示される広告枠が販売される〕。

少なくとも毎月25億人以上のユーザーが利用しているフェイスブックは、世界最大のソーシャルメディア・プラットフォームだ。中核となるfacebook.comに加えて、同社はワッツアップ（WhatsApp）のようなメッセージアプリや、月間アクティブユーザー数が10億人以上に達するソーシャルネットワークであるインスタグラム（Instagram）など、いくつかのサービスを傘下に収めている。これらのすべてにデスクトップ版が存在しているが、現在ではモバイルアプリが最も重要な利用形態となり、広告収入の圧倒的な部分を占めている。デビッド・ニーボーグとアン・ヘルモンドは、こうしたさまざまなブランドやウェブサイト、モバイルアプリケーションに注目し、フェイスブックを多種多様な「プラットフォーム」を展開する「データインフラ」として理解することを提案している。[(4)] 彼らはこの概念化を通じて、ブランドやアプリケーションが織りなすエコシステムと、フェイスブックが日常生活における重要なインフラになろうとしている試みに注目している。フェイスブックや、アルファベットのサービスであるグーグル検索、そしてユーチューブは、世界で最もアクセス数を稼いでいるウェブサイトであるだけでなく、日常生活においてますます欠かせないインフラとなっている。こうした状況はプラットフォームの成功が生み出した副産物ではなく、むしろ彼らの戦略と政治・経済に対する影響力の中核をなすものだ。このような動きは、プラットフォームのインフラから出発し、そこから現代のオンライン世界の社会的インフラになろうとしているフェイスブックの戦略を理解するという、批判的分析の必要性を示唆している。

プラットフォームのインフラの重要な部分は、そのソフトウェアのコード（プログラム）だ。検索エンジンやソーシャルメディア・プラットフォームのコードは、デジタル活動を創造し、整理し、維持し、囲い込むための基盤的な役割を果たし、人々の注目を利用して非常に高い収益が得られるようにしている。ケラー・イースターリングがインフラの役割を説明しているように、プラットフォームのデザインは特定の行動を可能にし、同時に別の行動を不可能にする。「ゲームのルールを決めるのは、ユーザーによって共有されるコンテンツではなく、コンテンツの管理者なのである[5]」。つまりどのプラットフォームも、特定の表現形態を促す一方で、他の形態を妨げるように設計されており、ユーザーがプラットフォームや他のユーザーとのやり取りをするための一連のルールや仕組みを提供している。そのためフェイスブックのようなプラットフォームは、オンラインとオフラインの世界にある他のサイトと可能な限りつながり、増え続ける社会的交流の場所やホストになろうと努めている。それと同時に、プラットフォームはユーザーに関する膨大なデータ（そこにはユーザーと他のユーザー、都市、製品、政治運動、食べ物などとのつながりに関するものが含まれる）を蓄積する。プラットフォームはこのデータを細分化し、広告主に対して、ユーザーの注目が定量化・数値化されたパッケージを販売している。

アルゴリズムのアーキテクチャー――論理、制御、労働

フェイスブックやグーグルのようなプラットフォームは、アルゴリズムが織りなす複雑なアーキテクチャーである。この節では、そのごく一部分に焦点を当てて簡単な分析を行う。有名なグーグルのページランク（PageRank）アルゴリズムからスタートし、ソーシャルウェブのアルゴリズム基盤を目指す試みとして、Facebookのオープングラフ（Open Graph）プロトコルについて説明する。ページランクは情報ウェブ（情報がつながりあったネットワーク）の一要素である、と表現できる。それは検索エンジンがサイト間のリンクを登録し、そこから階層的なインデックス（特定の情報に効率的にたどり着くために作成された目録）を構築したものだ。一方でフェイスブックとそのオープングラフ・プロトコルはソーシャルウェブ（人やモノがつながりあったネットワーク）に対応しており、人々とモノの関係性をわかりやすく示したもの、つまりソーシャル・インデックスのようなものとして理解できる。あるいはそれは、キャロライン・ゲルリッツとアン・ヘルモンドの言葉を借りれば、「リンクエコノミー（link economy）」と「ライクエコノミー（like economy）」の違いだ[6]。もちろん、これらの論理は歴史的に連続しているわけでも、相互に排他的なわけでもない。むしろ、インターネット上のさまざまな場所で、今までにない新しい組み合わせで同時に機能している。

グーグルの創設者であるセルゲイ・ブリンとローレンス・ペイジが開発した、有名なページランク・アルゴリズムは、間違いなく現在でもグーグルの力の源泉だ。それは単純な原理に基づいてい

る。ページランクはインターネットを、ハイパーリンクで結びついた文書のシステムとして捉える。そしてグーグル検索では、各ページがそのページへのリンクの数と質によって順位付けされる。これは、「人は別のウェブサイトへのリンクを作成するたびに、そのサイトについての判断を表明している」という仮定に基づいている。2番目のステップとして、これらのリンクには重要度が付けられる。重要なページからのリンクは、重要でないページからのリンクよりも高い価値が与えられている。ウェブをクロールし、このような判断を大量に収集することで、ページランク・アルゴリズムは集合知としての人々の知性を掘り起こし、ウェブサイトの相対的な重要性に関する意見を集約することができるのだ。このような「無賃労働」だけが、アルゴリズム型検索エンジンの背後に隠れている人間の労働ではない。もちろん、検索エンジンのアルゴリズム・アーキテクチャーを維持するためのコーディング（プログラミング）やメンテナンス作業もある。マウンテンビューにあるグーグルプレックス、そして世界中にあるオフィスで働く多くのプログラマーが、検索エンジンのグローバルな支配力を維持するために、絶えずその維持と改善に努めている。グーグルは、インターネットの利用パターンの変化に対応するため、絶えずアルゴリズムを変更し、改良している。ここでも、人間の労働は不可欠な役割を果たしている。ほとんどのソフトウェアの場合と同様、そこにはプログラマーと呼ばれる人々よりも多くの人々が関わっている。そうした労働者たちは、一般的にはプログラマーやソフトウェア・エンジニアとは見なされず、多くの場合その仕事はアウトソーシングされ、見えないところで行われている。たとえばグーグルの検索エンジンでは、「レイター（評価者）」と呼ばれる別の労働力が、検索結果を洗練させるために投入されている。これは主に、下請け契約を結んだデジタル労働者の集団であり、自宅などでアルゴリズムの結果を評価し、クエリー〔データベースや検索エンジンなどから情報を得る際、それらに対して入力する要求や質問、キーワードのこと〕とのマッチングを改善することで、検索結果をさらに洗練させる役割を負っている。

多くの場合、レイターは在宅で勤務する膨大な数のデジタル労働者たちからなる。彼らはクラウドワーク・プラットフォームを通じて組織されていたり、専門企業の下請けとなっていたりするため、グーグルの検索エンジンに対する彼らの貢献は、同社の創業者たちが作り上げたアルゴリズムの魔法の陰に隠れている。レイターは自宅からグーグルが提供するオンラインツールにログインし、「重要」、「有用」、「関連性あり」、「やや関連性あり」、「トピックから外れている」、「スパム」といった基準で検索エンジンの結果を評価したり、アダルトコンテンツを特定したりする。この作業は、検索アルゴリズムを継続的に改善するための重要な要素だ。それはつまり、すべてのアルゴリズムが、過去と現在の人々により行われた労働の上に成り立ったものであることを示している。この種の労働力を提供している重要な企業で、グーグルも顧客となっているのが、マサチューセッツ州ウォルサムに本社を置くライオンブリッジ社だ。同社は検索エンジンの評価作業のほとんどを、世界中の在宅勤務するデジタル労働者に委託している。ライオンブリッジのホームページ上では、「米国で最も信頼されているトップ100社のうちの1社と、自宅で快適に仕事をしてみませんか?」と宣伝している。「この仕事は、オンラインツールを使って、主要な検索エンジンのテキスト、ウェブページ、画像、その他の情報を分析し、フィードバックを提供するものです。レイターはオンラインツールにログインして、自分のスケジュールに合わせてタスクを選択します(7)」

あるレイターは、この仕組みについて次のように語っている。「自分の勤務時間を自分で決められます。少なくとも10時間は働きますが、20時間を超えることはありません。この勤務時間でもライオンブリッジとかなり良好な関係を保てています。彼らは非常に厳格ですが、彼らから設定された勤務時間に達しなかった分を、後から埋め合わせることはできます[8]」またライオンブリッジは、レイターに対して厳しい目標を設定している。「作業の種類に応じて、1分間に完了しなければならないタスク数が決まっています。この目標を達成しないと観察処分となり、その間は作業ができなくなります。品質が基準に達していない場合には解雇されます。非常に管理された労働環境です[9]」個人の自宅で行われ、厳しく管理・統制されているため、これも一般からは見ることのできないデジタル労働のひとつだ。またグーグルの検索エンジンのようなプラットフォームが、単なるアルゴリズムではなく、物質的なインフラ、ソフトウェア、そして絶えず変化する人間の労働が入り混じったものであることを示している。

もちろん、グーグル検索の仕組みはここで説明したよりもはるかに複雑で、継続的かつ絶え間ない開発と多様化が進められている。しかしページランク・アルゴリズムとそのシンプルな基本原理が、グーグルの力の基盤となっている。マッテオ・パスキネッリは、ページランクによって初めて、「一見フラットに見えるインターネットのデータの海が、各ウェブサイトの知名度と重要性に応じて変化する階層構造へと整理された」と論じている[10]。グーグルは、ウェブサイトにリンクを張る人々の「無賃労働」と、アルゴリズムの開発、保守、改良を行うプログラマーやレイターの労働を組み合わせることで、この偉業を成し遂げたのである。

２０１０年、フェイスブックは自社の直接的なネットワークを超えて影響力を拡大し、さまざまなウェブサイト上でユーザーを追跡して、グーグルのページランク・システムと似ていながらも異なる思想で、ウェブ全体のメタデータをマッピングしようと試みた。フェイスブックが開発者や起業家向けに開催しているカンファレンス「ｆ８」において、プラットフォーム製品ディレクターのブレット・テイラーは、間違いなくこのプラットフォームの歴史上最も重要な開発となる発表の中で、聴衆に対して「ウェブは、人々と、彼らが関心を寄せるあらゆるものとのつながりを基にしたモデルへと移行しつつある」と述べ、フェイスブックをそうしたソーシャルウェブの主要インフラにすることを目的としたイノベーションである「オープングラフ」を発表した。[11] オープングラフはプロトコルであり、ＡＰＩ（アプリケーション・プログラミング・インターフェース）であり、ソーシャルプラグインを使用してあらゆるページにメタデータが付与され、フェイスブック・プラットフォームと接続されるようにする。これにより、有名な「いいね」ボタンのようなフェイスブックのツールが、あらゆるウェブサイト上のあらゆるオブジェクトに簡単に統合できるようになった。ウェブサイトの運営者にとって、オープングラフを通じてフェイスブックを自分たちのサイトに統合するインセンティブは、知名度の向上とトラフィックの増加が約束されている点だ。フェイスブック側のインセンティブは、ユーザーをインターネット上で追跡し、ユーザーの行動や嗜好に関するデータを収集する可能性を広げられる点にある。

フェイスブックはオープングラフによって、ユーザーとそのプラットフォーム上のつながりを捉えたマップを、自社のプラットフォームだけでなく、そこに接続されている何百万ものウェブページにまで広げることができた。そのインデックスはウェブサイトのメタデータで構成され、それがサイトやオブジェクトをフェイスブック・グラフ上のノードに変えるとともに、ユーザーとこれらのサイトやオブジェクトとのやり取りを追跡する。特に後者は、より重要な要素と考えられる。それがパーソナライゼーションとピアグループ・マッチング（共通の特徴や目標、経験、関心などを持つ個人を意図的にグループ化するプロセス）で機能するアーキテクチャーを構築し、f8サミットでテイラーが述べたように、「人々と、彼らが関心を寄せるあらゆるものとの間のつながり」に基づいたソーシャルウェブのマップを形成するからだ。[12] そのようなマップを所有することは、フェイスブックのような企業にとって非常に魅力的であることは言うまでもない。オープングラフはデータを収集・整理するためのインフラであり、フェイスブックのプラットフォーム外におけるユーザーの行動に関する情報を充実させる。そしてその情報は、広告主にとって非常に価値の高いものとなる。フェイスブックは自社のウェブサイトを超え、「いいね」や「シェア」といったインフラの文法を定義する存在となり、インターネットの広い範囲における表現方法として自らを刻み込んだのである。

「いいね」ボタンは当初、オープングラフの極めて重要な機能だった。それは現在も変わらないが、時とともにこのプロトコルは、より多くの機能を発展させてきた。「シェア」機能によって、ユーザーはコンテンツを友人と共有できるようになり、特にニュース記事の拡散においてこの機能は非常に重要な役割を果たした。今日では、ほぼすべてのニュースサイトやブログにプラグインが搭載され、読者が特定の記事を、友人や自分がつながっている人々と共有できるようになっている。このことは、ニュースと情報の性質を大きく変えた。いまや多くのインターネット・ユーザーは、特定のニュースサイトを訪れる代わりに、さまざまなソーシャルネットワークのニュースフィード上で友人たちが共有した記事を読むことで、ニュースを閲覧するようになっている。その意味で、フェイスブックのプラットフォームは一種のメタニュースページにもなっており、個々のユーザーは、自分の仲間とフェイスブックのアルゴリズムによってキュレーションされた記事という、パーソナライズされたコレクションを目にしているのである。このようにフェイスブックは（そしてグーグルも別の形において）、ユーザーがどのニュース記事を目にするかを決定する上で重要な役割を果たしているだけでなく、その基準を設定し、ニュース制作のあり方を変える依存関係をつくり出している。[13] フェイスブックは単なるソーシャルメディア・プラットフォームの域を超えており、そのオープンプロトコル・システムは、フェイスブックがソーシャルウェブのインフラ文法に自らを刻み込もうとする（大成功を収めた）方法の一例に過ぎない。

ページランクとオープングラフは、グーグルとフェイスブックが運用するアルゴリズム・アーキテクチャーのごく一部であり、そのアーキテクチャーは日々変化している。このようなソフトウェアの分析は（特に、前述のような表面的な観察よりも深く踏み込む場合）、これらの企業の政治・経済に対する影響力を理解する上で非常に役に立つ。これらのアルゴリズム・システムは、ユーザーの行動をマッピングすると同時に、人間の注意や労働の一部を価値化するように設計された、囲い込みと抽出のアーキテクチャーとして機能し、対象となったユーザーを導く。グーグルやフェイスブックは、単なる検索エンジンやソーシャルメディア・プラットフォーム以上の存在だ。むしろ彼らは、ネットワーク化された生活のできるだけ多くの分野で、ユーザーにとって重要なインフラになろうと努めている。しかしこれは、単にアルゴリズム・インフラの問題ではなく、ハードウェアの問題でもある。

クラウドの物質性

フェイスブックのホームページは、1日あたり10億人以上が利用しており、グーグル検索とユーチューブに次いで世界で3番目にアクセスが多いウェブサイトである。トップページをクリックするだけで、「何百ものサーバーにアクセスし、何万ものデータを処理し、選択された情報を1秒未満で配信する必要がある」と、フェイスブックはそのビジネスの舞台裏にあるプロセスを説明している。[14] フェイスブックのサーバーに保存されている写真と動画の量だけでも、100ペタバイト（100京バイト）を超えている。このような膨大なデータを管理するために、フェイスブックは巨大かつ多様な物理的インフラを必要としている。カリフォルニア州メンロパークにある本社や、ダブリン、ロンドン中心部、インドのハイデラバードにある欧州本社など、70か所の国内外のオフィスと並んで、フェイスブックが保有する重要な施設がデータセンター群だ。

クラウド・コンピューティングの台頭に伴い、データセンター、より正確にはクラウド・コンピューティングに特化したデータセンターが、インターネット・インフラの中心的な柱へと変貌した。かつて社内サーバーは、コンピューター内に組み込まれていたか、オフィスのサーバー室にあった。しかし、世界中に分散した各種デバイスがネットワーク化され、サーバーに接続するようになったために、データの処理と保管を行う巨大なデータセンターに取って代わられつつある。その名前が想起させるイメージとは対照的に、「クラウド」は非物質的でもなければ、ハードウェアを置き換えるものでもない。むしろそれは、世界規模でのデータセンターの空間的・技術的な再構築を意味している。それにより、大量のサーバーを擁する施設へインフラが集約されるだけでなく、多くの企業IT部門での人員削減が進むことになる。それらの仕事の一部は、大規模データセンターの中に再登場する。そうしたデータセンターでは、ヴィンセント・モスコが著書『クラウド――荒れ狂う世界のビッグデータ（*The Cloud: Big Data in a Turbulent World*）』で表しているように、データインフラにおける労働が「生産、処理、流通、保管という産業的な様式」でアウトソーシングされ、集中化され、効率化される。[15]ダイナミックに進化する、データセンターとその関連インフラの世界的な様相は、インターネットの物質性を決定的に表現している。データセンターは、今日のデジタル経済とそのデータインフラ、さらには環境問題、国家主権のデジタル化、そして新たな労働の変容とアウトソーシングに関する問題が、いままさに検討される場となっているのである。[16]メインフレーム・コンピューターと社内サーバーが、地球規模のデータセンター・ネットワークと、オンデマンドのストレージおよびソフトウェアによるシステムへ移行したことは、ソーシャルメディアの台頭と深い関わりがある。[17]

創業当初、フェイスブックはリースしたデータセンターに全面的に依存していた。しかし創業から2年後の2006年、ソーシャルネットワークのトラフィック増加が原因で、サーバーがメルトダウン寸前の状態に陥った。当時、同社はカリフォルニア州サンタクララにあるデータセンターに、40×60フィート（約12×18メートル）のスペースを借りてサーバーを設置していた。ある日、サーバーが急増するインターネット・トラフィックに対応できずオーバーヒートし、メルトダウンの危機に瀕した。そこでフェイスブックのチーフエンジニアは急遽、従業員を派遣してその地域の扇風機を買い集め、サーバーを冷却して壊れるのを回避した。[18] それ以降、同社のユーザー数とデータインフラの両方が大きく変化していった。この一件があったにもかかわらず、フェイスブックがオレゴン州プラインビルに自社データセンターの建設を開始したのはその4年後である。それは戦略的な変化の始まりを示すものだった。フェイスブックは自前のデータセンターですべてのデータ処理と保存を行うことに力を入れ始めたのである。プラインビルのデータセンターは２０１１年に完成し、その後も拡張を続け、３００万平方フィート（約28万平方メートル）以上の広さを持ち、現在でもフェイスブック最大のデータセンターとなっている。この複合施設では、マネージャー、エンジニア、清掃員、警備員など、約１６０人の従業員が働いている。

２０１１年以降、フェイスブックは米国の内外でさらに巨大なデータセンターを建設している。２０１４年に開設され、規模の拡大を続けている主要拠点のひとつが、アイオワ州アルトゥーナにあるセンターだ。もうひとつの巨大な複合施設がノースカロライナ州フォレストシティにあり、このセンターはそれぞれ30万平方フィート（約２・８万平方メートル）を超える2棟の建物から構成され、そのうち1棟はユーザーが定期的にアクセスしない「コールドデータ」の保存専用となっている。ノースカロライナ州は、米国におけるデータセンターの主要なハブとなりつつある。人口約

3000人の小さな町である同州のメイデンには、アップルがデータセンターを構えており、この施設は10億ドル以上の価値があるとされる世界最大級のデータセンターのひとつだ。メイデンの北西30マイル（約50キロメートル）にあるノースカロライナ州レノアでは、グーグルが同様の複合施設に12億ドルを投資している。ノースカロライナ州は、手厚い税制優遇とインフラ整備を行うだけでなく、安価な電力と比較的安価な労働力を提供している。安価な土地、エネルギーの価格と信頼性、気候、そして安価で熟練した労働力を調達可能な点は、データセンターの建設地を選定する際に極めて重要な要素だ。

フェイスブックは2013年、北極圏に近いスウェーデンの都市ルーレオに、欧州初となる大規模データセンターを開設した。寒冷な気候は、大規模データセンターにとって大きな課題であるサーバーの冷却に都合がいい。データセンターの北欧への移転を進めている企業はフェイスブックだけではない。北欧のセンターは、中欧に比べて運用コストを最大で60％も削減できる。グーグルは2011年にフィンランド湾の都市ハミナにデータセンターを開設しており、冷却システムには冷たい海水が利用されている。マイクロソフトとグーグルは水中データセンターの研究に投資するなど、思い切ったアプローチを進めており、マイクロソフトは水中データセンターを人工岩礁として設計する特許を申請している。[19] 海底は冷却の点で有利であるだけでなく、暴風雨や火災、政治などの要因から影響を受けることが少ないという点で、比較的安定した環境を提供する。フェイスブックのルーレオ・データセンターは、膨大なエネルギー需要（データセンターにとってもうひとつの大きな懸念事項だ）に水力発電で対応している。ルーレ川では約1360万メガワット時の水力発電が行われている。これはスウェーデンのエネルギー需要の10%を賄う規模で、同国のエネルギーを比較的安価で信頼性の高いものとしている。ルーレオのエネルギー供給の信頼性により、フェイスブックはバックアップ用発電機を、北米の施設と比べて70%削減することができた。すべてのデータセンターは、中断することのない継続的なサービスを目指しているが、それは環境フットプリントを増加させる大きな要因となっている。また、バックアップ用のディーゼル発電機や化学電池だけでなく、センター全体の電力使用量の多さにも批判が集まっている。

２０１８年、ルイス・フォンシの曲「デスパシート」が記録を塗り替え、ユーチューブでの再生回数が50億回を超えたとき、その配信に使われた電力は、米国の一軒家４万軒分の年間消費電力に匹敵すると推定された[20]。データセンターだけでイランの年間消費電力量を上回っており、IT技術が織りなすエコシステム全体の二酸化炭素排出量は、航空業界のそれに匹敵する[21]。環境保護団体であるグリーンピースは、早くも２０１０年に、クラウド・コンピューティングとその気候変動への影響に関する報告書を発表し、フェイスブックが最初にオレゴン州プラインビルに建設した、主に石炭火力発電所を利用して運営されるデータセンターを批判した[22]。グリーンピースはフェイスブックに対し、「アンフレンド・コール（石炭との友達解除を）」と題したキャンペーンを立ち上げ、大きな注目を集めると同時にフェイスブックに対して圧力をかけた。ルーレオに「グリーン・データセンター」を建設するという決定は、このような文脈で見なければならない。フェイスブックだけでなく、他の多くのデータセンター・プロバイダーもインフラが環境に与える影響について攻撃を受けるようになり、企業は「クラウドをグリーン化」するプログラムを開始するようになった。

データセンターや、その他のコンピューティング・インフラのエネルギー消費は、クラウドの物質性を如実に示している。データセンターのディーゼル発電機が稼働している様子を目にすれば、クラウドは文字通り真っ黒な雲に見えるだろう。

ルーレオのセンターは、フェイスブックの「オープン・コンピュート・プロジェクト」で開発されたハードウェアのみで稼働する最初のデータセンターにもなった。各データセンターには、光ファイバーケーブルを通じて外部と接続された、数万台のネットワークサーバーが設置されている。フェイスブックは自社データセンターへの投資だけでなく、オープン・コンピュート・プロジェクトを始め、冷却システムやサーバー技術などの技術開発にも莫大な資金を投入してきた。データ量はユーザー数とともに増加するだけでなく、一般的なスマートフォンで撮影される写真や動画の解像度がますます高くなることや、平均的な写真や動画のそれを凌駕するデータ量を生み出すバーチャルリアリティ技術の登場など、テクノロジーの進化によっても増加する。本書の執筆時点で、フェイスブックは既存のデータセンターの大部分を拡張しようとしており、いくつかの新規施設も建設している。たとえばニューメキシコ州ロスルナスへの2億5000万ドルの投資、テキサス州フォートワースでの総工費10億ドル以上と見られる施設の建設、そしてアイルランドのクロニーにおける、欧州で2番目となる大規模センターの建設などだ。2017年、フェイスブックはデンマークのオーデンセ付近に、欧州で3番目のデータセンターを建設することを発表し、さらに追加施設の建設を予定している。他の大手デジタル企業と同様、フェイスブックは現在、世界で最も重要なデータセンター・インフラの所有者のひとつとなっている。それに伴い、エクイニクスやデジタルリアリティといった大手企業が引き続きデータセンターに注力しているものの、フェイスブック、マイクロソフト、アップルといった大手デジタル企業は、クラウド・コンピューティングとサーバーホスティングの市場におけるリーダーであるＡＷＳ（アマゾン・ウェブ・サービス）と並び、インターネット・インフラという物理的な分野においても主要プレイヤーとなっている。

フェイスブックは自社データセンターの他に、他社プロバイダーからもサーバーをリースしている。米国内のさまざまな拠点に加え、シンガポールでもリースしており、さらに独自のデータセンターを建設中だ。約10億ドルの建設費用がかかると見込まれているシンガポールのデータセンターは、土地使用の制約が広がる同国に合わせて、総面積17万平方メートルの11階建て高層ビルとなる。シンガポールはデータセンターのホットスポットとなっており、アジア市場への進出を目指す西側のクラウド企業などが利用している。シンガポールが好まれる理由は、ビジネスに友好的な政府の存在、そして英国の植民地時代に整備された電信線に沿って敷設《ふせつ》されている、海底ケーブルの充実などが挙げられる[23]。アリババのようなアジアの中堅・大企業が自社データセンターを運営しているほか、マイクロソフトやグーグルのような欧米の大手企業にとっても重要な拠点となっている。データセンターの立地は、インフラ面での優位性だけでなく、政治的な理由からも選ばれている。特にグーグルが設けたシンガポールと台湾のアジア・データセンターは、中国政府の規制の影響が届かない範囲に留まりつつ、中国市場へのアクセスの良さを狙ったものだ。検閲問題をめぐって中国政府と２年間対立した後、グーグルは２０１０年に中国向けの検索エンジンの拠点を香港に移し、すぐに香港にもデータセンターを建設する計画を発表した。しかし起工式から２年後の２０１３年、計画は頓挫し、投資はシンガポールと台湾に振り向けられた。このことは、クラウド・コンピューティングが国家主権の変容と複雑に関係していること、そして海底光ファイバーケーブルやデータセンターなどのインフラが物理的な場所に設置されているために、複雑な政治的地理上の問題を引き起こすことの両方を示している。(24) こうした新たな政治的・インフラ的地理は、単なる国家と多国籍企業との対立として理解されるのではなく、むしろインフラを通じて国家主権そのものが変容していくという、重層的で対立的かつダイナミックなプロセスとして理解されるべきものだ。

海中へ、そして工場へ

グーグルの「グローバルインフラ担当戦略ネゴシエーター」であるジェイン・ストーウェルは、ニューヨーク・タイムズ紙の記者に対し、「データはクラウドにあると思われていますが、そうではありません。データは海の中にあるのです」とコメントした。(25) 彼女が言っているのは、デジタル・インフラのもうひとつの重要な構成要素である、海底ケーブルのことだ。ワイヤレス機器の台頭がそれを否定しているように見えるかもしれないが、ケーブルは依然としてインターネット・インフラの重要な部分であり、特に大陸間ネットワーク・トラフィックを高速化する海底光ファイバーケーブルが極めて重要な存在となっている。(26) ストーウェルの主な仕事は、グーグルの海底ケーブル・プロジェクトの監督である。実際のところ、フェイスブック、グーグル、マイクロソフト、アマゾンは、この分野での主要プレイヤーとなっている。フェイスブックとグーグルは２０１６年に提携し、ロサンゼルスから香港までの太平洋横断海底ケーブルを建設した。この1万2800キロメートルもの光ファイバーケーブルは、毎秒120テラバイトという速度を実現しており、太平洋横断ケーブルとしては最高速となる。[27] また同年の初め、フェイスブックはマイクロソフトと提携し、バージニア州バージニアビーチとスペインのビルバオを結ぶ海底ケーブルを建設すると発表した。こうした動きの背景には、グーグルやフェイスブックのような、クラウドを基盤とする企業が必要とする帯域幅は非常に大きいため、他の通信事業者（通常は民間および公共事業者のコンソーシアム）からサービスを購入することに頼るのではなく、自社で海底ケーブルを敷設しなければならないという事情がある。

ジェイン・ストーウェルがグーグルで担当しているプロジェクトのひとつに、「キュリー」がある。これは全長1万500キロメートルの海底ケーブルで、米国とチリ（グーグルがラテンアメリカにおいて最も重要なデータセンターを置いている）を結んでいる。このケーブルは、米国とフランス、ポルトガルと南アフリカをそれぞれ結ぶ他の2本のケーブルと同様、グーグルが敷設し独占的に所有している。このように高価で複雑なインフラを単独で所有することは、大手テクノロジー企業にとっても初めてのことであり、グーグルがいかに巨大な事業規模と経済力を誇っているかを物語っている。キュリーに使用される光ファイバーケーブルは、ニューハンプシャー州ニューイントンにある工場で製造され、太さは庭の水道ホースほどだが、鋼鉄と銅の保護層に覆われている。ケーブルは、近くにあるピスカタクワ川で専用の船に積み込まれ（その作業は1週間かけて行われる労働集約的なものだ）、ケーブルの始点となるカリフォルニアへと運ばれた。その後、12時間交代で働く船員たちが、海底にケーブルを敷設するゆっくりとした作業を開始した[28]。

グーグルとフェイスブックが自社で海底ケーブルの敷設に乗り出すことは、両社が蓄積してきた、巨大なインフラパワーのもうひとつの側面であり、彼らがインターネット・インフラの政治的・経済的発展における主要プレイヤーとなったことを示している。データセンターの警備員、清掃員、エンジニア、ケーブル工場の労働者、そしてケーブルを敷設する船上で数か月を過ごす作業員たちは、グローバル・プラットフォームの物理的インフラを構成する、膨大な労働力の存在を示している。これらの労働者は、ソーシャルメディアの物質的インフラの生産に関わる、大規模かつ多様な労働力の一部だ。フェイスブックやグーグルのようなプラットフォームが雇用する、中核となる比較的少人数の従業員を取り囲むように、同心円状に広がる外注化された労働者集団が存在し、彼らがフェイスブックやグーグルの機能を可能にするさまざまなインフラの生産に参加している。このようなインフラのもうひとつが、たとえばアップルの有名なデバイス群（ラップトップ、タブレット、スマートフォンなど）のような、ユーザーがソーシャルメディア・プラットフォームに接続するためのデバイスである。

アイフォーン・シティ

今日、アップル製品の大部分がフォックスコンという企業によって組み立てられていることは、おそらくほとんどの人々が知っているだろう。フォックスコンは２０１０年、中国の同社の工場で働く労働者たちの置かれた悲惨な状況が、従業員たちの一連の自殺（ほとんどは新興産業地域への農村からの出稼ぎ労働者によるもの）によって注目を集め、過酷な労働条件下にある委託製造を象徴する、世界的に悪名高い存在となった。(29) アップル製品の個々の部品の多くは、別の場所で製造されてフォックスコンの大規模工場へと運ばれ、そこで最終的な組立が行われる。このサプライチェーンの重要な部分のひとつが、さまざまなデバイス向けのチップを生産する半導体工場である。半導体技術の最も重要な生産拠点は台湾で、台湾セミコンダクター・マニュファクチャリング・カンパニー（ＴＳＭＣ）の巨大工場が、アップル製品に搭載されるチップの大部分の供給源となっている。その全工程はアップルによって厳重に管理されている。

中国はフォックスコンの生産拠点だが、人件費の高騰や米中貿易戦争の影響により、アイフォーンの組立の一部がインドなどの地域に移転するなど、立地の多角化が進んでいる。フォックスコンは依然として中国で数十万人を雇用しており、たとえば「アイフォーン・シティ」と呼ばれている鄭州《ていしゅう》（中国で最も貧しい省のひとつである河南省に位置している）に拠点を持つ。その広大な敷地内では、季節や受注状況にもよるが、最大30万人の従業員が働いており、そのほとんどは近隣の寮に住んでいる。彼らの主な仕事は、アイフォーンの最終組立、検査、梱包であり、これらの作業の一部分（画面の研磨など）を担当する労働者は、１日あたり約４００回もその作業を繰り返している。(30)

もうひとつの集積地は、世界のＩＴ製品生産の初期から存在し、その最大かつ最重要拠点となっている珠江《しゅこう》デルタ地帯だ。フォックスコンは労働者の抗議や賃金上昇を受けて、一部の生産をこの地域から移転させてきたが、依然として中国事業の主要な拠点となっている。珠江デルタにおけるフォックスコン最大の施設は、深圳《しんせん》に近い龍華科技園（こちらは「フォックスコン・シティ」と呼ばれている）で、数十万人を雇用する巨大な複合施設だ。プン・ガイの著書『中国の出稼ぎ労働(*Migrant Labor in China*)』の中で、龍華工場の組立ラインで働くある労働者が、自分の仕事について次のように語っている。「ラインからマザーボードを取り出し、ロゴをスキャンして、静電気防止袋に入れ、ラベルを貼り、ラインに戻す。これらの作業にはそれぞれ2秒かかります。10秒に1回、5つの作業を完了させます[31]」

珠江デルタは、経済特区と回廊に基づく、生産とインフラ開発のモデルを体現した場所だ。そうした地域、特に珠江デルタは、中国における市場経済実験の最初の場所でもあった[32]。デルタ地帯最大の都市のひとつである深圳は、1980年に中国初の経済特区（SEZ）に指定され、当初は台湾や香港の企業を誘致していたが、その後は欧米企業の下請け生産の中心地にもなっていった。この経済特区は何度か拡張され、2010年には深圳市全区をカバーするようになっている。また深圳市は、1980年代以降爆発的な発展を遂げており、正確な居住者数は把握しづらくなっているが、そのほぼ半数が出稼ぎ労働者だ。深圳市とその周辺の珠江デルタは、世界有数の輸出型生産地域へと成長してきた。珠江デルタ全体がメガシティー化しつつあり、面積と人口の両方で、世界最大の都市になる見込みである[33]。

珠江デルタがIT製造業の中心地として台頭する以前は、米国、とりわけシリコンバレーが最も重要な拠点であった。現在、IT製造業の大半はシリコンバレーから撤退している。わずかに残る工場では、高度な資格を持ち高給を得る科学者やエンジニアと、下請けチェーンに沿って分断された製造労働者（末端には孫請けから内職を受注する人も含む）の二極化が見られる。シリコンバレーのＩＴ製造部門における労働と、テクノロジー企業やスタートアップ企業向けに成長するサービス部門における労働の両方において、不安定な雇用条件、低賃金、女性や移民労働者の比率の高さが特徴となっている[34]。そのためニック・ダイアー＝ウィザフォードは、シリコンバレーは移民労働の上に築かれ、その後、その階級構造を世界規模に拡大したと論じている[35]。

ＩＴ製造業は、シリコンバレーから珠江デルタ、台湾、メキシコ、マレーシア、東欧など複数の地点に移動した。このプロセスは数十年にわたって進んでいたが、２００１年の不況によって加速した。１９７０年代のシリコンバレーの製造業労働者と同様、今日の世界的なＩＴ製造業労働者は主に女性であり、多くの場合が移民労働者である[36]。多くの場所にまたがるグローバルなＩＴ製造業は、シュテファニー・ヒュルトゲンと彼女の同僚たちが「フレキシブル・ネオ・テイラー主義」と表現した労働形態によって特徴づけられている。これは規制、安全、労働者の大量消費を志向するフォード主義的ではないものの、現代的なテイラー主義的生産形態であり、いわば「フォード主義後のテイラー主義」である[37]。この輸出指向のモデルは、フレキシブルな契約、下請け労働、そして標準化された生産技術によって可能になった低賃金（現地の基準でさえそうだ）に基づいており、高度な労働柔軟性を実現している。チェコ共和国にあるフォックスコンの工場も、このような傾向が見られ、そこでは下請け労働者（多くの場合、派遣会社を通じて採用された移民労働者）の割合が50％を超えることもある[38]。これらの労働者たちは、フェイスブックなどのソーシャルメディア・

プラットフォームにつながる、さまざまなデバイスを製造している。

フェイスブックなどのソーシャルメディアのユーザーは、こうした拠点で生産されたデバイス上で、他人がアップロードしたコンテンツを見ることができる。休暇中の写真、地元のサッカーチームの最新情報、近所に住む人の誕生日パーティーへの招待状といった具合だ。しかし、すべてのコンテンツはユーザーによって作成されているにもかかわらず、ユーザーがアップロードしたすべてのコンテンツが他のユーザーの画面に表示されるわけではない。

コンテンツ・モデレーション――「目にするものの酷さは、想像を超えています」

フェイスブックのようなソーシャルメディア・プラットフォームには、常に膨大な量のコメント、ステータス更新、写真、動画が投稿されている。普通のユーザーが目にしているのは、大半がありふれた退屈な投稿だが、ロベルトがフェイスブックで見る写真、動画、コメントは退屈とは程遠いものだ。朝から晩まで、彼の画面には想像を絶する暴力、人種差別、ヘイトスピーチがあふれている。ロベルトはコンテンツ・モデレーターだ。彼が働く企業は、フェイスブックと契約を結び、彼らのネットワークをできるだけクリーンに保つよう努めている。ユーザーにクリーンなネットワークを提供するという試みがどの程度成功しているかはさておき、ロベルトはソーシャルネットワークの闇の部分を毎日目の当たりにしている。「目にするものの酷さは、私がこの仕事に就く前に抱いていた想像を超えています」と彼は語る。(39)

週に5日、ロベルトはベルリンにあるオフィスビルに出社して自分のデスクに着き、デジタル・モデレーションツールを開き、ソーシャルメディアのダークサイドへと向かう。彼の作業を指示する画面には、増え続ける「チケット」（不適切というフラグが立てられ、彼がモデレーションしなければならないコンテンツ）が山積みになっている。彼は毎日数百件のチケットを処理することが求められており、「まるで機械のように、ずっとクリックし続けます」と語る。[40] ロベルトとそのおよそ600人の同僚（ほとんどが彼と同じ移民労働者）は、デジタルコンテンツ・モデレーションの重要企業であるアーヴァートのベルリンオフィスで働いている。彼らはソーシャルメディア・ネットワークや動画プラットフォーム、出会い系アプリ、メッセンジャーアプリ、新聞のコメント欄など、ユーザー生成コンテンツを許可している多くのデジタル空間を、その運営企業が望むようなモデレーションを行うべく監視する、数十万人規模のグローバルなデジタル労働力の一部である。こうした労働者たちは、ソーシャルメディアを支えるインフラにおいて極めて重要な存在でありながら、しばしば隠されている。ロベルトと彼の同僚たちの存在は、フェイスブックのユーザーや一般の人々にはほとんど意識されていない。しかし彼らは、フェイスブックがこれまで以上に重要なネットワークとなり、それと同時に、ヘイトスピーチやさまざまな種類の暴力的コンテンツが拡散され得る重要なプラットフォームとなっている現在、自分たちの仕事の重要性が増していることを理解している。「私たちはいつも、医者や警察官も私たちと同じくらい血や暴力を見ているけど、彼らは最低賃金で働いているわけではないよねと話しています」[41]

これらのデジタル労働者は、プラットフォームの機能にとって不可欠な要素であり、アルゴリズムのインフラにしっかりと組み込まれている。クラウドワークの場合と同様、人間の労働力はコンピューティング上のギャップ、つまりコンピューターの手に負えない意思決定を処理するため、人間の認知が必要とされる場面に対応するために、アルゴリズム・アーキテクチャーに組み込まれている。コンテンツ・モデレーションは、プラットフォームのデジタル・インターフェースの背後に隠された人間による労働の中でも、極めて重要な部類に入る。それはデジタル・ソーシャルメディアにおける、極めて労働集約的で、政治的な配慮を要求される仕事で、売上の点から見ても不可欠である。コンテンツの規模の大きさとコンテンツ・モデレーションの複雑さは、ソーシャルメディア・プラットフォームにとっても前例のない挑戦である。

良いコンテンツ・悪いコンテンツ

近年、フェイクニュースやヘイトスピーチの問題、そしてユーザーが投稿したコンテンツに対するプラットフォーム側の責任の問題が、公の場での議論として大きく取り上げられるようになっている。実際、これは今日において、フェイスブックからユーチューブ、ティックトック、インスタグラムに至るまで、すべての大手ソーシャルメディア・プラットフォームにとって最大の課題と言えるかもしれない。フェイスブックは、ロベルトが働くアーヴァアートと契約しているが、それはドイツにおいて、右翼のヘイトスピーチへの対応を批判されたことがきっかけだった。ソーシャルメディア・プラットフォームに対し、自社サイトにアップロードされたコンテンツに責任を持たせる法律が制定されようとする中で、フェイスブックは有名なドイツのコングロマリット、ベルテルスマンの子会社であるアーヴァートが調整役として入ったモデレーションチームを立ち上げ、世論や立法者からの批判をかわそうと試みたのである。ソーシャルメディア・プラットフォームは世界中で同様の批判と法的圧力に直面しており、コンテンツ・モデレーションをどう進めるかという課題は、すべてのテクノロジー企業の経営陣にとって重要な問題となっている。

ソーシャルメディアにアップロードされたコンテンツの中には、それをアップロードした人以外のユーザーには好まれないものが膨大にある。ほとんどのプラットフォームでは、ユーザーはそうしたコンテンツに「フラグ」を立てることができ、それによってコンテンツ・モデレーションのプロセスが開始される。ユーザーがフラグを立てる理由はさまざまだ。単に投稿内容が気に入らないのかもしれない。あるいは暴力、人種差別、ヌード、薬物など、法や文化的な基準から不快だと見なされる各種のコンテンツが含まれている場合もある。一方で、フェイスブックのようなソーシャルメディア企業自体にも、そうしたコンテンツをプラットフォーム上から削除しようという独自の理由を持っている。第1に、できるだけ多くのユーザーが滞在したいと思うような空間として、プラットフォームを維持したいということ。第2に、法的あるいは政治的な各種の理由により、アップロードされたコンテンツの一部の削除を求められていることである。フェイスブックは、特定の国から締め出されるのを避けるため、ソーシャルネットワークへのアクセス制限という措置をちらつかせる諸政府をなだめようとしている。たとえば、2012年に漏洩したマニュアルには、フェイスブックがトルコ政府に気に入られようと努力している様子が表れている。「アタテュルク〔トルコの初代大統領」へのあらゆる攻撃」だけでなく、クルディスタン地域の地図、反政府武装組織クルディスタン労働者党（ＰＫＫ）のシンボル、アブドゥッラー・オジャラン〔ＰＫＫの創設者〕の写真（「ＰＫＫやオジャランに反対していることが明らかな場合を除く」という追記あり）が禁止されることになっていた。[42]

こうしたいわゆるコミュニティ・スタンダードと呼ばれるものは、フェイスブック上でどのようなコンテンツが禁止されているかを大まかに示しているが、フェイスブックはその具体的なコンテンツ制限の内容や、プラットフォーム上で誰がどのように監視を行っているかについては、依然として秘密主義を貫いている。近年フェイスブックは、そのモデレーション・プロセスをより透明化しようと、いくつかの文書を公開している。しかし、プラットフォーム上で許可されるコンテンツを規定する、正確なルールに関する情報を入手するのはまだ非常に難しく、公開されているルールや基準はかなり一般的なものだ。さらに労働者からの報告によると、ルールは週単位、あるいは日単位で変更され、かなり複雑である。

一般に、コンテンツ・モデレーションは非常に複雑な取り組みだ。暴力、ポルノ、ユーモア、テロリズムなど、各種の重要なトピックの解釈は、法的、文化的、政治的な環境によって大きく異なる。フェイスブックは歴史的に、自社プラットフォーム上のコンテンツに対する責任を取ることに躊躇してきたが、大きな圧力がかかるようになってからは、コンテンツ・モデレーションに関係するシステムの構築にかなりの労力を費やすようになった。

文化に惑わされるアルゴリズム

フェイスブックのプラットフォームは、性能の向上が続くアルゴリズム・アーキテクチャーによって構成されており、それがユーザーの行動を管理している。同社をはじめとするプラットフォーム各社は、自動化された学習コンテンツ・モデレーション・ソフトウェアの開発に多大な労力を費やしている。しかし文化的規範や慣習、そしてそれらの高度に文脈依存的な性質など、アルゴリズムの知能が頻繁に失敗する分野が数多く存在している。フェイスブックのソフトウェアは現在、写真や動画の中の裸体を非常に効率的に検出できる（ただそうした判断は、さらなる文化的規則によって上書きされる場合があり、たとえばフェイスブックでは、男性の乳首は許可されるが、女性の乳首は禁止されている）。いずれにせよ、裸体や性的行為といった理由で削除されるほとんどのコンテンツは、現在では90％以上の精度でソフトウェアによって事前選定されている。一方、ヘイトスピーチやいじめの場合、ソフトウェアはこれらの高度に文脈依存的な状況を理解するのに苦労しており、関連するケースの大半で間違った判断を行ってしまう[43]。すべてのカテゴリーを通じて、フェイスブックの機械学習ソフトウェアは削除すべきコンテンツを提案するだけで、現時点で実際の決定を下しているのは人間のコンテンツ・モデレーターである。

ここで明らかに目標とされているのは、全自動で動くシステムである。しかしこのゴールが到達可能かどうかは疑問だ。フェイスブックの幹部はしばしば、ＡＩが同社のコンテンツ・モデレーション問題の解決策であると公に示唆しているが、ソフトウェア・エンジニアや専門家はそれほど楽観的ではない。フェイスブックが現在、コンテンツ・モデレーションのために1万5000人を超えるデジタル労働者を抱えているという事実は、自動化のあらゆる努力にもかかわらず、現時点では、プラットフォームのモデレーション・インフラの構成要素として、人間の労働力は減少するどころかむしろ増加していることを示している。人間の認知能力は依然として、コンテンツ・モデレーションの中心にあり、プラットフォーム上に残すものと削除するものの判断が完全に自動化される未来はまだ遠い。

疑わしいコンテンツを審査する作業は、グローバルレベルの高度な分業体制で行われる。ほとんどのソーシャルメディア企業は、コンテンツ・モデレーション専門の社内部門を設置している。そうした社内部門は通常、基準を策定し、下請け業者を監督し、政治的に微妙な問題や法執行機関が関与するケース（脅迫、暴力、児童ポルノなど）など、困難な事案を処理する。その人員は、コンテンツ・モデレーションの方針を検討する専門家や弁護士、重大事件の可能性や差し迫った攻撃などのセキュリティ上の懸念に対応する専門家で構成されている。たとえばベルリンの下請け業者で働くロベルトが、近いうちに暴力的な攻撃が行われることを示唆する投稿に気づいた場合、彼はその事案を「エスカレーション」する。するとダブリンにあるフェイスブックのヨーロッパ本社のスペシャリストが投稿を評価し、場合によっては各国の法執行機関に連絡を取る。

ベルリン、オースティン、ダブリン——アウトソーシングを担う移民労働者

ロベルトは、下請け業者が運営するコールセンターで働いている。フェイスブックは、ヘイトスピーチや人種差別などの問題に対応できないことに対するドイツのメディアや政治家からの批判の高まりを受け、ベルテルスマン・グループの一社で、ドイツ企業であるアーヴァートの採用を発表した。ベルテルスマンは世界中で7万2000人以上を雇用し、クラウド・コンピューティング、ロジスティクス、金融をはじめ、顧客管理、コールセンター、コンテンツ管理など幅広いサービスを提供している。アーヴァートは幅広いサービスを提供する一方で、一般にはほとんど知られていない企業のひとつであると自らを評している。「ご存知ないかもしれませんが、皆さんが使っている多くの製品やサービスを支えているのがアーヴァートなのです。ドイツの消費者は平均して、1日に8回アーヴァートに接しています」[44]と、同社はウェブサイト上で説明している。2019年、アーヴァートはモロッコのサハム・グループと合併し、28か国で5万人の従業員を擁するコンテンツ・モデレーションの大手スペシャリスト企業マジョレルを設立した。現在ロベルトが勤務しているベルリンのセンターも、マジョレルが運営している。

アーヴァートは2016年、約600人の労働者を雇用し、ドイツ語、アラビア語、英語、トルコ語、スウェーデン語、イタリア語、スペイン語など、言語ごとに分かれたチームに配属した。労働者の大半は移民の若者だ。その多くは、ドイツでは通用しない学位や専門資格を持っている。数

年前ドイツに渡ってきて、アーヴァートのベルリンオフィスに入る前にさまざまな仕事でフリーランスとして働いていたロベルトは、次のように振り返る。「ベルリンはこの会社にとって最適な場所です。世界中から多くの移民が仕事を求めてやって来ていますが、就職する上で言語が最大の課題となっています[45]」アーヴァートは、シリア内戦やユーロ危機の影響、南欧諸国での厳しい緊縮財政措置を逃れてドイツに移住してくる、有能な若い労働者の増加を利用した。ベルリンの文化的な魅力、比較的安い家賃、雇用への期待が、こうした多様な層の移民の大量流入を引き起こした。しかし、その大半は安定した職に就くのに苦労しており、大卒などの専門的な資格を持っているにもかかわらず、多くは失業しているか、サービス業で働いている。公式および非公式の資格を持つ一方で、ドイツの労働市場での困難に直面している、さまざまな国々からの若い移民は、アーヴァートとコンテンツ・モデレーションの職務要件にとって、ほぼ完璧な労働者集団となっている。

移民労働者がコンテンツ・モデレーションの仕事に採用されているのは、ベルリンに限った話ではない。コンテンツ・モデレーション企業の視点から見ると、移民労働者たちは多くの点で完璧な労働力と言える。彼らは重要な言語スキルと文化スキルを持ちながら、移民先の労働市場では他の選択肢が少ないからだ。テキサス州オースティンでユーチューブ向けのコンテンツ・モデレーションを行っている下請け企業の従業員は、記者に対して次のように説明している。「米国に移民してきたとき、持っていた大学の学位がこちらでは認められなかったので、とにかく何でも仕事をするようになりました。働いてお金を稼ぐ必要があったんです[46]」米国最大のユーチューブ向けコンテンツ・モデレーション施設で働く彼の同僚の多くも、最近移民してきた人々で、宅配ドライバーや警備員として働いた後、グーグル正社員に近い待遇を期待してコンテンツ・モデレーターの職に就いた。しかし彼らは、グーグルがＴＶＣ（臨時社員《テンプ》、供給業者《ベンダー》、請負業者《コントラクター》の略）と呼ぶ従業員の一部であり、グーグルの労働力の50％以上を占める非正規雇用者層だ。そのためオースティンの下請け企業の労働条件は、マウンテンビューにいるグーグル正社員の労働条件とは大きく異なる。オースティンで働く多くの労働者が、パフォーマンスに対するプレッシャーとあまりに多くの暴力的なコンテンツへの曝露により、精神的問題やストレス障害の症状を抱えている[47]。

　ロベルトがベルリンのアーヴァートで働き始めたとき、守秘義務契約書への署名を強制され、フェイスブックのために働いているのを明かすことが禁じられた。彼と彼の同僚の多くが、ベルリン北西部にあるコンテンツ・モデレーション施設での労働条件について話すときに非常に慎重であるのは、こうした理由もある。契約者の大半が一時雇用で、派遣会社を通じて雇用される従業員もいるため、多くの人々が仕事を失うことを恐れている。しかしアーヴァートがベルリンでフェイスブックの下請け業務を開始してから数か月後、解雇されるのではないかという不安にもかかわらず、従業員たちの間に不満が広がり始めた。彼らはパフォーマンスに対する圧力、休憩時間の不足、そして特に、長時間見続けることを余儀なくされるトラウマ的なコンテンツについて苦情を訴えた。アーヴァートがその苦情に適切に対応しなかったため、一部の労働者は地元活動家と連絡を取り、一時雇用契約を失うことを恐れる人が多かったものの、メディアに自分たちの労働条件について話すことを検討し始めた。従業員の中には、１日あたり１５００件以上の案件（「チケット」）を確認するよう求められていると報告する者もあり、それは平均すると1件あたり15秒しか時間がないことになる。[48]

最終的に、2016年12月、ドイツの全国紙であるジュートドイチェ・ツァイトゥング紙が、アーヴァートの労働条件について大きく報じた。この報道は主に、労働者が強制的に見せられたトラウマになるような画像に焦点を当て、アーヴァートの元従業員と現従業員の体験談を引用していた。「トレーニング中に見たものよりも、ずっとひどい画像でした。……暴力的なシーンや、傷つけられた遺体もありました。人々は頻繁に部屋を出て行きました。逃げ出し、泣いているのです[49]」別の従業員は、日々のノルマ達成に対するプレッシャーの強さについて訴えた。「毎日の目標を達成しないと、上司とトラブルになります。プレッシャーは計り知れませんでした[50]」この記事は大きな注目を集め、フェイスブックとアーヴァートは、従業員が苦しい体験に対処できるように十分な感情的・医療的サポートを提供したと公表したが、従業員たちはこれを否定している。

スキャンダルの後、フェイスブックはアーヴァートに労働条件を改善するよう圧力をかけた。アーヴァートはノルマを引き下げ、トラウマとなるコンテンツに対処する従業員をサポートするスタッフを雇うようになった。ノルマの引き下げは従業員にとって歓迎すべきことだったが、心理的サポートスタッフに対する彼らの印象には、従業員と経営陣の間にある不信感が表れている。「心理的サポートのチームはありますが、彼らはソーシャルワーカーに過ぎず、会社のために働いているので信用できません[51]」多くの従業員の契約は、常勤雇用にならないよう更新されないが、トラウマとなるコンテンツのために辞めていく者もいる。目にする暴力的な映像を「これは映画だ」と考えるようにしていると説明するロベルトは、長く勤務している数少ない従業員の一人である。

実際、従業員の大半が、自分の意思で辞めるか解雇されるかのどちらかで、始めて2年以内に退職する。コンテンツ・モデレーターに関する先駆的で広範な研究を行ってきたサラ・ロバーツも、同様の結論に達した。彼女が米国でインタビューしたモデレーターの多くが、人文系の学部を出て最初の就職先を探している新卒者だった。彼らは通常、臨時契約で働いており、多くの場合、さまざまな下請け業者をかけもちしていた。彼らは数か月で仕事を辞めたり、2年で契約を打ち切られたりしていたが、それでもなお、見せつけられた暴力的な画像に悩まされていた[52]。

アーヴァートのベルリンオフィスで3か月勤務した後に退職したある労働者は、自身の経験について報告書で次のように説明している。「テキスト、写真、動画がひっきりなしに流れてきます。画面に何が出てくるか、事前に知ることはできません[53]」コンテンツの大半はありふれたもので、ユーザーが何らかの理由で気に入らず、フラグを立てたものだ。しかしフェイスブックのコンテンツ・モデレーション業務を行っていた彼女は、直面する暴力の多さにショックを受けた。「内容はとても暴力的なものです。私は以前、紛争地域で平和構築や人道支援に携わっていたため、現実世界の暴力にさらされていました。しかし、ソーシャルメディア上で暴力がこれほど蔓延するとは……想像もしていませんでした[54]」彼女が仕事を辞めたのは、家族を見守る際に「過剰な警戒心」が芽生え、仕事について夢を見るようになり、凶悪な銃撃事件に対する認識が変わり始めたと感じたときだった。「ラスベガスで起きた悲惨な銃乱射事件が、突然、私にはまったく普通のことに思えたのです[55]」

産業化された意思決定

トラウマ級のコンテンツを処理する能力は、ほとんどのコンテンツ・モデレーション施設に見られる、パフォーマンスに対する大きなプレッシャーによって低下する。コンテンツ・モデレーションの規模と労働負荷が増すにつれ、この部門のオペレーションはますます合理化されつつある。「均一性と標準化の追求と、厳格な生産性指標が相まって、人間の判断や直感が入る余地がほとんど残されていません」と、アーヴァートの元従業員は説明している。「知的に難しい作業だったものが、機械的な、ほぼ反射的と呼べるような作業になろうとしています[56]」フェイスブックの元コンテンツポリシー責任者であるデイブ・ウィルナーが「産業化された意思決定[57]」と表現したものを組織するために、フェイスブックは効率を最大化するための職場内ソフトウェアを導入し、2018年にさまざまな国々において、そして契約会社に対して展開した。このソフトウェアはSRT（シングル・レビュー・ツール）と呼ばれ、コンテンツ・モデレーターの作業を構造化する。モデレーターたちは、「暴力的な過激主義」や「裸体」などのトピックで分類された、異なる指示リストに並んださまざまなチケット（モデレーションのタスク）を目にするが、それぞれの優先度は異なる。指示によっては、チケットごとに非常に短い時間（数秒の場合もある）が割り当てられる。ノルマはセクションや場所によって常に変化しているが、常に従業員を追い込む手段であり、解雇の理由にもなっている。たとえば、エッセンにあるフェイスブックのドイツにおける2番目の主要なコンテンツ・モデレーション施設からの情報提供者は、この施設における雇用と解雇の慣習について語っており、そこでは特定の指標に達しない従業員はすぐに選別される[58]。SRTソフトウェアはすべての指標を記録しており、従業員は休憩も記録しなければならない。従業員が数分間活動していない場合、ツールは自動的に彼らのステータスを「非稼働」として管理者に表示する。

モデレーションのタスクが完了すると、その一部がランダムに抽出され、品質保証チームによって監査される。このチームは同じオフィスで働く従業員と、他の場所にあるフェイスブックのオフィスで直接雇用された、より高いランクの従業員で構成されている。品質保証チームは各従業員の正確性スコアを算出し、このスコアはSRTツール上で確認できる。従業員のスコアが一定の水準（多くの場合は98％）を下回ると、彼らは管理者からのプレッシャーにさらされる。アイルランドのダブリンにある下請け会社で働いていた元フェイスブック・モデレーターで、劣悪な労働環境による「トラウマ」についてフェイスブックを訴えているクリス・グレイは、品質スコアを理由に解雇された。彼は品質スコアで98％以上の正確さを達成することが求められており、スコアが閾値を下回ると大きなストレスを感じた。「火曜日か水曜日に出社して、5つのミスを犯してしまうと、どうすればポイントを取り戻せるか、そればかりを考えることになります[59]」パフォーマンス指標が低かったことによる従業員の解雇は、さまざまな国々の多くの請負会社において、標準的な手順となっている。

欧米各国のさまざまな現場や請負業者からの報告はどれも似通っており、そこでは労働者たちが非常にトラウマ的なコンテンツに直面させられる一方で、大きなプレッシャー、ノルマ、そして拡大する標準化を特徴とする労働体制が構築されている。同時に、コンテンツ・モデレーション業務の大部分は、アウトソーシングされた請負業者、特に移民労働者によって行われており、彼らは短期契約しか結んでもらえないのが常だ。これは労働者に対する統制手段であると同時に、需要の変化に対応するための手段にもなっている。したがって、ベルリン、オースティン、ダブリンにあるこうしたコンテンツ・モデレーション施設は、本書を通して分析してきた、デジタル・テイラー主義と柔軟な労使関係の組み合わせが持つ特徴の多くを示していると言える。

ソーシャルメディアの暗部のグローバルな地理

ドキュメンタリー映画『ザ・モデレーターズ』に登場するベテランのコンテンツ・モデレーターは、「今や誰もがインターネットにアクセスできるようになっています。適切にコントロールしないと、そこはポルノ工場になってしまうのです」と語っている。(60) キアラン・キャシディとエイドリアン・チェンが監督したこの短編映画では、インドにあるオフィスで新しく採用されたコンテンツ・モデレーターたちの、入社後1週間の様子が描かれている。このドキュメンタリーに登場する幹部たちはみな、研修コースを担当するベテランのモデレーターと同様、新入社員に対して、これから彼らが行う仕事が社会的に重要なものであることを強調している。

世界中のコンテンツ・モデレーション労働において、もうひとつの重要な層を担っているのが、海外顧客向けコンテンツ・モデレーション業務の受託サービスを提供するインドの企業で働く新入社員たちだ。ベルリン、オースティン、ダブリンにあるソーシャルメディア向けのコンテンツ・モデレーションを行うデジタル工場は比較的新しいが、マニラやハイデラバードでは、こうしたデジタル工場はずっと前から存在している。大手プラットフォームによるコンテンツ・モデレーションのシステムにおいて、フィリピンやインドといった国々へのアウトソーシングは昔も今も欠かせない。グローバルノースの顧客向けのコンテンツ・モデレーション業務の大部分は、グローバルサウスで処理されているのだ。コンテンツ・モデレーションのアウトソーシングは、比較的安い労働コストへ移行することによる追加利益を生むだけでなく、トラウマを負った労働者からの訴訟など、起こり得る問題から欧米企業が距離を取ることを可能にする。

ドキュメンタリーでは、5日間の研修プログラムをこなす新入社員たちが描かれる。研修の後、彼らは各自のデスクに移動してモデレーション業務を開始する。研修のシーンのほとんどでは、大画面の前にいる彼らの姿が映し出され、トレーナーが新しい仕事のルールを説明している。彼らの大半が、新しい仕事について満足しており、インドの急成長するデジタル経済でのキャリアを望んでいる。また彼らは、コンテンツ・モデレーションについてほとんど知識を持っていない。彼らは欧米の出会い系プラットフォームなどの仕事を請け負うことになるため、宗教的な価値観を侵害される恐れがあると、トレーナーから警告される。何日にもわたる研修をこなし、洪水のように押し寄せる典型的な事例を経験する中で、新人たちは滑稽に思ったり、ショックを受けたりと、感情が乱高下するようだ。「私が見た画像は、本当に変だった。私にとってはね。裸とか、いろいろ。これからあんなものを扱うことになるとは思ってもみなかった」と、新入社員の一人が、1週間の研修を振り返りながら同僚に語っている[61]。裸体については、大半の社員は困惑しているようだが、大きなスクリーンに映し出される数々の残酷な暴力描写に、社員たちはショックを受ける。そんな彼らをよそにトレーナーたちは、子供に対する拷問や暴力の描写にはどのようなルールが適用されるのか、注意深く詳細に説明する。

開放的なオフィスに設置された、異なるタイムゾーンを示す複数の時計は、この業務が国際的な性質を持っていることを象徴している。チームは昼夜を問わず働いており、すべてのタイムゾーンにいる顧客に24時間体制のサービスを提供している。出会い系アプリのコンテンツ・モデレーションも彼らの仕事のひとつであるため、このオフィスでの仕事は特に繊細だ。「人々はソウルメイトを見つけようとしてやって来るので、とても傷つきやすいのです」と、あるトレーナーはその仕事の重要性を強調している。そうしたプラットフォームの新規アカウントの最大70％が、詐欺師によって作成されており、彼らはさまざまな方法で他のユーザーを騙そうとする。トレーナーは、自分たちのオフィスで行われている仕事が、出会い系であれ何であれ、ソーシャルプラットフォームの存在の根幹をなすものであることをよく理解している。「モデレーターがいなければ、今日の出会い系業界はオンライン上でこれほど盛況にはなっていないでしょう」と述べている[62]。

「米国人やオーストラリア人と働くのとほとんど同じ感覚」

コンテンツ・モデレーション労働のグローバルな分業において、インドに次いで重要な位置を占めるのがフィリピンだ。IT労働をアウトソーシングする先として最も重要な地域のひとつであるフィリピンには、コンテンツ・モデレーション企業だけでなく、あらゆる種類のデジタルサービスを提供する何千もの現地企業や多国籍企業がある。フィリピンは今日、IT分野における、いわゆるBPO（ビジネス・プロセス・アウトソーシング）の中心地となっている。この業界はフィリピン全土で100万人以上の労働者を雇用し、300億ドル規模の収益を上げている。一般的なサービス業はフィリピン経済の最重要部門となっており、国内総生産の大部分を占めるとともに、労働人口の半分以上を雇用している。(63)

コンテンツ・モデレーションは、さまざまな国々の顧客に提供されるサービスの中でも特に重要なものだ。フィリピンはインドとともに、コンテンツ・モデレーションのアウトソーシングにおいて重要な拠点となっている。たとえばフェイスブックは、ロベルトが働くベルリンのオフィスや、ラトビア、ケニアといった国々の請負業者など、コンテンツ・モデレーションのチームを20か国に分散させているが、同社によれば、インドとフィリピンが最も重要なアウトソーシング拠点だそうだ。フェイスブック以外にも、ユーチューブやツイッターなどの主要プラットフォームはすべて、アクセンチュアやコグニザントといった請負業者を通じて、コンテンツ・モデレーションの一部をフィリピンにアウトソーシングしている。フィリピンには多くの有能な労働者がおり、その多くは大卒で、2つある公用語のうち1つが英語であるため、非常に優れた英語スキルを有している。この比較的安価で有能な労働力が、BPOにおける同国の「サクセスストーリー」の基盤となっているのだ。そしてその過程において、フィリピンはインドを抜いて世界のコールセンターの中心地となり、幅広いＩＴ労働のアウトソーシングを引き寄せることとなった。コンテンツ・モデレーションはその一部に過ぎない(64)。

コールセンターでの労働やコンテンツ・モデレーションには、語学力だけでなく文化的な能力も求められる。この文脈において、植民地支配の過去と独立後の現在は、コンテンツ・モデレーションとコールセンター業務のアウトソーシングをめぐる世界的な競争において、特別な要因となっている。欧米のソーシャルメディアにコンテンツ・モデレーション業務を提供している大手企業の１社であるマイクロソーシングは、フィリピンのデジタル労働者について、比較的安価だが教育水準が高く、忠実で、正直で、勤勉であると評価した上で、「かつての米国の植民地であり、人口の90％がキリスト教徒であるフィリピンには、非常に『西洋化』された文化がある」と指摘している。マイクロソースによれば、フィリピン人と仕事をするのは「米国人やオーストラリア人と働くのとほとんど同じ感覚」だという(65)。

フィリピンが欧米企業のコンテンツ・モデレーションのホットスポットとなった要因には、スペインによる植民地化、その後の米国による植民地化、植民地独立後に言語や教育システムを通じて受けた米国の影響、半導体やその他の電子製品を通じたグローバル市場への参入、そして非常に流動的な労働力（フィリピン人の船員や介護労働者がその好例だ）などが含まれている。フィリピンは米国と文化的に密接な関係を持っており、すべての学校で英語が教えられていて、米国のアクセントが使われていることが多い（これはコールセンター業務において非常に重要になる）。毎年約50万人のフィリピン人が大学を卒業するが、そのほとんどが米国文化に精通しており、米国で働いたり勉強したりした経験があるため、高度な文化的知識を必要とするコンテンツ・モデレーション業務などのＩＴ労働を担える豊富な労働者集団を形成している。さらにフィリピンの人口の圧倒的多数が、スペインによる植民地化の影響からカトリックを信仰しており、これも文化的価値観が関わる問題、特にポルノのような難しい判断が要求される事例において、重要な要因となっている。このことはアウトソーシング業務、少なくともその一部は、誰にでもできるものではないことを示している。たとえば画像の分類など、比較的簡単なコンテンツ・モデレーションもある。しかしその多くでは、高度な能力が要求される。コンテンツ・モデレーターは業務を遂行する際、複雑な規則や外国の法規制、また自国のものではない文化的規範や嗜好などに、時には外国語を使って従わなければならない[66]。このプロセスにも、本書で見てきた仮想移民の特徴がよく表れている。労働者は自国に留まりながら、他国の文化的、法的、そして時には時間的な枠組みの中で働き、現実世界の移民と同様に、文化、社会、法律上のさまざまな問題に直面するのである。

フィリピンにはマジョレル（旧アーヴァート）、タスクアス、マイクロソーシングのような大規模なコンテンツ・モデレーション・プロバイダーだけでなく、多くの小規模な業者も存在している。これらの企業が雇用する労働者数は、数百万人に達すると推定されることもある。フィリピンの基準で言えば、多くのコンテンツ・モデレーターは、ＩＴやカスタマーサービス分野の他のＢＰＯワーカーと同様に、比較的高い賃金を得ている。そのほとんどが大卒の若者で、中間層や貧困層出身の女性が多いのが特徴だ。大半はマニラ近郊の大きなオフィスで働いているが、他の地域に開設された、多くのＩＴ・ＢＰＯ企業が利用する新しいテクノロジーパークに勤務する者もいる。比較的高い給料と、近代的なITビジネスパークにある空調の効いたオフィスのデスクで働く多くのコンテンツ・モデレーターは、BPO部門の他の多くのデジタル労働者と空間的・社会的に近い場所に位置している。

しかしコンテンツ・モデレーションには特別な点がある。その業務に就く者は、自分たちの文化とは異なる文化の暗黒面に常に直面し、仕事が感情的に耐え難いものになるのだ。毎日6000枚もの写真や1000本ものビデオを閲覧し、その多くに残虐な暴力やポルノが含まれている。そのため多くの従業員は心に傷を負い、精神障害を抱えることになる。ワシントン・ポスト紙の取材に応じた、ツイッター社の請負会社で働くモデレーターは、「シフトが終わる頃には、頭がくたくたになって考えることさえできなくなっています」と語った。マニラに住むこの労働者は、時折、自爆テロや交通事故の犠牲者になる夢を見ると語り、次のように締めくくった。「この仕事をするには、強い人間でなければならないし、自分自身をよく知っていなければなりません[67]」従業員からは、うつ病、睡眠障害、さらには情緒や性的な問題が報告されている。また、児童ポルノを見すぎて被害妄想に陥り、子供を誰かと二人きりにすることが難しくなったという若い労働者もいる[68]。コンテンツ・モデレーションが長期的に人間の心理に与える影響については、実質的な研究が行われていないため、こうした労働形態が長期的にどのような影響を及ぼすかを予測することは難しい。

フィリピンの労働力は欧米の基準で見れば安価だが、コンテンツ・モデレーションはより複雑な問題解決を必要とする専門職であることに変わりはない。フィリピンへのアウトソーシングは、コンテンツ・モデレーションの次のレイヤー、つまり賃金水準がより低い国や、クラウドワーク・プラットフォームを通じて世界中の労働者にアウトソーシングするよりも、依然としてコストがかかる。ほとんどのソーシャルメディア・プラットフォームでは、コンテンツ・モデレーションのシステムについて極めて秘密主義的であるため、コンテンツ・モデレーションの何割がクラウドワーキングを通じて行われているかを推定することは難しい。たとえば、クラウドワーク・プラットフォームから流出したマニュアルは、過去にフェイスブックがコンテンツ・モデレーションにクラウドソーシングを利用していたことを示しているが、現在も利用しているかどうか、どの程度利用しているのかは定かではない。しかしさまざまなクラウドワーク・プラットフォーム上で、さまざまな形態のコンテンツ・モデレーション業務が多数募集されていることから、少なからぬ量のコンテンツ・モデレーション労働が、世界中に散らばるクラウドワーカーによって依然として行われていると考えられる。多くのクラウドワーカーが、投稿されるコンテンツのリアルタイム判定や、品質管理、コンテンツ・モデレーション・アルゴリズムの訓練など、明らかに何らかのコンテンツ・モデレーション業務の一部と思われるタスクを担当していると報告している。

インフラ化

コンテンツ・モデレーターの労働は、ソーシャルメディア・プラットフォームがいかに労働集約的であるかを浮き彫りにしている。ユーザーからは見えないところで、世界中に分散している多様なデジタル労働者のグループが、絶え間なくソーシャルメディアを清掃しているのである。プラットフォームのアルゴリズム・アーキテクチャーにほぼシームレスに統合された彼らは、フェイスブックのようなソーシャルメディア・ネットワークを支える複雑なインフラの一部となっている。この労働力を生み出しているのは、大企業の法務部に所属する高資格・高給の専門家と、世界中にいるアウトソーシングされた不安定な労働者たちだ。特に後者のグループは、デジタル・テイラー主義の一例として説明することができる。彼らはアルゴリズム・システムに緊密に統合され、その労働はコンピューター・システムによって組織化され、AIの隙間を埋めている。彼らの労働は非常に反復的で、退屈であることが多いが、感情面では非常に負担が大きく、不安定な状況の下で行われる。ベルリンのシリア難民であれ、マニラの若い大卒者であれ、チュニスのクラウドワーカーであれ、北米の田舎で在宅勤務している母親であれ、コンテンツ・モデレーションの労働は、国際分業と労働の地理を複雑で多面的なものへと変えてきた。コンテンツ・モデレーション労働はフェイスブックや他のソーシャルメディアに限定されているわけではなく、コメント欄のある新聞、チャットルーム、オンラインゲーム、出会い系サイトなど、ユーザー間のやり取りや何らかのユーザー生成コンテンツを許可するさまざまなウェブサイトでは、コンテンツ・モデレーションに人間の労働力が必要となる。そうした「デジタル清掃員」は、インターネット（とりわけソーシャルメディア）の政治・経済に対する影響力において重要でありながら、ほとんど隠された存在である。

フェイスブックやグーグルのような企業は、その収益や重要性に比べて、直接雇用している従業員の数が少ない。しかしこの中核となる労働力の周囲には、彼らのプラットフォームを成立させる労働者たちが同心円状に広がっている。プログラマー、レイター、ハードウェア・エンジニア、コンテンツ・モデレーターの労働は、ソフトおよびハード両面のインフラの背後に隠れていることが多く、しばしばこれらのインフラと一体化している。多くの場合、彼らは下請け、外注、あるいは個人宅での在宅勤務という形で働いているが、それにもかかわらず、厳しい管理と規律の下に置かれていることが特徴となっている。したがって彼らの労働からは、工場が空間的に拡散していることと、デジタル資本主義の多くの現場において、工場の図式的機能が依然として重要であることの両方が見て取れる。

この労働は各種のプラットフォーム、特にフェイスブックやグーグルのそれが日常生活において欠かせないインフラになることを目指す試みにおいて、重要な要素となっている。日常生活に溶け込み、かけがえのないインフラとして定着することが、多くのプラットフォーム戦略の核となっている。この戦略的展望は、フェイスブックやグーグルといった巨大プラットフォームにおいて非常に顕著だが、アマゾンなどでも例外ではない。ケンブリッジ・アナリティカのスキャンダル以降、フェイスブックの悪評は続いているが、それでもユーザー数を減らしていないのは、今日のフェイスブックが「インフラとしてのプラットフォーム」であるからだ。[69]あらゆる悪評や世間の詮索にもかかわらず、フェイスブックは世界的にユーザーを増やし続けており、日常生活に溶け込む努力を続けている。

第6章 工場としてのプラットフォーム――結論

1916年、ベスレヘム・スチール・カンパニーはメリーランド州ボルチモアに進出した。当時からすでに、同社は鉄鋼と造船において米国で最も重要な企業のひとつとなっていたが、この年にボルチモアの南東にある半島、スパローズ・ポイントの製鉄所とその敷地を購入したのである。さらに近くにあった農地を購入し、アイルランドにある町にちなんでダンドークと名付け、労働者向けの町を建設し始めた。その後数十年にわたって、ダンドークは工場で働くためにやって来た多くの移民労働者たちを引き寄せ、1960年代には10万人以上を抱える町へと成長した。[1] この頃、ベスレヘム・スチールは絶頂期を迎えており、世界最大級の製鋼メーカーおよび造船会社のひとつとなっていた。20世紀半ばには、同社は数十万人の労働者を雇用するまでに成長。ゴールデンゲートブリッジ用の鋼鉄部品を製造したり、第2次世界大戦の真っ只中には1日に1隻の船を建造したりするなど、1世紀以上にわたって小さな町の中心に君臨した。[2] 当初の敷地にはその後、ボルチモアの工場団地など他の工場が加わり、最盛期にはこの地だけで3万人以上の労働者が雇用されていた。

フレデリック・W・テイラーは、ベスレヘム・スチールの成功に大きく貢献した。科学的管理法の父と呼ばれる彼は、1898年にベスレヘム・スチールに入社し、同社の機械生産能力の問題を解決した。当時からすでに、テイラーは広く知られる存在だった。彼の合理化戦略や管理手法は、工場の経営者や管理者の間で広く関心を集めており、労働者や労働プロセスの精密な研究によって生産を合理化しようとするその取り組みが、大きな注目を集めていた。ベスレヘム・スチールは、テイラーの最も重要な研究のひとつであると同時に、彼の最も重要な出版物に登場する事例にもなった。「シュミットと呼ぶことにする男」の物語は、テイラーの「科学的管理法」の核心をなすものであり、その中で彼はベスレヘム・スチールで銑鉄《せんてつ》を扱う作業員を例に、さまざまな規律やインセンティブの手法を用いた実験について記述している。(3) これは、労働プロセスに関する体系的な知識の収集、その知識の管理職による独占、労働者のあらゆる動作に対する厳格な統制を基盤とした、テイラーの管理理論の発展における重要な一歩である。計画と実行の分離、作業の分解と標準化、労働者の精密な監視は、ワークフローを合理化する上で極めて重要であっただけでなく、労働者の抵抗を組織的に断ち切る試みだったと見なす必要がある。

科学的管理法、つまりテイラー主義は、ベスレヘムや他の生産施設におけるテイラーの仕事の成果として語られることが多い。逆にテイラー主義は、米国や欧州ですでに見られていた動きに名前を与えただけだと主張する人もいるかもしれない。テイラーが採用したような管理手法は、ある種の技術的発展、分業の進展、生産プロセスのさらなる社会化という文脈の中でしか生じえなかった。テイラー主義がテイラーの天才的な才能の産物なのか、それとも単に社会技術的な幅広い発展の結果なのか、依然として議論の決着はついていない。(4) いずれにせよ、テイラーとベスレヘム・スチールという名前は、工場生産の発展と資本による労働の支配において、工場が社会の中心へとさらに進出するという重要なステップを象徴するようになった。

しかし今日、ベスレヘム・スチールは過去のものとなっている。同社は長い衰退期を経験したのち、2000年代初めの倒産をもって終焉を迎え、米国における工業生産の終焉を象徴する最も顕著な事例のひとつとなっている。かつては北米の製造業の力を象徴していた、ベスレヘムの主力工場にあった巨大な5つの溶鉱炉は、現在はエンターテインメント地区の背景として機能しているだけだ。ボルチモア南東部のスパローズ・ポイントもまた、大きく変貌し、現在は物流拠点となっている。かつてダンドークにあったベスレヘムの工場の跡地には、現在は新しいタイプの工場である、アマゾンの配送センターが建っている。

ベスレヘムからアマゾンへ——テイラー主義の過去と現在

通りの向かいにあるもうひとつのアマゾンの倉庫は、ゼネラルモーターズの工場跡地に建設された。これもまた、象徴的な産業の引き継ぎの一例だ。ボルチモアにあるアマゾンの2つの倉庫で働く4500人の労働者の賃金は、労働組合に加入していたゼネラルモーターズの従業員たちの約半分でしかない。しかしそれでも、その給与水準は工業の衰退と高失業率に揺れるこの都市において、業界平均を上回っている。アマゾンの配送センターでパートタイムの仕事しか確保できなかった労働者の多くは、市から支給されるフードスタンプに頼らざるを得ない[5]。ボルチモアの配送センターでは、世界中の他のアマゾンFCと同様に、従業員は厳しい労働体制に従っている。ベスレヘム・スチールでテイラーが行った実験と比べればかなり高度化しているが、その論理と原則には明らかにテイラーの影響が垣間見える。

今日のアマゾンは、労働の組織化、測定、および規律に関して、デジタルテクノロジーにますます依存するようになっている。そのソフトウェア・アーキテクチャーは、関連するすべてのプロセスを統合的に把握し、可能な限り多くのデータを抽出することを目指しており、時間と空間における人とモノの移動を加速し、より効率的にするために設計されている。したがってソフトウェアは、物流における人間の労働力の組織化にとっても極めて重要だ。ボルチモアやその他の場所にあるアマゾンの配送センターは、ソフトウェアの飽和状態にある。各従業員の生産性は自動的に測定され、他者と比較される。そしてノルマに達しない者は解雇される。ある労働紛争の中で公開された文書によると、アマゾンはボルチモアの新しい施設において、わずか1年の間に、生産性が低いという理由で少なくとも３００人の労働者を解雇している。技術系ニュースサイトのザ・ヴァージが入手した文書によると、アマゾンのアルゴリズム・システムは各従業員の生産性を追跡し、それが基準を下回っている場合には、自動的に警告や解雇を行う[6]。デジタル技術はテイラーの概念を先鋭化し得るようだ。ある意味で、デジタル技術による労働プロセスの測定は、科学的管理の歴史的な悲願を達成したと言えるものであり、その労働者の身体についての精密な研究は、データマイニングの先駆けと評されてきた[7]。

本書を通じて、私は「デジタル・テイラー主義」という言葉を使い、仕事の標準化、分解、非熟練化、自動化された管理と人間による計算処理、アルゴリズムによる協働、デジタル計測、労働の監視など、労働の世界全体に現れている、関連する動きを概念化してきた。これらはすべて、本書の各章で取り上げた事例において、さまざまなバリエーションや組み合わせで見られる、新たな労働傾向の要素である。私の理解では、「デジタル・テイラー主義」という言葉は、20世紀の科学的管理の単純な復活や継続を表現しているのではない。それはむしろ、デジタル技術によって、いかにテイラー主義における重要な原則が新たな方法や文脈で、動員され、刷新、再結合し得るかを概念化するために使われている。違いは数多くあるが、そのひとつの例として、管理の時間性が挙げられる。テイラーやフランクおよびリリアン・ギルブレスらは、研究と生産プロセスの改良の間を行き来していたが、デジタル・テイラー主義の領分は、リアルタイムの制御・フィードバック・修正システムである。その意味で、センサー、ネットワーク化されたデバイス、統合されたソフトウェア・アーキテクチャーに基づくアルゴリズム管理の重要性の高まりは、問題のリアルタイム管理と修正を目指す、一種のサイバネティック・テイラー主義と解釈できる(8)。さらにネットワーク化されたデバイス、センサー、アプリは、テイラーが行った時間と動作の研究を、工場や流通センターの閉鎖された空間から、物流都市という都市空間へと移行させた。アマゾン・フレックスやUPSのドライバー、自転車宅配業者、その他のラストワンマイルを担う労働者も、ますますソフトウェアによって管理・監督されるようになっている。したがってデジタル・テイラー主義は、もはや工場という規律的な建物に縛られるものではなくなった。実際に今日のデジタル工場は、さまざまな形態を取り得る。

アマゾンの物流センターの従業員、フレックスの配達員、メカニカル・タークのクラウドワーカー、そして中国のゴールドファーマー、フェイスブックのコンテンツ・モデレーター、グーグルの検索エンジン評価者《レイター》、そして本書の冒頭で言及した書籍のスキャナー。彼ら全員が、今日のデジタル工場で働く労働者たちだ。デジタル工場という概念は、本書の中核をなすものであり、いまデジタル技術が引き起こしている労働の変容の中で、特定の傾向に光を当てることを目的としている。それはつまり、現代の資本主義を工場の終焉によってではなく、工場の変革、増殖、そして一般化によって理論化するというアプローチだ。本書の各章では、デジタル技術が創造性や自律性ではなく、反復、分解、統制を特徴とする労働体制を生み出す現場に焦点を当てている。デジタル技術がこのような労働形態を生み出しているのだが、それがいかに起きているかについては、デジタル資本主義の現在を理論化する際や、非物質的、創造的、あるいは認知的労働の批判的理論を形成する際には、通常重視されていない。本書は、このような議論であまり取り上げられない労働現場に光を当て、デジタル化された状況下における社会的協調、そして労働の分割と多数化の実態を、より包括的に明らかにしようとしてきた。

いまやデジタル技術によって、工場という閉ざされた空間の外でも労働プロセスの厳密な組織化、管理、測定が可能になっている。そのためデジタル工場も、非常に多様な形態が見られる。それはボルチモアにある巨大なアマゾンの配送センターかもしれない。世界中の数十万人の在宅労働者を組織する、クラウドワーク・プラットフォームかもしれない。あるいは中国のどこかにある、24時間稼働するコンピューターでいっぱいの、巨大なゴールドファーミング工場かもしれない。デジタル工場という概念は、これらの現場の間にある違いを否定するものではない。たとえこれらの現場が、デジタル・テイラー主義という枠組みが生きてくるほど多くの共通点を有しているとしても、この視点は、それらの間の重要な違いを平準化しようとするものではないのである。

さらにデジタル技術は、科学的管理を特殊な形で実現しただけでなく、さまざまな場所でまったく異なる労働形態を生み出した。デジタル技術が労働の世界に与える影響は多種多様な形で現れるため、それは広範囲にわたり、単一の公式で捉えることが困難であることを強調しておきたい。そこで本書では、労働のデジタル変革という問題にアプローチする際、二重の予防措置を講じた。第1に、ある特定の労働形態を、デジタル資本主義における唯一の、または支配的な労働の形態と見なさないように注意した。むしろ、著しく異なるいくつかの労働形態が互いに及ぼしあう影響を、一般的な資本主義や、特に現代的に変化した資本主義にとって重要なものとして前面に打ち出した。デジタル・テイラー主義は現代の労働世界における重要な傾向だが、それは異なる特徴を示す他の労働形態と共存しているし、共存しなければならない。第2に、現代の労働形態の絶対的な新規性を宣言することを避け、むしろ以前の労働形態の継続や残響、および再構成を探求した。

工場としてのプラットフォーム

アマゾンは、ボルチモアでも、他の都市でも、都市生活の基盤に深く組み込まれている。彼らは民間企業や公共機関にクラウド・コンピューティングを提供し、食料品店を所有し、ロッカーが市内各所に設置されている。アマゾンのオンライン・プラットフォームは、この地域のビジネスのあり方を変えた。今では、地元の企業がアマゾンのプラットフォームと配送ネットワークを通じて商品を販売できるようになっている。この配送ネットワークは多くの異なる要素で構成されており、その成否を握るかどうかが、そこにはボルチモア・ワシントン国際空港に駐機しているアマゾン・プライムエアのジェット機のほか、アマゾン・フレックス・プログラムを通じて自分の車を使って荷物を配達するギグワーカーたちも含まれる。同時に、プライム・ビデオは映画やドラマシリーズを制作し、顧客とプラットフォームとの結びつきを強めようとしているほか、ヘルスケアサービスやホームオートメーションにも進出している。アマゾンは、現代都市のさまざまな領域において重要な存在となっている。これは、現代のプラットフォーム・アーバニズムの台頭の表れであり、そこではアマゾンをはじめ、ウーバーやエアビーアンドビーなどのプラットフォームが、重要な都市インフラになろうと躍起になっている。(9)

アマゾンの目標は明らかに、日常生活における代替不可能なインフラになることだ。これは、アマゾンとフェイスブックのような、まったく異なる分野で活動する企業を結びつける特徴である。さまざまなプラットフォームにおいて、異なるがしばしば類似した方法で、インフラになるという戦略が取られているのだ。この種の戦略は常に独占的な地位を目指し、拡張していくという性向を持つ。ドイツの社会学者フィリップ・シュタープは、デジタル資本主義の決定的な特徴は、アマゾンのような企業が市場で支配的な力を持つだけでなく、市場そのものになるのを目指していることだと論じている。彼らの目標は、市場を所有する大企業によって取引のルールが決定される、新しい種類の「独占市場」を作り出すことである。[10] アマゾンのeコマース・プラットフォームは、その最たる例だ。アマゾンの例はまた、この戦略が配送センターやデータセンター、貨物用ジェット機など、さまざまな物質的要素にどれほど依存しているかを示している。アマゾンは自社を、アルゴリズムの魔法とシリコンバレーの天才プログラマーたちによって運営されるテクノロジー企業であるかのように見せたいのだろうが、本書で取り上げてきたさまざまな現場が明らかにしているように、アマゾンやグーグル、フェイスブックのようなプラットフォーム企業はすべて、広範な物質的インフラと多様な労働力に依存している。

こうした労働の担い手の大部分は、柔軟かつ不安定な雇用形態で働いている。デジタル工場が持つ新しい特徴は、労働プロセスの緊密な組織化と、契約上の柔軟性や臨時労働を組み合わせられるところにある。実際に本書の各章では、アルゴリズムによる管理やデジタル監視の手段が、柔軟な労働力の管理を可能にする様子を、さまざまな状況とともに示してきた。そうした労働力は必然的に、より多様なものとなる。デジタル工場のさまざまな事例を通じて、労働プロセスの標準化が人間の労働力の多様化を推進し、そこから利益を得るいくつもの方法を観察できる。このような労働の多数化は、多くの現場で目にすることができる。たとえばアマゾンの倉庫では、標準化とアルゴリズム管理に関する各種のテクノロジーによって、トレーニング時間が短縮され、管理の可能性が高まることで、サプライチェーンの不測の事態に対応するための柔軟で短期的な労働力の確保が可能になる。季節労働、短期契約、アウトソーシングは、アマゾンの配送センターにおける労働形態の重要な構成要素となっている。

しかしこのような論理を最も過激な形で生み出しているのは、デジタル・プラットフォームである。アマゾンの配送センターから顧客までのラストワンマイルにある荷物を追ってみれば、プラットフォーム労働の台頭がはっきりと理解できる。オンデマンドの論理がかつてない広がりを見せる中で、配送のラストワンマイルにおける物流プロセスはますます重要性を増しており、スピード、柔軟性、効率性に対する要求が高まっている。この分野では、アプリベースの労働形態が特に普及しており、それが物流業務のラストワンマイルをギグエコノミーの最前線としている。アマゾンの配送プログラムであるフレックスのようなプラットフォームが、都市部の物流とモビリティの分野で重要性を増していることは偶然ではない。柔軟で拡張性の高い労働力の確保というニーズが、フレックスやウーバー、デリバルーなどのプラットフォームの台頭に拍車をかけており、都市物流をはじめとするさまざまな分野でプラットフォーム労働の存在感を高めている。

現在、プラットフォーム労働は次々と新しい分野に進出している。ウーバーのようなタクシーサービスから、デリバルーのような食品宅配サービス、清掃サービスを仲介するプラットフォームであるヘルプリング、アマゾン・メカニカル・タークのようなあらゆるデジタル作業を扱うプラットフォームまで、労働の社会的分業と日常生活において、デジタル・プラットフォームが関与していない領域はほとんどない(11)。デジタル・プラットフォーム上でのアプリベースの仕事は、一方で労働プロセスのアルゴリズムによる組織化、指示、監督、もう一方で柔軟な契約形態を特徴としている。多くの点で、現代の典型的なデジタル工場はプラットフォームなのかもしれない。

プラットフォームを介して、フードデリバリーやハウスクリーニング、タクシー運転をしている労働者と多くの共通点を持っている人々がいる。クラウドソーシング・プラットフォーム上でオンライン作業をしている労働者もまた、柔軟かつスケーラブルなオンデマンド労働を提供している。アマゾンのジェフ・ベゾスの言葉を借りれば、彼らは「サービスとしての人間（ピープル・アズ・ア・サービス）」なのだ。ここで「サービスとしてのソフトウェア（ソフトウェア・アズ・ア・サービス）」のアナロジーが使われているのは偶然ではない。クラウドワークにおける労働は、しばしばアルゴリズムのインフラの背後に隠され、複雑なソフトウェア・アーキテクチャーに組み込むことができるように組織される。また労働者間の協力は、アルゴリズムによるタスクの分解と再構築によって、自動的に組織化されている。クラウドソーシング・プラットフォームは、デジタル工場が変異したもので、デジタルによるタスクの分解、自動化された労働管理、そして監視の仕組みによって、労働者を空間的にも主体としても均質化する必要がなくなり、非常に多種多様な労働者を取り込むことが可能になっている。

これらのインフラは、以前は賃金労働で働かせるのが困難であったり、不可能であったりした人々を新しい労働者集団として開拓し、デジタル工場の労働力をさらに多様化させている。クラウドソーシング・プラットフォーム上では、インドのソフトウェア・エンジニアが、職を失ったモロッコの若者、北米の元受刑者、ドイツのシングルマザー、困窮しているスペインのフリーランサー、若いフィリピンの大卒者たちと一緒に働いている。ＩＴ業界でのキャリアを望む人もいるが、多くは本業の収入を補うための副業を必要としている人々で、わずかだが単に楽しむためにやっている人もいる。クラウドワークは、グローバルサウスにおける新たなデジタル労働資源を、インフラとして利用可能にするための「リスト化」を進めるプロセスの一翼を担っており、性別による分業の偏りをデジタル的に再構成することにも関与している。コンピューターを通じた在宅勤務が可能になったことで、これまで家事や介護労働を担ってきた人々（多くの国々では依然として女性が中心となっている）も、デジタル賃金労働者になることが可能になった。ここにおいて、デジタル技術は単に労働プロセスを変えたり、労働者管理のための新しい方法を開拓したりしているだけでなく、社会的・世界的な分業を根本的に再構築している、より大きな変革の一部であることがよくわかる。

しかしプラットフォーム労働の効率性は、単にデジタル技術の問題というだけでなく、柔軟な契約やさまざまな形態の出来高払いの問題でもある。時間制の賃金よりも出来高払いの方が、労働プロセスの直接的管理を容易に無用にできるのは、労働のペースと強度が直接的に報酬額に結びつくからだ。こうして、労働者の能力を最大限利用したい雇用者と労働者との対立において、労働者は押し切られてしまう。これはある程度まで、作業の標準化に基づいているが、労働履歴を管理するツールとしての、労働者の自動管理システム（たとえば「評判」、すなわち過去のクライアントの満足度をデジタル技術で測定するシステム）に基づく場合も多い。出来高払いのデジタル・ルネサンスによって流動化した時間は、労働の柔軟化と強化の両方の重要な要素となっている。

デジタル技術によってこのような労働関係が存続することになるが、複数の柔軟な雇用形態が歴史的にどのような発展を遂げてきたのかを考慮することが重要だ。たとえば出来高払いは長い歴史を持っており、テイラーはベスレヘム・スチール社で生産性向上を目指して出来高制を試していた。

プラットフォーム労働は、まったく新しい突発的な現象としてではなく、他の臨時労働形態の文脈で見るべきである。ギグエコノミーに典型的な労働関係の台頭は、単に破壊的なテクノロジーの結果として理解すればよいというものではなく、デジタル以前からのより広範な進展傾向の中で見る必要がある。特に、労働関係の柔軟化と不安定化、そして極めて多様な状況における移動の慣行という文脈の中に位置づける必要がある。ロジスティクスは、この柔軟で可変的、かつ非公式な契約取り決めの長い伝統を示す格好の例であり、それゆえギグエコノミーをめぐる現在の議論を歴史的な観点から位置付けるのに役立つ。出来高払い、日雇い労働、そして非公式な取り決めといった歴史は、デジタル技術が登場するずっと前から始まっていた。したがってプラットフォーム労働の置かれた状況を明確にするには、派遣労働や斡旋労働のような現在の観点と、女性が行う出来高払いや日雇いの内職（こうした労働形態は現在、プラットフォームによってデジタル化されつつある）の歴史的な観点が必要になる。このような形態の臨時労働は、歴史的に常にジェンダー化され、かつ、移民や移動労働者に偏った形で行われている。

そのため、今日のギグエコノミーのさまざまなプラットフォームで働く労働者の大半が移民労働者であるのも偶然ではない。今日、移民労働者や人種的にマイノリティの労働者は、デジタル工場のオンデマンド労働力の重要な担い手である。ギグエコノミー全体において、デジタル技術によって組織化された労働プロセスは、さまざまな形で移動労働力と結びつき、世界中の都市で多くの移民プラットフォーム労働者を生み出している。柔軟性や不安定性、賃金、言語などさまざまな要因によって、プラットフォーム労働がどのようにして階層化された労働市場に組み込まれ、多様な移住ルートやプロジェクトと結びつくのか、どの程度、他の仕事中の待機期間を埋め、他の賃金労働や雇用形態を補完するのかが決まってくる。デジタル工場の労働力は柔軟で、非常に移動性が高いのである。

移動労働者、柔軟になる境界、分散化する紛争

デジタル・インフラの観点から見た、労働の地理的分布とその再編が、本書で労働の変容を検討していく中で、考慮してきたもうひとつの重要な方向性である。デジタル時代では、物流やデジタル・インフラだけでなく、労働者の移動そのものによるグローバル空間の再編成が主な要因となって、グローバルな階級の再構成が起きる。今日、移民に分類される人々は何億人も存在している。言うまでもなく、こうした移動性の高い人々もまた労働者であり、彼らの移動性がグローバル資本主義の過去と現在を形作っているのである。

高給取りのプログラマーから農業の非正規労働者まで、あるいは出稼ぎのプラットフォーム労働者から中国のバーチャル移民まで、今日、労働における移動が非常に多種多様な形態を取っていることを考えれば、その重要性を過小評価することはできない。グローバル経済の全部門が移民労働者の搾取に依拠している一方で、富の蓄積に対する挑戦であり続けているのは、まさにこうした労働者がもつ移動性である。「移民の自律性」と、人の移動を阻止したり、誘導したりするための道具（それは差別化され、暴力的なものであることが多い）は同じくらい、重大なものだ。[12]このよう

な統制装置が機能することで、不法就労からあらゆる形態のビザや許可証の受領に至る、移民労働者の特別な地位（または、多種多様な特別な地位）を生み出し、今度はそれが、移民労働者という異質な集団の多様な地位を活用して新たな形態の蓄積を生み出すことにつながる。これは、資本の蓄積において、境界が持つ生産的な力と戦略的役割をなすものである。そして、その戦略的役割は本質的に不完全で、常に異議が唱えられている。その異議申し立ては、何よりもまず移民自身によって行なわれ、さらに、境界における紛争のさまざまな現場において、また世界各地の労働紛争で彼らの役割を通じて行われている。[13]

デジタル・インフラとそれによる空間の再編もまた、このような移民の姿の多様化に関与している。現代においては、排除か包摂かの二項対立ではなく、仮想的、時間的、部分的な移民といった複数の移民形態が見出される傾向にある。それらは、サンドロ・メッザードラとブレット・ニールソンの言葉を借りれば、「差別的な包摂」の重複した地理と結びついている。[14] この移民の多様化のバリエーションのひとつが、中国のゴールドファーマーの姿に体現されている。ゴールドファーマーは、都市部への国内移民であると同時に、西側諸国に設置されているワールド・オブ・ウォークラフトのサーバーへの仮想移民でもあると言える。この例が示しているのは、デジタル・インフラとコネクテッド・デバイスが経済的・労働的地理を再構成し、新たな空間構成を生み出すという新しい現象だ。デジタル技術は、（経済）空間の絶え間ない再構成と再形成を担う要素の一つであり、新しいつながりと近接性、そして新しい断片化と境界を生み出す。ゴールドファーミングのシャドーエコノミーは、どこからでもゲームに接続できる手段と、接続する人々の間にある不平等が土台となっている。オンライン・ロールプレイング・ゲームのデジタル空間は、新しい接続、新しい経済、そして新しい労働の地理を開くが、グローバルなコミュニケーションの円滑な空間を生み出すわけではない。この経済へ参入することは、ゲームへのアクセス元であるローカルな空間に根づくものでありながら、同時にそれらアクセスポイントが織りなす空間的な配置を変容させている。

ワールド・オブ・ウォークラフトのようなオンラインゲームは、接続性と境界が同時に拡散している好例だ。欧米人のプレイヤーが多いサーバーでは、中国人やベネズエラ人のデジタル労働者が仮想移民となり、その労働は人種や民族と強く結びつけられている。これは、仮想移民が実世界における移民と共有する多くの類似点のひとつに過ぎない。仮想移民によって生じる新たな経験や地理は、インフラだけで決まるわけではない。教育、言語、文化もまた、潜在的な労働者をめぐる重要な要素となっている。フィリピンはまさにこうした要素が追い風となって、デジタル・ソーシャルメディア向けのコンテンツ・モデレーションの世界的な中心地となった。フィリピンは植民地時代と独立後の歴史を経験したことによって、英語話者かつカトリック教徒で、北米文化に精通した労働者が大勢存在しており、そのため欧米ソーシャルメディアのコンテンツ・モデレーションを行うのに非常に適している。彼らの労働からは、仮想移民に固有の感情的な側面をはっきり読み取ることができる。

「仮想移民」という用語は、「人々の国境を越える物理的な移動」という移民の定義を否定し、複雑にすることで、移民研究の新たな糸口を開く。このような新しい形態のデジタル移動は、概念的、法的に、また実体験や主体化、そして人種差別構造の再編という観点から、どのように理解されるべきなのだろうか？　デジタル技術は今日、特に短期労働の領域において、移動慣行のかなりの部分を生み出し、構造化し、形成しており、そのため、移民に関する基本的な概念や理論の見直しの必要性が指摘されている。[15]

デジタル工場は、移民労働者によって特徴付けられてきたように、世界中で多発している、労働紛争によっても特徴付けられる。米国では、ソマリアからの移民労働者の集団が、米国本土のアマゾン配送センターで最初のストライキを起こした。２０１８年のクリスマスシーズン中、ミネアポリス・セントポール空港近くの配送センターで起きたこのストライキは、おそらくアマゾンの本国の倉庫で起きた初めての組織的なストライキであり、「東アフリカ労働者の力を強化する（Building East African worker power）」をスローガンとするアウッド・センターという団体によって組織された。この移民労働者集団は、米国で初めてアマゾンに対するストライキを組織しただけでなく、経営陣に交渉を強要し、一定の成果をあげた最初のグループとなった。[16]北イタリアの物流倉庫でのストライキや紛争から、パリのウーバー運転手やデリバルー配達員による抗議行動、耐え難い労働条件に抗議するアーヴァート社ベルリンオフィスのコンテンツ・モデレーターに至るまで、デジタル工場での労働紛争はしばしば移民労働者によって担われている。この傾向は注目に値する。というのも、彼らは臨時契約で働いているだけでなく、居住状況が不安定であることも相まって、雇用主からの報復に晒されやすいという、特に脆弱な状況に置かれていることが多いからだ。

一般的に言って、デジタル工場における闘争、およびデジタル工場への反対運動は非常に異なって見え、拒否を示す黙示的な態度から全面ストライキに至るまで、さまざまな形態を取っている。階級の異質化と分断化が、多様で断片的な闘争をもたらすのは不思議ではない。巨大な工業工場の「終焉」によって、明確な対立の主体とともに、政治的確実性も失われた。それゆえ、そのような主体の再考と再構成に、多くの政治的および理論的努力が注がれている。労働のあらゆる次元での多数化は、理論化と組織化に新たな課題を提起している。しかし理論化と組織化は依然として、標準的な雇用形態という規範モデルを指向することが多い。さらに労働組合は、生産現場がますます多くの国にまたがって、法規制や管轄権が不透明なことの多い状況に直面している。主要な労働組合にとって、さまざまな形態のフリーランスの拡大を甘受しながら、適切な闘争手段を開発することは多くの場合困難だ（とはいえ、近年この方向に向けて多大な努力をしてきた）。場合によっては、北イタリアの物流倉庫からデリバルー、フードラ、その他のプラットフォームの宅配ドライバーによるさまざまなストライキや抗議行動のように、小規模な草の根組合の活動の方が、制限が少なく革新的であることが多いため、新しい状況に適応することができる。

デジタル工場が空間的に分散していることもまた（デジタル工場はクラウドワークの例のように、空間的に離れた場所にいる何万人もの労働者が同時に作業を行う工場である）、多くの場合、集団的紛争を進める上での障害となっている。労働者が一つの屋根の下という工場環境で働いていれば、集団性が多少は自動的に生まれる。しかし多くのデジタル工場においては、さまざまなプラットフォームの事例が示すように、集団性は積極的に生み出す必要がある。これは労働者がそれぞれ異なる大陸にいるというだけでなく、より重要なのは、同じプラットフォーム、同じタスクで仕事をしても、労働者たちが経験する状況がまったく異なるからである。契約の柔軟化や、多様なアウトソーシング形態、臨時労働、非正規労働の取り決めもまた、明らかに労働者集団を分断する力になっており、こうした仕組みには多くの場合、労働紛争を抑止するという明確な目的がある。そこへいくと、アマゾンの物流センターは、企業が派遣労働を戦略的に利用している好例だが、同時に、労働者がこうした困難な状況を克服して、さまざまな形で抵抗するのが可能な例でもある。

労働紛争を成功させるために重要なのは、デジタル組織化の新しいツールを開発することである。おそらく再び、分散した独立請負業者で構成されるクラウドワーク・プラットフォームが、この課題の好例となるだろう。先に挙げたような極めて困難な状況にもかかわらず、クラウドワーク・プラットフォームの周りでいかに効果的に組織化を進めるかという問題について、すでに実験的な取り組みが進められている。多くの場合そうした試みは、オンラインフォーラムやその他のオンラインネットワーキングを基盤として、手紙を使った組織活動から、プラグイン「ターコプティコン」のような活動家向けのテクノロジー、集団訴訟、さらにはプラットフォーム協同組合主義〔デジタル・プラットフォーム上で働く労働者や、その利用者が、プラットフォームを共同で所有・運用して利益を得るべきという考え〕まで、さまざまな成果を生み出している[17]。

デジタル技術は、こうした労働紛争における眼目となっている。それは、デジタル技術によって新しい形態の監視や合理化が可能になり、労使の対立が生じてきたということだけではない。それに加えて、最も強力なデジタル技術の利用方法のひとつが、労働紛争において自動化の恐怖を呼び起こすことでもあるからだ。労働紛争の際に、自動化の進展に関するニュースを好んで流している企業はアマゾンだけではない。ロボットがストライキを起こした労働者や能力の低い労働者の代わりをしてくれるというイメージをちらつかせることで、人間の労働者を規律に従わせる強力な手段にしているのだ。米国で最低賃金15ドルを求めるキャンペーンのさなか、サンフランシスコに巨大な看板が設置された。そこには「最低賃金の代わりになるものを紹介します」という一言とともに、客の注文を受け付けるアイパッドが描かれていた。「最低賃金が15ドルになれば、従業員はより安価で自動化された代替手段に取って代わられるだろう」と、この看板は主張しているのだ。ウォールストリート・ジャーナル紙も2017年に同様の姿勢を示し、最低賃金法を「ロボット雇用法」と呼ぶべきだと主張して、「15ドルの最低賃金は貧しい若者を助けない。新しいハンバーガー焼きマシンである『フリッピー』を助けるだけだ」と書いた[18]。

主にファストフード労働者たちによって進められた、最低賃金を15ドルにすることを求める運動「Fight for $15（15ドルのための闘い）」は、その後、州レベルおよび地方自治体レベルで成功を収めた。たとえばカリフォルニア州では、最低賃金が2016年から段階的に引き上げられ、2022年に15ドルに到達する見込みだ。その同時期、ファストフード産業の雇用は増加し続けたが、なおも業界は労働力不足に悩まされた。ウォールストリート・ジャーナル紙で取り上げられたハンバーガー焼きロボット「フリッピー」は、実際にカリバーガーというチェーンのいくつかの店舗に導入され、客寄せの目玉となっている。フライ返しが装着されたロボットアームという姿をしているフリッピーは、マシンビジョンと熱センサーを使用して、パティをひっくり返すタイミングを判断する。しかしこれらの機能以外では、フリッピーは人間の同僚から多くの助けが必要だ。人間がパティをグリルに乗せたり、チーズやその他のトッピングを加えたり、それを包んで客に渡したりしなければならないのである。[19]

労働の終焉に向けて

今日の世界は、依然として労働の世界だ。全世界の人々の圧倒的多数が、起きている時間の大半を労働に費やしている。労働は依然として、あらゆる側面において社会を構成し、階層化する上で極めて重要な要素である。デジタル技術による自動化の進展と、それに関する憶測はさておき、近い将来にこの事実が変わることはなさそうだ。伝統的な工場も今日のデジタル工場も、自動化のプロセスや言説に対して、複雑かつ曖昧な関係を築いてきた。工場を研究する歴史家であるカルステン・ウールは、「工場の歴史は、産業化の最初から自動化のビジョンと結びついており、最終的には人間がいない工場というアイデアを目指していた」と述べているが、「しかしながら、最初の自動紡績機からテイラー主義、戦後の数値制御工作機械に至るまで、技術革新によって生み出される自動化の可能性は、常に過大評価されてきた」と付け加えている。[20]

デジタル技術が新たな自動化の根幹にあるのは明らかで、それはすでに大きな影響を与えており、今後もさらに多くの仕事を変化させ、消滅させることだろう。しかし、ロボットやＡＩが仕事を奪うという現代の誇大宣伝は、少なくとも19世紀にまでさかのぼる、古い自動化言説と同等のものと考えてよい。その例として、チャールズ・バベッジやアンドリュー・ユアが挙げられる。彼らの

「完全に自動化された工場」というビジョンは、マルクスや他の同時代の人々に影響を与えた。アーロン・ベナナフが著書『オートメーションと労働の未来』(堀之内出版)で指摘しているように、人間による労働の終焉が間近に迫っているというこうしたビジョンは周期的に現れており、1930年代、1950年代、1980年代、そして近年にも見られる。[21] こうした自動化に関する言説の盛り上がりはすべて、仕事を代替し、労働者を不要にする現実の自動化プロセスと結びついていた。しかし自動化の波が押し寄せるたびに、賃金労働に就く人の数は以前よりも増えていったのである。

先の自動化の波が何百万という雇用を消滅させなかったからといって、今回の自動化がそれとは異なる方向に進むとは限らない。特に現在、すでに世界的な労働力の供給過剰が見られている。それでも、労働の終焉に対して懐疑的な立場を保つ理由はある。ベナナフが説得力を持って指摘するように、現在の世界的な過少雇用現象は、デジタル技術による生産性の飛躍よりも、むしろ経済成長と生産性上昇の鈍化によるものかもしれない。[22] 同時に、自動化技術の広範な普及は、技術開発だけの問題ではなく経済の問題でもあり、したがって自動化は常に、人間の労働力との価格競争にさらされている。またデジタル技術は多くの作業を自動化できるが、同時に人間の労働力を必要とする新たな作業や問題を発生させる。部門や国別に、パーセンテージ単位で自動化予測を示すような統計は、メディアの見出しには適しているが、せいぜい概算に過ぎない。本書では、自動化の未来像について議論することは避け、すでに存在している自動化の形態、あるいは現在におけるテクノロジーと人間の労働力の変化する関係に目を向けてきた。この視点では、デジタル自動化の雇用市場への影響を統計的に予測することはできない。しかし、そのように直線的で明確な予測やモデルに対して、経験的・理論的に懐疑的な立場を取ることを可能にしてくれる。

本書の調査対象となったさまざまな現場を通して見えてきたのは、デジタル技術の影響と力、そして人間による労働が失われずに存在し続けていることだ。アマゾンの配送センターは、ここでも典型例として挙げることができる。近年、アマゾンは数十万台のロボットを導入し、配送センター内で自動的に棚を移動させている。しかし同じ時期に、これらのロボットと連携して働く、新しい従業員もさらに大きな規模で雇用している。クラウドワーカーによる機械学習アプリケーションのトレーニングや、コンテンツ・モデレーターによるソーシャルメディアから望ましくないコンテンツを削除する作業といった骨の折れる労働もまた、現在の自動化の限界とその裏側にある労働の両方がよく表れた例だ。この2つの職業は、アルゴリズムの魔法の陰に隠れた労働力の典型例でもある。表向きは自動化されたプロセスやAIアプリケーションの背後で、人間の労働者がソフトウェアを訓練していたり、その作業を評価したり、困難な状況で手助けしたりする例、あるいは人間の労働力だけで実現しているのにアルゴリズムによるアプリケーションとして偽装されたりしている例は、さまざまな分野で数多く見られる。機械学習アルゴリズムや高度なロボットの能力を示す驚くべき例がある一方で、アルゴリズムが単純な命令を誤解してしまうというおかしな例や、ロボット工学において厳しい挫折が起きた例もある。そうした例は、デジタル技術による自動化が、これまで容易に自動化できると考えられていた一部の分野においてさえ、当分の間は人間の労働に取って代わるほどには到達しないであろうことを示している。現時点においては、アルゴリズムによる管理の台頭、新しい形態の労働の管理と評価、デジタル技術によって生まれた新しい労働地理、ジェンダー化・人種化された新たな労働区分、新たな社会的分極化、そして不安定で柔軟な労働の増加などは、ロボットによる雇用損失よりもはるかに大きな影響を及ぼしている。

自動化は、特に未来について考えざるを得なくなるという点から、依然として大切な論点だ。多くの場合、労働組合だけでなく、さまざまな形態の労働運動が、自動化や新技術から労働者を守ることに力を注いできた。雇用喪失がしばしば破滅的な結果をもたらすことを考えると、これは非常に理にかなっている。しかし、少し離れたところから見てみると、このような姿勢には、現状の社会的枠組みの不条理が映し出されている。つまり、テクノロジーによって労働を代替できるという事実が、特に最も過酷な仕事、最も長い労働時間、最も不安定な条件、そして最も低い賃金で働く人々にとって脅威と見なされているのである。

このことから、私たちは自動化と結びついた社会問題に意識を向け、未来についての別のビジョンを推進するという課題が差し迫ったものであることを理解できる。すると、フォーディズム的ノスタルジアは揺らぐ。フォーディズム的ノスタルジアとは、そもそもあまり包摂的でもなく、すでにその成立の前提となる社会的および経済的条件が消失している、労働者階級と資本家階級の間の妥協関係への回帰を望むことである。公益のための自動化というビジョンを推進させられるような論点は、政治的な力の問題に深くかかわっているが、しかしそれは同時に、テクノロジーの問題にいかに取り組むべきかという指針にもなる。本書を通じて、多様なアルゴリズムのインフラが、労働を組織化・管理するための手段、また流通を加速させ、生産性を高めるための技術として主に登場してきた。テクノロジーは社会的労働を物質化したものであり、それを生み出した社会的関係の産物である。ゆえに現代のテクノロジーの多くが、何よりも他者の労働（個々の労働者の労働と、より広範な社会的協力による労働の両方）を収奪し、私有化するように設計されていることは驚くにあたらない。しかしそれは決して、現状が固定化されていることを意味しない。

第7章　感染した工場――エピローグ

グローバル資本主義のデジタル変革について本を書くことは、不可能な作業のように感じられる時があった。このプロセスが起きているスピードと激しさが、本の出版という長い時間軸とは相容れないように思えたのである。本書で調査した現場はどれもダイナミックな変革の真っ只中にあり、調査期間中に私の目の前で変化していることすらあった。そのような本を書く場合、出版される頃には状況が異なっているリスクが常に伴う。時には、古代史を研究する歴史家を羨むことさえあった。2020年には、こうしたリスクと感覚が根本的に倍増した。原稿の大半を書き上げてから数週間後、新型コロナウイルスが世界規模で流行し、私の住むベルリンにも襲いかかったのである。私がこの原稿を書いている2020年の末、世界中の多くの地域でウイルスの第2波が猛威を振るっており、ドイツ政府は再びロックダウンに踏み切った。現時点では、このパンデミックがいつ、どのように終息するのか見通しが立たないのが実情だ。同時に、今回のウイルスとその世界的な影響をもたらした条件が、今後さらに今回のパンデミックのような事態を引き起こすであろうことも明らかである。前世紀は「人新世」、あるいはより適切には「資本新世」と表現されるように、地球と気候を劇的に変化させた（そして工場はこの変化に少なからぬ役割を果たした）[1]。この多面的な生態系破壊は、今回のパンデミックにも一役買っており、今後もさらなる災厄を引き起こす可能性がある。将来の不確実性はさておき、新型コロナウイルスのパンデミックはすでに私たちの社会を大きく変えており、今後もさらに変革していくことは明らかだが、その変化が具体的にどのように現れるかは現時点ではまだ不透明だ。

パンデミックを踏まえて本書を振り返ってみても、現実が本書とその結論を追い越してしまったようには感じられない。それどころか、本書で解説されている多くのプロセスは、パンデミックによって加速している。たとえばアマゾンは、今回の危機から多くの利益を得ている。同社は、安全な消費者の自宅まで商品を届けるという、世界的に増大した需要を満たすために、倉庫やラストワンマイルで何十万人もの労働者を雇用した。危機の発生以来、同社の株価とジェフ・ベゾスの資産額は上昇している。今回の危機では、さまざまな意味でプラットフォームが脚光を浴びた。中国では、新型コロナウイルス危機をきっかけに、隔離された顧客の自宅まで食事や買い物を届けるプラットフォームがブームとなった。パリやミラノでは、即時に実施された最初のロックダウンの際、路上で見かけるのはフードデリバリー・プラットフォームの配達員だけになった。このパンデミックによって私たちは、プラットフォームが日常生活のインフラとして発展してきたことをさまざまな意味で実感した。この発展は、しばしば公共インフラの欠如の裏返しであるが、これもコロナ禍の後に明らかになったことだ。

デリバリー・プラットフォームの配達員、アマゾンの配送センターの従業員など、いわゆる「最前線」の労働者たちは、危機の中で重要な社会的機能を果たしており、そのために特別なリスクにさらされることも少なくない。パンデミックの最初の数か月間で、何万人もの倉庫労働者がウイルスに感染し、世界中のギグワーカー（移民であることが多い）は、営業停止、外出禁止、病気などの場合でも賃金が継続的に得られる保障がほとんどないまま、雇用不安に直面した。そのため、ウイルスの恐怖やビジネスの減少にもかかわらず、多くの人々が働き続けている。ニューヨークでリフトやウーバーイーツなど複数のプラットフォームで働き、ギグエコノミーでのより良い労働条件を求めるキャンペーンにも携わっているマライア・ミッチェルは、「働かないという選択肢はないので、自主隔離なんてできません」と書いている。パンデミック初期にニューヨーク・タイムズ紙に掲載された、赤裸々に語られた投書の中で、彼女はこう説明している。「もし私が十分なお金を稼げなければ、これから6週間、子供たちを養うことができません。熱があろうがなかろうが、私は仕事を止めません。他のほとんどのギグワーカーもそうするでしょう。このような緊急事態に備えて貯金できるほど稼いでいる人はいないからです[2]」自主隔離や在宅勤務は、多くの人々が享受できない贅沢品なのである。

雇用主から在宅勤務を命じられた人々は、在宅勤務がずっと前から現実のものとなっている他のプラットフォーム労働者たちの大群（何年も前からキッチンや寝室を仕事場としてきた、オンライン労働プラットフォームで働く労働者たちだ）に出くわした。このようなクラウドワーク・プラットフォームは、コロナ禍における別の勝者となるかもしれず、オンデマンドのリモートワークがさらに普及する可能性がある。オンラインゲームが、ウイルスによって揺れ動く世界からの気晴らしを求める人々や、収入を得る方法を探している大勢の失業者のための避難所となることも、同様に容易に想像できる(3)。

2020年3月、フェイスブックが大部分の従業員を在宅勤務にさせた際、同社が運営するプラットフォームの多くのユーザーが、悪意のない投稿がスパムや有害コンテンツとしてマークされ、プラットフォームから削除された一方で、悪意のあるコンテンツは放置されたと不満を訴えた。このようなミスが起こった理由は単純だ。フェイスブックのコンテンツ・モデレーションを行う数万人の従業員の大半が仕事を離れ（プライバシー上の懸念からその多くが在宅勤務できなかった）、同社は自動化システムでこれらの従業員を代用しようとしたのである。こうした多くのユーザーの体験や、フェイスブックの請負業者であるアクセンチュアが、2020年10月に爆発的なウイルス感染拡大の最中に、コンテンツ・モデレーターにオフィスへの復帰を要求した事実は、AIが解決できない問題がまだ多く残されていることを改めて示している。オフィスへの強制的な復帰命令は、アクセンチュアの下請け労働者から不安の声と、リスクに見合ったより良い賃金を求める声に迎えられた。他のプラットフォームのコンテンツ・モデレーターもオフィスに戻されたが、フェイスブックや他の企業の正社員は、リモートワークの選択肢が大幅に拡大され、それはしばしば恒常化している(4)。

こうしたコンテンツ・モデレーションの事例が示しているように、今回の危機は、人間の労働力の変わらぬ重要性と、コロナ時代にも生産が途切れないよう、自動化に向けて努力する必要性の双方を示している。この危機は確かに、自動化に向けた新たな取り組みの出発点となり、世界経済のさらなる変化を促すのかもしれない。こうした取り組みが成功することもあれば、失敗することもあるだろうが、今回の危機はすでに、現在の労働に劇的な影響を与えている。危機の発生以来、何百万人もの人々が職を失い、彼らは失業者や非正規雇用者の仲間入りをする可能性がある。前回の大きな危機である２００８年の金融危機が、私たちが知るようなギグエコノミーを誕生させたように、今回の危機も非正規雇用の形態をさらに広め、常態化させるかもしれない。失業者や非正規雇用が増えることはまた、ある程度安定した雇用形態を維持している労働者にも圧力をかけ、雇用主に対する彼らの立場を弱体化させる。こうした動きは、おそらく今後数年間、労働者にとって自動化による雇用喪失よりも重要な問題となるだろう。また、特に医療システムや公共インフラが崩壊し、さらなる緊縮財政が目前に迫っている時代において、こうした動きがもたらす影響こそが、誰がこの危機の代償を払うのか、そして私たちの社会がどのように再編されるのかをめぐる、来るべき社会的対立の枠組みを提供することになる。

謝辞

このプロジェクトには何年もかかり、大勢の方々からの協力がなければ実現できなかった。多くの個人、またグループから、励ましや批評、支援、議論、その他のサポートや友情を通じて、多大な貢献を受けた。ファビアン・アルテンリート、フランツ・ヘーフェレ、ユリア・デュック、ルイーザ・プラウズ、マヌエラ・ボヤジエフ、マリアナ・シュット、ミラ・ワリス、モーテン・ポール、サブリナ・アピチェラ、サミラ・スパッツェク、シビル・メルツ、スヴェニヤ・ブロムベルク、テレサ・ハルトマン、ウルリケ・アルテンリート、ヴェレナ・ナンベルガー、その他多くの方々に対して、深い感謝の意を表したい。

本書の原点は、ロンドン大学ゴールドスミス校での私の研究にある。スコット・ラッシュとアルベルト・トスカーノが提供してくれた、すべての支援に感謝したい。また、ティツィアナ・テラノヴァとマッテオ・マンダリーニ、そしてゴールドスミス校での時間を思い出深いものにしてくれたヤリ・ランチ、ルチアナ・パリーシ、その他多くの方々にも感謝する。私の研究は、ローザ・ルクセンブルク財団、およびゴールドスミス校とクイーン・メアリー校のＥＳＲＣ博士訓練センターから受けた財政支援なしでは実現しなかっただろう。

ロンドン、ベルリン、リューネブルク、その他の場所での多くの共同研究や議論が、このプロジェクトを形作った。特に、サンドロ・メッツァドラ、ブレット・ニールソン、ネッド・ロシターには、このプロジェクトを豊かなものにしてくれた、さまざまな協力に感謝したい。彼らや他の多くの人々との重要な協力の中には、サマースクール「インベスゲイティング・ロジスティクス」や「エクスパンディング・ザ・マージンズ」、これらのプロジェクトに関与した研究者や活動家のネットワーク、ベルリンのフンボルト大学での「モバイル労働の政治とインフラ」研究プロジェクトなどがある。知識の共同生産を目指した他のプロジェクトには、ゴールドスミス校での読書会や、「国家の危機と批判」会議などがある。重要な新しいプロジェクトや共同での取り組みには、特にマヌエラ・ボヤジエフとミラ・ワリスとともに行った「労働と移民のデジタル化」プロジェクトや、キャビン・クルーのメンバーとのプロジェクトなどがある。

特に感謝したいのは、シカゴ大学出版局のエリザベス・ブランチ・ダイソンだ。このプロジェクトの初期に彼女が示してくれた熱意と、プロセス全体を通じての丁重なサポートと指導に感謝する。また、本書の出版過程においてサポートをしてくれたモリー・マクフィーと、有益なコメントをしてくれた匿名の2人の査読者にも感謝を表したい。

本書の一部や議論の過程は、他の媒体でも公開されている。グローバル資本主義における物流の役割に関する記事は、フランスのペリオード誌に掲載され、ラストワンマイル配送に関する考察はワーク・オーガニゼーション・レイバー・アンド・グローバリゼーション誌に掲載された。第3章の一部はマヌエラ・ボヤジエフと共同執筆した記事に流用され、第4章の議論の一部や短いバージョンがプロクラ誌とキャピタル・アンド・クラス誌に掲載された（次を参照。Altenried, "Le container et l'algorithme," "Die Plattform als Fabrik," "On the Last Mile," and "The Platform as Factory"; and Altenried and Bojadžijev, "Virtual Migration, Racism and the Multiplication of Labour"）。

最後に、貴重な時間を割いてくれた労働者、労働組合員、活動家、その他のインタビュー参加者の皆さんに感謝したい。本書が何らかの形で、その報いになっていればと願うばかりだ。

訳者あとがき

本書は2022年1月に発売された、ドイツの研究者モーリッツ・アルテンリートによる*The Digital Factory: The Human Labor of Automation*（デジタル工場――自動化の背後にある人間の労働）の邦訳である。デジタル技術の進化により、さまざまな作業や業務が自動化されたように見える現代社会だが、その裏には多くの「人間による労働」が残されている。いや、残されているというより、人間の労働力が機械やアルゴリズムを中心とした仕組みに組み込まれていると言うべきだろう。アルテンリートは本書において、それを「デジタル工場」という概念にまとめ、幅広い調査に基づいて、批判的考察と理論化を試みている。

第1章の冒頭で取り上げられる事例は、本書全体の象徴となるものだ。グーグルで働く従業員を取り上げたこのエピソードでは、彼らが2種類に分けられることが説明されている。一方は、「自由、創造性、フラットな組織、遊び心、コミュニケーション、革新性」などの言葉で象徴されるグーグルの正社員たち。彼らは私たちが一般的に想像するような、革新的・創造的な活動を行う巨大IT企業としてのグーグルを動かしている。そしてもう一方は、「黄色いバッジ」をつけ、正社員とは明確に区別された場所で、まったく異なる作業に従事する外部労働者たち。彼らはすべての書籍をデジタル化するという、グーグルの壮大な計画を実現するために、紙で出版された書籍をスキャンすることに取り組んでいる。それは創造やイノベーションといった言葉とは程遠い、デジタル技術によって管理される流れ作業であり、IT企業というより文字通り「工場」を想起させる。しかしいま、後者が人々の目に触れることは少なく、グーグルが象徴するような、デジタル技術によって高度に自動化された社会というイメージばかりが注目を集めている。

著者のアルテンリートは、労働と政治経済を中心に研究活動を行ってきた人物だ。しかしそれにとどまらず、デジタル技術やプラットフォーム、モビリティと都市、そして移民のような人々の移動に至るまで、幅広いテーマを追っている。そのため本書で取り上げられるデジタル工場の事例も実に多様だ。第2章「グローバルな工場」では物流に焦点を当て、ネット小売業大手アマゾンのFC（フルフィルメント・センター、アマゾン内での配送センターの呼び方）で働く作業者、そしていわゆる「ラストワンマイル配送」（商品が配送センターを離れ、消費者が待つ玄関に届けられるまでの配送）を担う作業者の姿が描かれる。第3章「遊びの工場」が取り上げるのはゲームの世界。人々が楽しむ場所であるはずのオンラインゲームのプレイ空間の中にも、まさしく工場と呼べるような作業が存在していること、またゲームそのものを開発する現場にも、創造性とは程遠い業務に従事する人々が存在することが解説される。第4章「分散型工場」では、いま台頭しつつある「クラウドワーク」（オンライン・プラットフォームを通じて依頼、実施される単発的な労働の形態）の世界が描かれ、そして第5章「隠れた工場」では、コンテンツ・モデレーション（オンライン上に投稿されるさまざまなコンテンツの内容を確認し、不適切なものでないかどうか判断する作業）における人間の労働力の重要性が解説されている。

いずれの事例でも、新しい働き方の可能性が示される一方で、それらがはらむ数々の問題点に切り込んでいる。

もちろん現代にも工場は存在しており、そこではさまざまな機械と作業者が一体となってモノを生産している。しかしそうしたものづくりとしての「工場」、そしてそこにおける働き方は、先進国においては前時代的なものと捉えられているのではないだろうか。実際に日本でも、製造業従事者の数は減少傾向にある。経済産業省の「２０２４年度版ものづくり白書」によれば、国内全産業に占める製造業従事者の割合は、２００２年度から23年度にかけて19％から15・６％へと減少している。しかもそこにおける高齢就業者（65歳以上）の割合も、同じ期間に４・７％から８・３％へと増加しており、若者にとって「工場」は働き先として縁遠いものになりつつある。

しかしアルテンリートは、前述の事例を通じて、かつて工場を特徴づけた労働のあり方が、さまざまな分野において復活していることを描き出す。アナログの本をスキャンする、アプリの指示通りに荷物を個人宅まで届ける、オンラインゲーム内でひたすらアイテムを手に入れる、ＡＩの学習を助けるために画像にラベルを貼る、次々と画面に表示される画像から猥褻だったり暴力的だったりするものをより分けるなど、その表面上の姿かたちは違えど、かつての工場内労働を特徴づけた要素が見られるのである。

ただしそれは、古い工場内労働の単なる復活ではなく、「工場の変革、増殖、そして一般化」が起きているのだとアルテンリートは指摘する。いまやデジタル技術によって、物理的な工場という空間を超えて、作業者を工場的な管理の下に置くことが可能になった。その結果、労働力として期待できる潜在的なマンパワーは世界中に広がり、多種多様なバックグラウンドを持つ人々を同じ作業に従事させられるようになっている。またそこに参加する労働者も、１つの仕事に縛られるのではなく、さまざまな依頼（それは単発もしくは短期間の雇用や作業であることが多い）を掛け持ちして稼ぐことが可能になった。そしてこうした変化は、社会全体の労働において特定の集団がどのような作業を担い、それが地理的にどのように分布するかに影響を及ぼしている。さらにはその結果として、社会における階層や、闘争（労使間での労働条件をめぐる対立など）のあり方も再構築しようとしている。

このような「デジタル工場」という新しい現象を分析し、理解することで、現代のデジタル資本主義の姿を正しく把握できるのだとアルテンリートは主張している。

本書の出版は２０２２年１月であり、調査や分析は２０１０年代の状況に基づいたものも含まれているが、その後の流れはデジタル工場を抑制するというより、さらに促進しつつあると言えるだろう。

その要因のひとつは、第７章でも触れられている新型コロナウイルスのパンデミックだ。ＣＯＶＩＤ－19の世界的な流行は、人と面と向かって会うことなく、オンライン上で作業を完結する環境や文化の整備を促し、第４章で取り上げられているクラウドワークにとって大きな追い風となった。またオンライン上で買い物し、自宅に届けてもらうという行為もより一般的なものとなり、それに伴って第２章で取り上げられているラストワンマイルの需要が増加している。パンデミックが終息したいま、これらの傾向が続くかどうかは定かではないが、少なくともデジタル工場の普及を阻害するものではない。

そしてもうひとつが、ＡＩ（人工知能）ブームである。ＡＩは１９５０年代から研究が続けられているが、２０１０年代に登場したディープラーニング（深層学習）などの新しい開発手法により、「第３次ＡＩブーム」と呼ばれるほどＡＩ研究・開発が盛り上がりを見せている。それをさらに過熱させているのが、２０２２年末にOpenAI社がリリースしたウェブサービス「ChatGPT」を始めとする、生成ＡＩと呼ばれる新しいタイプのＡＩだ。生成ＡＩは自然言語（人々が日常で使用する言葉や表現）で操作でき、同じく自然言語で反応を返してくれるという特徴を持ち、ますます多くの人々が日常的にＡＩを利用するようになっている。こうした状況から、第３次ＡＩブームから間髪を入れず、いまや第４次ＡＩブームが起きつつあると主張する研究者もいる。

こうした高度なＡＩの開発には、多くの人手が必要になる。ＡＩに学習させるために、大量の高品質なデータを準備しなければならず、また開発されたモデルの評価や改善（ＡＩが返してきた回答を採点する、より良い答えを教えるなど）も行わなければならない。それには膨大な数の作業者が必要であり、本書でも取り上げられているように、多くのＡＩ開発企業はクラウドワークに活路を見出している。ＡＩに対する需要と、それに答えようとする企業間の競争の激化は、ＡＩ開発というデジタル工場で働く作業員の増加をさらに促すだろう。

そう考えると、２０２０年代も後半を迎えようとしているいま、デジタル工場の姿と課題を正しく認識することが急務と言えるのではないだろうか。かつてクラウドワーク・プラットフォームを通じた単発の仕事をこなすことが、「ギグエコノミー」（「ギグ」とはもともと音楽業界の用語で、単発の契約で演奏を行うことを指し、それが転じてギグのように単発の仕事を請け負う形式の経済活動をこう呼ぶようになった）などと無邪気にもてはやされた時期もあったように、私たちはこの新しい現象の全貌を摑むに至っていない。本書がそのための一歩となることを、心から期待している。

小林啓倫

(2016): 505–41.

Smith, Rebecca, Paul Alexander Marvy, and Jon Zerolnick. The Big Rig Overhaul. Restoring Middle-Class Jobs at America's Ports through Labor Law Enforcement. New York: National Employment Law Project, 2014.

Staab, Philipp. Digitaler Kapitalismus: Markt und Herrschaft in der Ökonomie der Unknappheit. Berlin: Suhrkamp, 2019.

Starosielski, Nicole. The Undersea Network. Durham, NC: Duke University Press, 2015.

Statt, Nick, Casey Newton, and Zoe Schiffer. "Facebook Moderators at Accenture Are Being Forced Back to the Office, and Many Are Scared for Their Safety." The Verge, October 1, 2020. https://www.theverge.com/2020/10/1/21497789/facebook-content-moderators-accenture-return-office-coronavirus.

Taylor, Frederick W. The Principles of Scientific Management. New York: Cosimo, 2010. Originally published in 1911 by Harper and Brothers.

Terranova, Tiziana. "Free Labor: Producing Culture for the Digital Economy." Social Text 18, no. 2 (2000): 33–58.

Terranova, Tiziana. "Red Stack Attack! Algorithms, Capital, and the Automation of the Common." In #Accelerate: The Accelerationist Reader, edited by Robin Mackay and Armen Avanessian, 379–97. Falmouth, UK: Urbanomic, 2014.

Thompson, Paul, Rachel Parker, and Stephen Cox. "Interrogating Creative Theory and Creative Work: Inside the Games Studio." Sociology 50, no. 2 (2016): 316–32.

Thrift, Nigel. *Knowing Capitalism*. London: Sage, 2005.

Toscano, Alberto. "Factory, Territory, Metropolis, Empire." *Angelaki* 9, no. 2 (2004): 197–216.

Toscano, Alberto, and Jeff Kinkle. *Cartographies of the Absolute*. London: Zed Books.

Tronti, Mario. *Arbeiter und Kapital*. Frankfurt: Neue Kritik, 1974.

Tsing, Anna. "Supply Chains and the Human Condition." *Rethinking Marxism* 21, no. 2, (2009): 148–76.

Uhl, Karsten. "Work Spaces: From the Early-Modern Workshop to the Modern Factory Workshop and Factory." *European History Online (EGO)*. February 5, 2016. http://www.ieg-ego.eu/uhlk-2015-en.

Virno, Paolo. "General Intellect." *Historical Materialism* 15, no. 3 (2007): 3–8.

Virno, Paolo. *A Grammar of the Multitude: For an Analysis of Contemporary Forms of Life*. Los Angeles: Semiotext(e), 2004.

Wallace, Rob. *Dead Epidemiologists: On the Origins of Covid-19*. New York: Monthly Review Press, 2020.

Williams, Ian. "'You Can Sleep Here All Night': Video Games and Labor." *Jacobin*, November 8, 2013. https://jacobinmag.com/2013/11/video-game-industry/.

Woodcock, Jamie. "The Work of Play: Marx and the Video Games Industry in the United Kingdom." *Journal of Gaming & Virtual Worlds* 8, no. 2 (2016): 131–43.

Woodcock, Jamie, and Mark Graham. *The Gig Economy: A Critical Introduction*. Cambridge: Polity, 2019.

uld-be-called-the-robot-employment-act-1491261644.

Raffetseder, Eva-Maria, Simon Schaupp, and Philipp Staab. "Kybernetik und Kontrolle. Algorithmische Arbeitssteuerung und Betriebliche Herrschaft." *PROKLA. Zeitschrift für kritische Sozialwissenschaft* 47, no. 2 (2017): 229–48.

Reifer, Thomas. "Unlocking the Black Box of Globalization." Paper presented at The Travelling Box: Containers as the Global Icon of our Era, University of California, Santa Barbara, November 8–10, 2007.

Rettberg, Scott. "Corporate Ideology in World of Warcraft." In *Digital Culture, Play, and Identity. A World of Warcraft Reader*, edited by Hilde G. Corneliussen and Jill W. Rettberg, 19–38. Cambridge, MA: MIT Press, 2008.

Reuter, Markus, Ingo Dachwitz, Alexander Fanta, and Markus Beckedahl. "Exklusiver Einblick: So funktionieren Facebooks Moderationszentren." *Netzpolitik*, April 5, 2019. https://netzpolitik.org/2019/exklusiver-einblick-so-funktionieren-facebooks-moderationszentren/.

Roberts, Sarah T. *Behind the Screen: Content Moderation in the Shadows of Social Media*. New Haven, CT: Yale University Press, 2019.

Roberts, Sarah T. "Digital Refuse: Canadian Garbage, Commercial Content Moderation and the Global Circulation of Social Media's Waste." *Media Studies Publications* 10 (2016). https://ir.lib.uwo.ca/cgi/viewcontent.cgi?article=1014&context=commpub/.

Rossiter, Ned. *Software, Infrastructure, Labor: A Media Theory of Logistical Nightmares*. New York: Routledge, 2016.

Rudacille, Deborah. "In Baltimore, Visions of Life after Steel." *CityLab*, May 15, 2019. https://www.citylab.com/life/2019/05/bethlehem-steel-mill-photos-sparrows-point-dundalk-baltimore/589465/.

Ruffino, Paolo, and Jamie Woodcock. "Game Workers and the Empire: Unionisation in the UK Video Game Industry." Games and Culture 16, no. 3 (2020): 317–28.

Sadowski, Jathan. "Cyberspace and Cityscapes: On the Emergence of Platform Urbanism." Urban Geography 41, no. 3 (2020): 448–52.

Satariano, Adam. "How the Internet Travels across Oceans." New York Times, March 10, 2019. https://www.nytimes.com/interactive/2019/03/10/technology/internet-cables-oceans.html.

Schmidt, Florian A. Crowdproduktion von Trainingsdaten: Zur Rolle von Online-Arbeit beim Trainieren autonomer Fahrzeuge. Düsseldorf: Hans-Böckler-Stiftung, 2019.

Scholz, Trebor, ed. Digital Labor: The Internet as Playground and Factory. New York: Routledge, 2013.

Scholz, Trebor, and Nathan Schneider, eds. Ours to Hack and to Own: The Rise of Platform Cooperativism, a New Vision for the Future of Work and a Fairer Internet. New York: OR Books, 2016.

Sekula, Allan. Fish Story. Düsseldorf: Richter, 2002.

Shane, Scott. "Prime Mover: How Amazon Wove Itself into the Life of an American City." New York Times, November 30, 2019. https://www.nytimes.com/2019/11/30/business/amazon-baltimore.html.

Silberman, M. Six, and Lilly Irani. "Operating an Employer Reputation System: Lessons from Turkopticon, 2008–2015." Comparative Labor Law & Policy Journal 37, no. 3

World of Warcraft." *Critical Studies in Media Communication* 26, no. 2 (2009): 128–44.
Nechushtai, Efrat. "Could Digital Platforms Capture the Media through Infrastructure?" *Journalism* 19, no. 8 (2018): 1043–58.
Negri, Antonio. *Goodbye Mr. Socialism. In Conversation with Raf Valvola Scelsi*. New York: Seven Stories Press, 2008.
Neilson, Brett, and Tanya Notley. "Data Centres as Logistical Facilities: Singapore and the Emergence of Production Topologies." *Work Organisation, Labour & Globalisation* 13, no. 1 (2019): 15–29.
Nelson, Benjamin. *Punched Cards to Bar Codes: A 200 Year Journey*. Chicago: Helmers, 1997.
Newton, Casey. "The Terror Queue." *The Verge*, December 16, 2019. https://www.theverge.com/2019/12/16/21021005/google-youtube-moderators-ptsd-accenture-violent-disturbing-content-interviews-video.
Ngai, Pun. *Migrant Labor in China*. Cambridge: Polity, 2016.
Ngai, Pun, and Ralf Ruckus. *iSlaves: Ausbeutung und Widerstand in Chinas Foxconn-Fabriken*. Vienna: Mandelbaum, 2013.
Nieborg, David B, and Anne Helmond. "The Political Economy of Facebook's Platformization in the Mobile Ecosystem: Facebook Messenger as a Platform Instance." *Media, Culture & Society* 41, no. 2 (2019): 196–218.
Noble, David. *Digital Diploma Mills: The Automation of Higher Education*. New York: Monthly Review Press, 2003.
O'Connor, Sarah. "Amazon Unpacked." *Financial Times*, February 8, 2013. https://www.ft.com/content/ed6a985c-70bd-11e2–85d0–00144feab49a.
Parikka, Jussi. "Cultural Techniques of Cognitive Capitalism: Metaprogramming and the Labour of Code." *Cultural Studies Review* 20, no. 1 (2014): 30–52.
Parisi, Luciana. *Contagious Architecture: Computation, Aesthetics, and Space*. Cambridge, MA: MIT Press, 2013.
Parks, Lisa, and James Schwoch, eds. *Down to Earth: Satellite Technologies, Industries, and Cultures*. New Brunswick, NJ: Rutgers University Press, 2012.
Parks, Lisa, and Nicole Starosielski. *Signal Traffic: Critical Studies of Media Infrastructures*. Urbana: University of Illinois Press, 2015.
Pasquinelli, Matteo. "Google's PageRank Algorithm: A Diagram of the Cognitive Capitalism and the Rentier of the Common Intellect." In *Deep Search*, edited by Felix Stalder and Konrad Becker, 152–62. Innsbruck: Studienverlag, 2009.
Pellow, David N., and Lisa Sun-Hee Park. *The Silicon Valley of Dreams: Environmental Injustice, Immigrant Workers, and the High-Tech Global Economy*. New York: New York University Press, 2002.
Pias, Claus. "Computer Spiel Welten." PhD diss., Bauhaus-Universität Weimar, 2000.
Punsmann, Burcu Gültekin. "Three Months in Hell." *Süddeutsche Zeitung Magazin*, January 6, 2018. https://sz-magazin.sueddeutsche.de/internet/three-months-in-hell-84381.
Puzder, Andy. "The Minimum Wage Should Be Called the Robot Employment Act." *Wall Street Journal*, April 3, 2017. https://www.wsj.com/articles/the-minimum-wage-sho

Minnesota Press, 1996.
LeCavalier, Jesse. *The Rule of Logistics: Walmart and the Architecture of Fulfillment*. Minneapolis: University of Minnesota Press, 2016.
Lecher, Colin. "How Amazon Automatically Tracks and Fires Warehouse Workers for 'Productivity.'" *The Verge*, April 25, 2019. https://www.theverge.com/2019/4/25/18516004/amazon-warehouse-fulfillment-centers-productivity-firing-terminations.
Lichtenstein, Nelson. *The Retail Revolution: How Walmart Created a Brave New World of Business*. New York: Picador, 2009.
Light, Jennifer S. "When Computers Were Women." *Technology and Culture* 40, no. 3 (1999): 455–83.
Loomis, Carol J. "The Sinking of Bethlehem Steel." *Fortune*, April 5, 2004. http://archive.fortune.com/magazines/fortune/fortune_archive/2004/04/05/366339/index.htm.
Lund, John, and Christopher Wright. "State Regulation and the New Taylorism: The Case of Australian Grocery Warehousing." *Relations Industrielles/Industrial Relations* 56, no. 4 (2001): 747–69.
Lüthje, Boy. *Standort Silicon Valley: Ökonomie und Politik der vernetzten Massenproduktion*. Frankfurt am Main: Campus, 2001.
Lyster, Claire. *Learning from Logistics: How Networks Change our Cities*. Basel: Birkhäuser, 2016.
Marx, Karl. *Capital: A Critique of Political Economy*. Vol 1. London: Penguin, 2004.
Marx, Karl. *Capital: A Critique of Political Economy*. Vol 2. London: Penguin, 1992.
Marx, Karl. *Grundrisse: Foundations of the Critique of Political Economy*. London: Penguin, 2005.
Matuschek, Ingo, Kathrin Arnold, and Günther G. Voß. *Subjektivierte Taylorisierung*. Munich: Rainer Hampp, 2007.
Mezzadra, Sandro. "The Gaze of Autonomy: Capitalism, Migration, and Social Struggles." In *The Contested Politics of Mobility: Borderzones and Irregularity*, edited by Vicki Squire, 121–42. London: Routledge, 2011.
Mezzadra, Sandro, and Brett Neilson. *Border as Method, or, the Multiplication of Labor*. Durham, NC: Duke University Press, 2013.
Mezzadra, Sandro, and Brett Neilson. *The Politics of Operations: Excavating Contemporary Capitalism*. Durham, NC: Duke University Press, 2019.
Mitchell, Mariah. "I Deliver Your Food. Don't I Deserve Basic Protections?" *New York Times*, March 17, 2020. https://www.nytimes.com/2020/03/17/opinion/coronavirus-food-delivery-workers.html.
Moore, Jason W., ed. *Anthropocene or Capitalocene?: Nature, History, and the Crisis of Capitalism*. Oakland, CA: PM Press, 2016.
Moore, Jason W. *Capitalism in the Web of Life: Ecology and the Accumulation of Capital*. London: Verso, 2015.
Mosco, Vincent. *To the Cloud: Big Data in a Turbulent World*. Boulder, CO: Paradigm, 2015.
Nachtwey, Oliver, and Philipp Staab. "Die Avantgarde des Digitalen Kapitalismus." *Mittelweg* 36, no. 6 (December 2015–January 2016): 59–84.
Nakamura, Lisa. "Don't Hate the Player, Hate the Game: The Racialization of Labor in

Development of a Platform-as-Infrastructure." *Internet Histories* 3, no. 2 (2019): 123–46.
Holmes, Brian. "Do Containers Dream of Electric People? The Social Form of Just-in-Time Production." *Open*, no. 21 (2011): 30–44.
Hu, Tung-Hui. *A Prehistory of the Cloud*. Cambridge, MA: MIT Press, 2015.
Huifeng, He. "Chinese 'Farmers' Strike Cyber Gold." *South China Morning Post*, October 25, 2005. https://www.scmp.com/node/521571.
Hürtgen, Stefanie, Boy Lüthje, Wilhelm Schumm, and Martina Sproll. *Von Silicon Valley nach Shenzhen: Globale Produktion und Arbeit in der IT-Industrie*. Hamburg: VSA, 2009.
Huws, Ursula. *Labor in the Global Digital Economy: The Cybertariat Comes of Age*. New York: Monthly Review Press, 2014.
Huws, Ursula. "Logged Labour: A New Paradigm of Work Organisation?" *Work Organisation, Labour and Globalisation* 10, no. 1 (2016): 7–26.
Huws, Ursula. *The Making of a Cybertariat: Virtual Work in a Real World*. New York: Monthly Review Press, 2003.
Huws, Ursula, Neil Spencer, Matthew Coates, Dag Sverre Syrdal, and Kaire Holts. *The Platformisation Of Work in Europe: Results from Research in 13 European Countries*. Brussels: Foundation for European Progressive Studies (FEPS), 2019.
Irani, Lilly. "Difference and Dependence among Digital Workers: The Case of Amazon Mechanical Turk." *South Atlantic Quarterly* 114, no. 1 (2015): 225–34.
Irani, Lilly. "Justice for 'Data Janitors.'" *Public Books*, January 15, 2015. http://www.publicbooks.org/justice-for-data-janitors/.
Jacobs, Harrison. "Inside 'iPhone City,' the Massive Chinese Factory Town Where Half of the World's iPhones Are Produced." *Business Insider*, May 7, 2018. https://www.businessinsider.com/apple-iphone-factory-foxconn-china-photos-tour-2018-5.
Jones, Nicola. "How to Stop Data Centres from Gobbling up the World's Electricity." *Nature*, September 12, 2018. https://www.nature.com/articles/d41586-018-06610-y.
Kaplan, Esther. "The Spy Who Fired Me." *Harper's*, March 2015. http://harpers.org/archive/2015/03/the-spy-who-fi red-me/2/.
Kitchin, Rob. "Thinking Critically about and Researching Algorithms." *Information, Communication & Society* 20, no. 1 (2017): 14–29.
Kline, Stephen, Nick Dyer-Witheford, and Greig De Peuter. *Digital Play: The Interaction of Technology, Culture and Marketing*. Montreal: McGill-Queen's University Press, 2003.
Koebler, Jason, and Joseph Cox. "The Impossible Job: Inside Facebook's Struggle to Moderate Two Billion People." *Vice*, August 23, 2018. https://www.vice.com/en us/article/xwk9zd/how-facebook-content-moderation-works.
Kucklick, Christoph. "SMS-Adler." *Brandeins*, no. 4 (2011): 26–34.
Kuek, Siou Chew, Cecilia Paradi-Guilford, Toks Fayomi, Saori Imaizumi, Panos Ipeirotis, Patricia Pina, and Manpreet Singh. *The Global Opportunity in Online Outsourcing*. Washington, DC: World Bank, 2015.
Lazzarato, Maurizio. "Immaterial Labour." In *Radical Thought in Italy: A Potential Politics*, edited by Paulo Virno and Michael Hardt, 133–47. Minneapolis: University of

Impacts of Global Digital Labour Platforms and the Gig Economy on Worker Livelihoods." *Transfer: European Review of Labour and Research* 23, no. 2 (2017): 135–62.

Graham, Mark, and Laura Mann. "Imagining a Silicon Savannah? Technological and Conceptual Connectivity in Kenya's BPO and Software Development Sectors." *Electronic Journal of Information Systems in Developing Countries* 56, no. 1 (2013): 1–19.

Grassegger, Hannes, and Till Krause. "Im Netz des Bösen." *Süddeutsche Zeitung Magazin*, December 15, 2016. http://www.sueddeutsche.de/digital/inside-facebook-im-netz-des-boesen-1.3295206.

Gray, Mary L., and Siddharth Suri. *Ghost Work: How to Stop Silicon Valley from Building a New Global Underclass*. Boston: Houghton Mifflin Harcourt, 2019.

Greenpeace. *Make IT Green. Cloud Computing and its Contribution to Climate Change*. Amsterdam: Greenpeace International, 2010.

Grier, David A. *When Computers Were Human*. Princeton, NJ: Princeton University Press, 2013.

Guth, Robert A., and Nick Wingfield. "Workers at EA Claim They Are Owed Overtime." *Wall Street Journal*, November 19, 2004. https://www.wsj.com/articles/SB110081756477478548.

Hardt, Michael, and Antonio Negri. *Empire*. Cambridge, MA: Harvard University Press, 2000.

Harney, Stefano, and Fred Moten. *The Undercommons: Fugitive Planning and Black Study*. New York: Minor Compositions, 2013.

Harvey, David. *Spaces of Capital: Towards a Critical Geography*. New York: Routledge, 2001.

Head, Simon. *Mindless: Why Smarter Machines Are Making Dumber Humans*. New York: Basic Books, 2014.

Head, Simon. *The New Ruthless Economy: Work and Power in the Digital Age*. New York: Oxford University Press, 2005.

Heeks, Richard. "Current Analysis and Future Research Agenda on 'Gold Farming': Real-World Production in Developing Countries for the Virtual Economies of Online Games." Development Informatics Working Paper. Manchester: Institute for Development Policy and Management, 2008.

Heeks, Richard. "Decent Work and the Digital Gig Economy: A Developing Country Perspective on Employment Impacts and Standards in Online Outsourcing, Crowdwork, Etc." Development Informatics Working Paper. Manchester: Institute for Development Policy and Management, 2017.

Heeks, Richard. "How Many Platform Workers Are There in the Global South?" *ICTs for Development*, January 29, 2019. https://ict4dblog.wordpress.com/2019/01/29/how-many-platform-workers-are-there-in-the-global-south/.

Heeks, Richard. "Understanding 'Gold Farming' and Real-Money Trading as the Intersection of Real and Virtual Economies." *Journal for Virtual Worlds Research* 2, no. 4 (2009): 1–27.

Helmond, Anne, David B. Nieborg, and Fernando N. van der Vlist. "Facebook's Evolution:

Dyer-Witheford, Nick. *Cyber-Marx: Cycles and Circuits of Struggle in High-Technology Capitalism*. Urbana: University of Illinois Press, 1999.

Dyer-Witheford, Nick. *Cyber-Proletariat: Global Labour in the Digital Vortex*. London: Pluto Press, 2015.

Dyer-Witheford, Nick. "Empire, Immaterial Labor, the New Combinations, and the Global Worker." *Rethinking Marxism* 13, no. 3–4 (2001): 70–80.

Dyer-Witheford, Nick, and Greig de Peuter. *Games of Empire: Global Capitalism and Video Games*. Minneapolis: University of Minnesota Press, 2009.

Dyer-Witheford, Nick, and Greig de Peuter. "Postscript: Gaming While Empire Burns." *Games and Culture* 16, no. 3 (2020): 371–80.

Easterling, Keller. *Extrastatecraft: The Power of Infrastructure Space*. London: Verso, 2014. *Economist, The*. 2015. "Digital Taylorism. A Modern Version of 'Scientific Management' Threatens to Dehumanise the Workplace." *The Economist*, September 10, 2015. https://www.economist.com/business/2015/09/10/digital-taylo rism.

Elegant, Naomi Xu. "The Internet Cloud Has a Dirty Secret." *Fortune*, September 18, 2019. https://fortune.com/2019/09/18/internet-cloud-server-data-center-energy-consu mption-renewable-coal/.

Fang, Lee. "Google Hired Gig Economy Workers to Improve Artificial Intelligence in Controversial Drone Targeting Project." *The Intercept*, February 4, 2019. https://the intercept.com/2019/02/04/google-ai-project-maven-figure-eight/.

Frank, Michael. "How Telematics Has Completely Revolutionized the Management of Fleet Vehicles." *Entrepreneur Europe*, October 20, 2014. https://www.entrepreneu r.com/article/237453.

Freeman, Joshua B. *Behemoth: A History of the Factory and the Making of the Modern World*. New York: W. W. Norton, 2018.

Fuchs, Christian. *Digital Labor and Karl Marx*. New York: Routledge, 2014.

Fuller, Matthew, ed. *Software Studies: A Lexicon*. Cambridge, MA: MIT Press, 2008.

Fuller, Matthew, and Andrew Goffey. *Evil Media*. Cambridge, MA: MIT Press, 2012.

Gabrys, Jennifer. *Digital Rubbish: A Natural History of Electronics*. Ann Arbor: University of Michigan Press, 2013.

Gerlitz, Carolin, and Anne Helmond. "The Like Economy: Social Buttons and the Data-Intensive Web." *New Media & Society* 15, no. 8 (2013): 1348–65.

Gilbert, David. "Facebook Is Forcing Its Moderators to Log Every Second of Their Days— Even in the Bathroom." *Vice*, January 9, 2020. https://www.vice.com/en/ar ticle/z3beea/facebook-moderators-lawsuit-ptsd-trauma-tracking-bathroom-breaks.

Glanz, James. "Power, Pollution and the Internet." *New York Times*, September 22, 2012. http://www.nytimes.com/2012/09/23/technology/data-centers-waste-vast-amo unts-of-energy-belying-industry-image.html.

Gorißen, Stefan. "Fabrik." In *Enzoklpädie der Neuzeit, Bd. 3*, edited by Friedrich Jaeger, 740–47. Stuttgart: J. B. Metzler, 2006.

Graham, Mark, and Mohammad Anwar. "The Global Gig Economy: Towards a Planetary Labour Market?" *First Monday* 24, no. 4 (2019).

Graham, Mark, Isis Hjorth, and Vili Lehdonvirta. "Digital Labour and Development:

Degradation of Fun in Video Game Testing." Television & New Media 16, no. 3 (2015): 240–58.
Burgess, Matt. "Google and Facebook's New Submarine Cable Will Connect LA to Hong Kong." Wired, April 6, 2017. http://www.wired.co.uk/article/google-facebook-plcn-internet-cable.
Burnett, Graham D. "Coming Full Circle." Cabinet, no. 47 (2012): 73–77.
Butollo, Florian, Thomas Engel, Manfred Füchtenkötter, Robert Koepp, and Mario Ottaiano. "Wie Stabil Ist der Digitale Taylorismus? Störungsbehebung, Prozessverbesserungen und Beschäftigungssystem bei einem Unternehmen des Online-Versandhandels." AIS-Studien 11, no. 2 (2018): 143–59.
Caffentzis, George. In Letters of Blood and Fire: Work, Machines, and the Crisis of Capitalism. Oakland, CA: PM Press, 2012.
Campbell-Kelly, Martin. From Airline Reservations to Sonic the Hedgehog: A History of the Software Industry. Cambridge, MA: MIT Press, 2003.
Chen, Adrian. "The Laborers Who Keep the Dick Pics and Beheadings out of Your Facebook Feed." Wired, October 23, 2014. https://www.wired.com/2014/10/content-moderation/.
Chun, Wendy H. K. Programmed Visions: Software and Memory. Cambridge, MA: MIT Press, 2011.
Cowen, Deborah. The Deadly Life of Logistics: Mapping Violence in Global Trade. Minneapolis: University of Minnesota Press, 2014.
Crogan, Patrick. Gameplay Mode: War, Simulation, and Technoculture. Minneapolis: University of Minnesota Press, 2011.
Cuppini, Niccolò, Mattia Frapporti, and Maurilio Pirone. "Logistics Struggles in the Po Valley Region: Territorial Transformations and Processes of Antagonistic Subjectivation." South Atlantic Quarterly 114, no. 1 (2015): 119–34.
Dachwitz, Ingo, and Markus Reuter. "Warum Künstliche Intelligenz Facebooks Moderationsprobleme nicht lösen kann, ohne neue zu schaffen." Netzpolitik, May 4, 2019. https://netzpolitik.org/2019/warum-kuenstliche-intelligenz-facebooks-moderationsprobleme-nicht-loesen-kann-ohne-neue-zu-schaffen/.
Dibbell, Julian. "The Chinese Game Room: Play, Productivity, and Computing at Their Limits." *Artifact* 2, no. 2 (2008): 82–87.
Dibbell, Julian. "The Decline and Fall of an Ultra Rich Online Gaming Empire." *Wired*, November 24, 2008. https://www.wired.com/2008/11/ff-ige/.
Dodge, Martin, and Rob Kitchin. "Codes of Life: Identification Codes and the Machine-Readable World." *Environment and Planning D: Society and Space* 23, no. 6 (2005): 851–81.
Dodge, Martin, and Rob Kitchin. *Code/Space: Software and Everyday Life*. Cambridge, MA: MIT Press, 2011.
Dwoskin, Elizabeth, Jeanne Whalen, and Regine Cabato. "Content Moderators at YouTube, Facebook and Twitter See the Worst of the Web." *Washington Post*, July 25, 2019. https://www.washingtonpost.com/technology/2019/07/25/social-media-companies-are-outsourcing-their-dirty-work-philippines-generation-workers-is-paying-price/.

Exception." In *Digital Labor: The Internet as Playground and Factory*, edited by Trebor Scholz, 79–97. London: Routledge, 2013.

Bajaj, Vikas. "A New Capital of Call Centers." *New York Times*, November 25, 2011. http://www.nytimes.com/2011/11/26/business/philippines-overtakes-india-as-hub-of-call-centers.html.

Barboza, David. "Boring Game? Hire a Player." *New York Times*, December 9, 2005. http://www.nytimes.com/2005/12/09/technology/boring-game-hire-a-player.html.

Barns, Sarah. *Platform Urbanism: Negotiating Platform Ecosystems in Connected Cities*. Singapore: Palgrave Macmillan, 2020.

Beerepoot, Niels, Robert Kloosterman, and Bart Lambregts. *The Local Impact of Globalization in South and Southeast Asia*. London: Routledge, 2015.

Benanav, Aaron. *Automation and the Future of Work*. London: Verso, 2020. Berg, Janine, Marianne Furrer, Ellie Harmon, Uma Rani, and Six Silberman. *Digital Labour Platforms and the Future of Work. Towards Decent Work in the Online World*. Geneva: International Labour Office, 2018.

Berry, David. *The Philosophy of Software: Code and Mediation in the Digital Age*.
Basingstoke, UK: Palgrave Macmillan, 2011.

Biggs, Lindy. *The Rational Factory: Architecture, Technology and Work in America's Age of Mass Production*. Baltimore: Johns Hopkins University Press, 1996.

Boewe, Jörn, and Johannes Schulten. *The Long Struggle of the Amazon Employees*. Brussels: Rosa Luxemburg Foundation, 2017.

Bojadžijev, Manuela. "Migration und Digitalisierung. Umrisse eines emergenten Forschungsfeldes." In *Jahrbuch Migration und Gesellschaft 2019/2020*, edited by Hans Karl Peterlini and Jasmin Donlic, 15–28. Bielefeld, Germany: Transcript, 2020.

Bojadžijev, Manuela, and Serhat Karakayali. "Autonomie der Migration: Zehn Thesen zu einer Methode." In *Turbulente Ränder: Neue Perspektiven auf Migration an den Grenzen Europas*, edited by Transit Migration, 203–9. Bielefeld, Germany: Transcript, 2007.

Bonacich, Edna, and Jake B. Wilson. *Getting the Goods: Ports, Labor, and the Logistics Revolution*. Ithaca, NY: Cornell University Press, 2008.

Bratton, Benjamin H. *The Stack: On Software and Sovereignty*. Cambridge, MA: MIT Press, 2016.

Braverman, Haryy. Labor and Monopoly Capital: The Degradation of Work in the Twentieth Century. New York: Monthly Review Press, 1998.

Brown, Phillip, Hugh Lauder, and David Ashton. The Global Auction: The Broken Promises of Education, Jobs, and Incomes. Oxford: Oxford University Press, 2012.

Bruder, Jessica. "Meet the Immigrants Who Took On Amazon." Wired, November 12, 2019. https://www.wired.com/story/meet-the-immigrants-who-took-on-amazon/.

Bruder, Jessica. "These Workers Have a New Demand: Stop Watching Us." The Nation, May 27, 2015. https://www.thenation.com/article/these-workers-have-new-demand-stop-watching-us/.

Brunn, Stanley D. Wal-Mart World: The World's Biggest Corporation in the Global Economy. New York: Routledge, 2006.

Bulut, Ergin. "Playboring in the Tester Pit: The Convergence of Precarity and the

参考文献

Allen, Joe. "The UPS Strike, 20 Years Later." *Jacobin*, August 8, 2017. https://www.jacobinmag.com/2017/08/ups-strike-teamsters-logistics-labor-unions-work.

Altenried, Moritz. "Le container et l'algorithme: La Logistique dans le capitalisme global." *Revue Période*, February 11, 2016. http://revueperiode.net/le-container-et-lalgorithme-la-logistique-dans-le-capitalisme-global/.

Altenried, Moritz. "On the Last Mile: Logistical Urbanism and the Transformation of Labour." *Work Organisation, Labour & Globalisation* 13, no. 1 (2019): 114–29.

Altenried, Moritz. "The Platform as Factory: Crowdwork and the Hidden Labour behind Artificial Intelligence." *Capital & Class* 44, no. 2 (2020): 145–58.

Altenried, Moritz. "Die Plattformals Fabrik. Crowdwork, Digitaler Taylorismus und die Vervielfältigung der Arbeit." *PROKLA. Zeitschrift für kritische Sozialwissenschaft* 46, no. 2 (2017): 175–92.

Altenried, Moritz, and Manuela Bojadžijev. "Virtual Migration, Racism and the Multiplication of Labour." *Spheres: Journal for Digital Cultures*, June 23, 2017. http://spheres-journal.org/virtual-migration-racism-and-the-multiplication-of-labour/.

Altenried, Moritz, Manuela Bojadžijev, Leif Höfl er, Sandro Mezzadra, and Mira Wallis. "Logistical Borderscapes: Politics and Mediation of Mobile Labor in Germany after the 'Summer of Migration.'" *South Atlantic Quarterly* 117, no. 2 (2018): 291–312.

Altenried, Moritz, Manuela Bojadžijev, and Mira Wallis. "Platform Im/mobilities: Migration and the Gig Economy in Times of Covid-19." *Routed*: *Migration & (Im)Mobility Magazine*, October 2020. https://www.routedmagazine.com/platform-immobilities.

Altenried, Moritz, Valentin Niebler, and Mira Wallis. "On-Demand. Prekär. Systemrelevant." *Der Freitag*, March 25, 2020. https://www.freitag.de/autoren/der-freitag/on-demand-prekaer-systemrelevant.

Altenried, Moritz, and Mira Wallis. "Zurück in die Zukunft: Digitale Heimarbeit." *Ökologisches Wirtschaften*, April 2018: 24–27.

Andrijasevic, Rutvica, and Devi Sacchetto. "'Disappearing Workers': Foxconn in Europe and the Changing Role of Temporary Work Agencies." *Work, Employment and Society* 31, no. 1 (2017): 54–70.

Aneesh, A. *Virtual Migration: The Programming of Globalization*. Durham, NC: Duke University Press, 2006.

Apicella, Sabrina. *Amazon in Leipzig. Von den Gründen (nicht) zu streiken*. Berlin: Rosa Luxemburg Stiftung, 2016.

Aytes, Ayhan. "Return of the Crowds: Mechanical Turk and Neoliberal States of

Tracks and Fires Warehouse Workers."
7. Pias, "Computer Spiel Welten."
8. 次も参照。Raffetseder, Schaupp, and Staab, "Kybernetik und Kontrolle. Algorithmische Arbeitssteuerung und Betriebliche Herrschaft."
9. Barns, *Platform Urbanism*; Sadowski, "Cyberspace and Cityscapes."
10. Staab, *Digitaler Kapitalismus*.
11. Woodcock and Graham, *The Gig Economy*.
12. Bojadžijev and Karakayali, "Autonomie der Migration"; Mezzadra, "The Gaze of Autonomy."
13. Mezzadra and Neilson, *The Politics of Operations*; Altenried et al., "Logistical Borderscapes."
14. Mezzadra and Neilson, *The Politics of Operations*, 159.
15. Bojadžijev, "Migration und Digitalisierung."
16. Bruder, "Meet the Immigrants Who Took On Amazon."
17. Scholz and Schneider, *Ours to Hack and to Own*; Silberman and Irani, "Operating an Employer Reputation System."
18. *Wall Street Journal* opinion piece（次を参照。Puzder, "The Minimum Wage Should Be Called the Robot Employment Act"）。
19. 次の記事による。Scott Neuman, "'Flippy' the Fast Food Robot (Sort Of) Mans the Grill at CaliBurger," NPR, March 5, 2018, https://www.npr.org/sections/thetwo-way/2018/03/05/590884388/flippy-the-fast-food-robot-sort-of-mans-the-grill-at-caliburger.
20. Uhl, "Work Spaces."
21. Benanav, *Automation and the Future of Work*.
22. Benanav.

第7章

1. Moore, *Anthropocene or Capitalocene? and Capitalism in the Web of Life*; Wallace, *Dead Epidemiologists*.
2. Mitchell, ""I Deliver Your Food";次も参照。Altenried, Bojadžijev, and Wallis, "Platform Im/mobilities"; Altenried, Niebler, and Wallis, "On-Demand. Prekär. Systemrelevant."
3. Dyer-Witheford and De Peuter, "Postscript."
4. 次を参照。Statt, Newton, and Schiffer, "Facebook Moderators at Accenture Are Being Forced Back to the Office."

52. Roberts, *Behind the Screen*.
53. アーヴァートの元従業員、ブルチュ・ギュルテキン・プンスマンによる、ベルリンオフィスでコンテンツ・モデレーターとして働いていた際の報告、ジュートドイチェ・ツァイトゥング紙に掲載されたもの（次を参照。Punsmann, "Three Months in Hell"）。
54. Punsmann.
55. Punsmann.
56. Punsmann, 翻訳を修正している。
57. *Vice*内での引用（次を参照。Koebler and Cox, "The Impossible Job"）。
58. ドイツのNGOネッツポリティックの調査による（次を参照。Reuter et al., "Exklusiver Einblick"）。
59. *Vice*内での引用（次を参照。Gilbert, ""Facebook Is Forcing Its Moderators to Log Every Second of Their Days"）。
60. キアラン・キャシディとエイドリアン・チェンによる映画『ザ・モデレーターズ』内での引用。The Moderators, 2017, https://www.youtube.com/watch?v=k9m0axUDpro.
61. キアラン・キャシディとエイドリアン・チェンによる映画『ザ・モデレーターズ』内での引用。
62. キアラン・キャシディとエイドリアン・チェンによる映画『ザ・モデレーターズ』内での引用。
63. 世界銀行が集めたデータによる。http://data.worldbank.org/indicator/NV.SRV.TETC.ZS?locations=PH. 2017年1月23日にアクセス。
64. Bajaj, "A New Capital of Call Centers."
65. マイクロソーシング社ウェブサイトからの引用。https://www.microsourcing.com/why-offshore/why-the-philippines/. 2020年1月19日にアクセス。
66. 次も参照。Roberts, "Digital Refuse."
67. ワシントン・ポスト紙の記事内での引用（次を参照。Whalen, and Cabato, "Content Moderators at YouTube, Facebook and Twitter"）。
68. Chen, "The Laborers Who Keep the Dick Pics and Beheadings out of Your Facebook Feed."
69. Helmond, Nieborg, and van der Vlist, "Facebook's Evolution: Development of a Platform-as-Infrastructure."

第6章

1. Rudacille, "In Baltimore, Visions of Life after Steel."
2. Loomis, "The Sinking of Bethlehem Steel."
3. Taylor, *The Principles of Scientific Management*, 41.
4. Freeman, *Behemoth*, 107.
5. ボルチモアのアマゾン施設に関するニューヨーク・タイムズ紙の報道による。次を参照のこと。Shane, "Prime Mover."
6 ザ・ヴァージが入手した文書。次を参照。Lecher, "How Amazon Automatically

28. Satariano, "How the Internet Travels across Oceans."
29. Ngai and Ruckus, *iSlaves*; Ngai, *Migrant Labor in China*.
30. ビジネス・インサイダー誌に掲載された、従業員へのインタビュー記事からの引用。（次を参照。"Inside 'iPhone City'"）
31. Ngai, *Migrant Labor in China*, 127.
32. Easterling, *Extrastatecraft*, 36.
33. 世界銀行のプレスリリースに基づく。"World Bank Report Provides New Data to Help Ensure Urban Growth Benefits the Poor," January 26, 2015, http://www.worldbank.org/en/news/press-release/2015/01/26/world-bank-report-provides-new-data-to-help-ensure-urban-growth-benefits-the-poor.
34. Lüthje, *Standort Silicon Valley*; Pellow and Park, *The Silicon Valley of Dreams*.
35. Dyer-Witheford, *Cyber-Proletariat*, 71.
36. Lüthje, *Standort Silicon Valley*.
37. Hürtgen et al., *Von Silicon Valley nach Shenzhen*, 274.
38. Andrijasevic and Sacchetto, "Disappearing Workers."
39. アーヴァートの従業員ロベルト（仮名）へのインタビュー、2019年3月、ベルリンで実施。
40. アーヴァートの従業員ロベルト（仮名）へのインタビュー、2019年3月、ベルリンで実施。
41. アーヴァートの従業員ロベルト（仮名）へのインタビュー、2019年3月、ベルリンで実施。
42. クラウドワーク・プラットフォーム「oDesk」を通じて流出した、フェイスブック用のコンテンツ・モデレーターのマニュアル、次のサイト上で閲覧可能。https://de.scribd.com/doc/81877124/Abuse-Standards-6-2-Operation-Manual. 2020年10月30日にアクセス。
43. ドイツのNGOネッツポリティックの調査による。次の記事を参照。Dachwitz and Reuter, "Warum Künstliche Intelligenz Facebooks Moderations probleme"
44. アーヴァートが同社のサイト上で解説している内容。https://www.arvato.com/en/about/facts-and-figures.html. 2017年2月9日にアクセス。
45. アーヴァートの従業員ロベルト（仮名）へのインタビュー、2019年3月、ベルリンで実施。
46. ザ・ヴァージ内での引用（次を参照。Newton, "The Terror Queue"）。
47. Newton, "The Terror Queue."
48. アーヴァートの従業員ロベルト（仮名）へのインタビュー、2019年3月、ベルリンで実施。
49. アーヴァートのベルリンオフィスで働くコンテンツ・モデレーターの証言、ジュートドイチェ・ツァイトゥング紙の記事で引用されていたもの（次を参照。Grassegger and Krause, "Im Netz des Bösen"）。
50. 次を参照。Grassegger and Krause, "Im Netz des Bösen."
51. アーヴァートの従業員ロベルト（仮名）へのインタビュー、2019年3月、ベルリンで実施。

2. たとえば次を参照。Fuchs, *Digital Labor and Karl Marx*.
3. Jasmine Enberg, "Global Digital Ad Spending 2019," Emarketer, March 28, 2019, https://www.emarketer.com/content/global-digital-ad-spending-2019.
4. Nieborg and Helmond, "The Political Economy of Facebook's Platformization in the Mobile Ecosystem," 199.
5. Easterling, *Extrastatecraft*, 13.
6. Gerlitz and Helmond, "The Like Economy."
7. ライオンブリッジ社ウェブサイト上の求人広告、2020年3月20日にアクセス。https://careers.lionbridge.com/jobs/rater-united-states.
8. Matt McGee, "An Interview with a Search Quality Rater," Search Engine Land, January 20, 2012, http://searchengineland.com/interview-google-search-quality-rater-108702.
9. McGee.
10. Pasquinelli, "Google's PageRank Algorithm," 153.
11. このスピーチは後に、ブログ「*Facebook for Developers*」上で公開された。Bret Taylor, "The Next Evolution of Facebook Platform," *Facebook for Developers*, April 21, 2010, https://developers.Facebook.com/blog/post/377.
12. Taylor, "The Next Evolution of Facebook Platform."
13. Nechushtai, "Could Digital Platforms Capture the Media through Infrastructure?"
14. フェイスブックがSECに提出した報告書（2012年2月1日、p.90）からの引用。https://www.sec.gov/Archives/edgar/data/1326801/000119312512034517/d287954ds1.htm.
15. Mosco, *To the Cloud*, 32.
16. たとえば、調査プロジェクト"Data Farms. Circuits, Labour, Territory"を参照。その参加者たちはさまざまな著作物を発表しており、今後も発表が予定されている。https://www.datafarms.org, 2020年10月20日にアクセス。
17. Rossiter, *Software, Infrastructure, Labor*, 138.
18. Glanz, "Power, Pollution and the Internet."
19. "Artificial Reef Datacenter," Patent Application, Microsoft Technology Licensing, December 29, 2016, http://patentyogi.com/wp-content/uploads/2017/01/US20160381835.pdf.
20. フォーチュン誌の記事による。(次を参照。Elegant, "The Internet Cloud Has a Dirty Secret")。
21. Jones, "How to Stop Data Centres from Gobbling up the World's Electricity."
22. Greenpeace, *Make IT Green*.
23. Neilson and Notley, "Data Centres as Logistical Facilities."
24. 次を参照。Bratton, *The Stack*; Rossiter, *Software, Infrastructure, Labor*.
25. ニューヨーク・タイムズ紙での引用（次を参照。Satariano, "How the Internet Travels across Oceans")。
26. Starosielski, *The Undersea Network*.
27. Burgess, "Google and Facebook's New Submarine Cable."

17. 学生兼クラウドワーカーのダニエルとのインタビュー、ベルリンにて2016年3月に実施。
18. Fang, "Google Hired Gig Economy Workers."
19. メカニカル・タークの依頼主の発言、リリー・イラニによる引用（次を参照のこと。Irani, "Difference and Dependence among Digital Workers," 228–29）。
20. Irani, "Difference and Dependence among Digital Workers," 230–231.
21. Marx, *Capital*, vol. 1, 698.
22. Marx, *Capital*, vol. 1, 695.
23. Berg et al., *Digital Labour Platforms and the Future of Work*.
24. ジェフ・ベゾスに手紙を書くキャンペーンを開始した、クラウドワーカーのためのフォーラム「We Are Dynamo」への投稿。
25. 「We Are Dynamo」への投稿。
26. 2019年半ばまでiメリット社ウェブサイト上で公開されていた、同社に関するメディアのレポート。
27. Altenried and Wallis, "Zurück in die Zukunft."
28. 次も参照のこと。Berg et al., *Digital Labour Platforms and the Future of Work*.
29. 「We Are Dynamo」への投稿。
30. 「We Are Dynamo」への投稿。
31. 「We Are Dynamo」への投稿。
32. Marx, Capital, vol. 1, 591.
33. クラウドグル社CEOとのインタビュー、同社オフィスにて2016年3月に実施。
34. Grier, *When Computers Were Human*.
35. Light, "When Computers Were Women."
36. Chun, *Programmed Visions*, 30.
37. 企業が運営するクラウドワーカー向けフォーラムへの投稿、2014年3月。
38. Beerepoot, Kloosterman, and Lambregts, *The Local Impact of Globalization in South and Southeast Asia*.
39. Graham and Anwar, "The Global Gig Economy."
40. 「We Are Dynamo」への投稿。
41. Easterling, *Extrastatecraft*, 123.
42. Kucklick, "SMS-Adler."
43. Mark Zuckerberg, "Is Connectivity a Human Right?," Facebook, 2014, https://www.facebook.com/isconnectivityahumanright.
44. Graham and Mann, "Imagining a Silicon Savannah?"
45. Graham, Hjorth, and Lehdonvirta, "Digital Labour and Development."
46. Berg et al., *Digital Labour Platforms and the Future of Work*, 52.
47. Silberman and Irani, "Operating an Employer Reputation System."

第5章

1. Karim Amer and Jehane Noujaim, *The Great Hack*, 113 min. 2019年にネットフリックスで配信。

Games of Empire; Kline, Dyer-Witheford, and De Peuter, *Digital Play*.
47. Kline, Dyer-Witheford, and De Peuter, *Digital Play*, 87–88.
48. Dyer-Witheford and De Peuter. *Games of Empire*, 27.
49. Dyer-Witheford and De Peuter. *Games of Empire*, 55.
50. 公開書簡の筆者が「*EA Spouse*（EA従業員の配偶者）」というブログを設置しており、その2004年11月10日の記事で書簡を確認することができる。http://ea-spouse.livejournal.com/274.html.
51. *EA Spouse*. 2004年11月10日の記事。http://ea-spouse.livejournal.com/274.html.
52. Guth and Wingfield, "Workers at EA Claim They Are Owed Overtime."
53. Berry, *The Philosophy of Software*, 39.
54. Parikka, "Cultural Techniques of Cognitive Capitalism," 42.
55. Thompson, Parker, and Cox, "Interrogating Creative Theory and Creative Work."
56. Thompson, Parker, and Cox, 324で引用。
57. スモーリン・ベルリンの従業員との会話、2014年4月にオフィスを訪れて実施。
58. Ruffino and Woodcock, "Game Workers and the Empire."
59. ニコラス・カーのブログ記事、2006年12月5日。http://www.roughtype.com/?p=611.

第4章

1. Nick Masterton, "Outsourcing Offshore," 2013, https://vimeo.com/101622811.
2. MIT TechTV, "Opening Keynote and Keynote Interview with Jeff Bezos," 2006, http://techtv.mit.edu/videos/16180-opening-keynote-and-keynote-interview-with-jeff-bezos.
3. Terranova, "Free Labor"; Scholz, *Digital Labor*.
4. Irani, "Difference and Dependence among Digital Workers," 226.
5. MIT TechTV, "Opening Keynote and Keynote Interview with Jeff Bezos."
6. Kuek et al., *The Global Opportunity in Online Outsourcing*, 7; Heeks, "Decent Work and the Digital Gig Economy" and ""How Many Platform Workers Are There in the Global South?"
7. MIT TechTV, "Opening Keynote and Keynote Interview with Jeff Bezos."
8. Mechanical Turk, https://www.mturk.com/. 2019年12月30日にアクセス。
9. mturk.comで見つかるHITの例、2016年12月3日にアクセス。
10. Clickworker, https://www.clickworker.com/. 2019年12月30日にアクセス。
11. Appen, https://appen.com/solutions/training-data/. 2020年10月23日にアクセス。
12. 次も参照のこと。Schmidt, *Crowdproduktion von Trainingsdaten.*
13. Gray and Suri, *Ghost Work*.
14. Aytes, "Return of the Crowds."
15. 学生兼クラウドワーカーのダニエルとのインタビュー、ベルリンにて2016年3月に実施。
16. 学生兼クラウドワーカーのダニエルとのインタビュー、ベルリンにて2016年3月に実施。

23. Aneesh, 2.
24. レディット上でのディスカッション、https://www.reddit.com/r/2007scape/comments/6xnfso/killing_venezuelans_at_east_drags_guide/, 2020年10月30日にアクセス。
25. Nathan Grysonが2018年4月2日にウェブサイト「Kotaku」上に投稿した記事からの引用、https://www.kotaku.com.au/2017/10/the-runescape-players-who-farm-gold-so-they-dont-starve-to-death/.
26. 会社名は仮のものに変えている。
27. 労働者評議会を設置したスモーリン・ベルリンの品質保証担当者とのインタビュー、2013年12月にベルリンで実施。
28. 労働者評議会を設置したスモーリン・ベルリンの品質保証担当者とのインタビュー、2013年12月にベルリンで実施。
29. 労働者評議会を設置したスモーリン・ベルリンの品質保証担当者とのインタビュー、2013年12月にベルリンで実施。
30. 会社名は仮のものに変えている。
31. ベルリン/ハンブルクのスプゲーム・スタジオの案件に対応した ver.di書記との電話インタビュー、2017年5月に実施。
32. ベルリン/ハンブルクのスプゲーム・スタジオの案件に対応した ver.di書記との電話インタビュー、2017年5月に実施。
33. ゲーム名は仮のものに変えている。
34. 労働者評議会を設置したスモーリン・ベルリンの従業員との会話、2014年4月にオフィスを訪れて実施。
35. スモーリン・ベルリンの従業員との会話、2014年4月にオフィスを訪れて実施。
36. 労働者評議会を設置したスモーリン・ベルリンの品質保証担当者とのインタビュー、2013年12月にベルリンで実施。
37. 労働者評議会を設置したスモーリン・ベルリンの品質保証担当者とのインタビュー、2013年12月にベルリンで実施。
38. 労働者評議会を設置したスモーリン・ベルリンの従業員との会話、2014年4月にオフィスを訪れて実施。
39. ベルリン/ハンブルクのスプゲーム・スタジオの案件に対応した ver.di書記との電話インタビュー、2017年5月に実施。
40. 労働者評議会を設置したスモーリン・ベルリンの品質保証担当者とのインタビュー、2013年12月にベルリンで実施。
41. 次も参照のこと。Bulut, "Playboring in the Tester Pit."
42. ジャコバン誌で引用された元品質保証担当者の言葉（次も参照のこと。Williams, "You Can Sleep Here All Night"）。
43. 労働者評議会を設置したスモーリン・ベルリンの品質保証担当者とのインタビュー、2013年12月にベルリンで実施。
44. Woodcock, "The Work of Play."
45. スモーリン・ベルリンの従業員との会話、2014年4月にオフィスを訪れて実施。
46. たとえば次を参照。Crogan, *Gameplay Mode*; Dyer-Witheford and De Peuter.

第3章

1. *Hernandez v. IGE*, フロリダ州南部連邦地方裁判所に提訴された訴訟、2007年。https://dockets.justia.com/docket/florida/flsdce/1:2007cv21403/296927.
2. Heeks, "Current Analysis and Future Research Agenda on 'Gold Farming.'"
3. 「私はお金をもらってMMORPGをプレイしているが、最悪だ。」Cracked.comへの匿名の投稿、2016年4月16日。http://www.cracked.com/personal-experiences-2228-im-paid-to-play-mmorpgs-its-nightmare-5-realities.html.
4. ニューヨーク・タイムズ紙の記事で引用されたゴールドファーマーの言葉（次を参照のこと。Barboza, "Boring Game? Hire a Player"）。
5. Dibbell, The Chinese Game Room.
6. Nick Ryanによるブログ「*Eurogamer*」へのエントリ内で引用されたゴールドファーマーの証言、2009年4月25日。http://www.eurogamer.net/articles/gold-trading-exposed-the-sellers-article?page=3.
7. *South China Morning Press*の記事で引用されたゴールドファーマーの言葉（次を参照のこと。Huifeng, "Chinese 'Farmers' Strike Cyber Gold"）。
8. Rettberg, "Corporate Ideology in World of Warcraft," 30.
9. MMOGA.deからの引用、2014年9月13日にアクセス。https://www.mmoga.com/content/Intermediation-Process.html.
10. 2016年6月13日にブログ「*Online Marketing Rockstars*」に投稿された、Torben Luxの記事による。https://omr.com/de/exklusiv-mmoga-exit/.
11. ニューヨーク・タイムズ紙で引用されたゴールドファーム・オーナーの言葉。次を参照のこと。Barboza, "Boring Game? Hire a Player".
12. 2009年3月25日にブログ「*Eurogamer*」に投稿された、Nick Ryanによる記事内で引用された仲介プラットフォーム従業員の言葉。http://www.eurogamer.net/articles/gold-trading-exposed-the-sellers-article?page=3.
13. たとえば次を参照。Dibbell, "The Decline and Fall of an Ultra Rich Online Gaming Empire"; Heeks, "Understanding 'Gold Farming' and Real-Money Trading."
14. 南華早報の記事で引用されたゴールドファーム・オーナーの言葉。次を参照のこと。Huifeng, "Chinese 'Farmers' Strike Cyber Gold".
15. Ge Jin, *Goldfarmers*, parts 1–3. September 20, 2010, https://www.youtube.com/watch?v=q3cmCKjPLR8, https://www.youtube.com/watch?v=3rezLLMhwSM& t=85s, https://www.youtube.com/watch?v=kCXZNA74ilo.
16. ラオ・リウ、『ゴールドファーマーズ』に登場する労働者。
17. 『ゴールドファーマーズ』に登場する別の労働者。
18. 『ゴールドファーマーズ』に登場する北米のゲーマー／反ゴールドファーミング活動家。
19. 『ゴールドファーマーズ』に登場する北米のゲーマー／反ゴールドファーミング活動家。
20. Nakamura, "Don't Hate the Player, Hate the Game."
21. Nakamura.
22. Aneesh, *Virtual Migration*.

40. Boewe and Schulten, *The Long Struggle of the Amazon Employees*, 39.
41. アマゾンでのストライキにおける、サブリナ・アピチェッラの取り組みの重要性も参照のこと（Apicella, *Amazon in Leipzig*)。
42. “Airborne fulfillment center utilizing unmanned aerial vehicles for item delivery,” US Patent 9305280 granted 2016 to Amazon Technologies, Inc., Berg et al. https://www.google.com/patents/US9305280.
43. Edwin Lopez, “Why Is the Last Mile so Inefficient?” *Supply Chain Dive* (blog), May 22, 2017, https://www.supplychaindive.com/news/last-mile-spotlight-inefficient-perfect-delivery/443089/.
44. Lyster, *Learning from Logistics*, 13.
45. Lyster, 3.
46. UPS SEC filing for 2017, February 2018, http://www.investors.ups.com/static-files/8d1241ae-4786–42e2-b647-bf34e2954b3e.
47. Allen, “The UPS Strike, 20 Years Later.”
48. Bruder, “These Workers Have a New Demand.”
49. Jacob Goldstein, “To Increase Productivity, UPS Monitors Drivers’ Every Move,” NPR, April 17, 2014, https://www.npr.org/sections/money/2014/04/17/303770907/to-increase-productivity-ups-monitors-drivers-every-move.
50. “Telematics,” UPS Leadership Matters website, https://www.ups.com/content/us/en/bussol/browse/leadership-telematics.html, 2018年7月9日にアクセス。
51. Frank, “How Telematics Has Completely Revolutionized the Management of Fleet Vehicles.”
52. Burnett, “Coming Full Circle.”
53. “ORION: The Algorithm Proving That Left Isn’t Right,” *UPS Compass* (blog), October 5, 2016, https://www.ups.com/us/en/services/knowledge-center/article.page?kid=aa3710c2.
54. UPS従業員によって運営されている、ある独立系オンラインフォーラムへの投稿による。2016年1月。
55. Kaplan, “The Spy Who Fired Me.”
56. Bonacich and Wilson, *Getting the Goods*, 113.
57. Smith, Marvy, and Zerolnick, *The Big Rig Overhaul*.
58. アマゾン・フレックスのドライバーによる、仕事レビューサイトへの投稿、2017年3月。
59. *Lawson v. Amazon Inc.* カリフォルニア州連邦地方裁判所に提訴された訴訟、2017年。 http://www.courthousenews.com/wp-content/uploads/2017/04/Amazon.pdf.
60. アマゾン・フレックスのドライバーによる、仕事レビューサイトへの投稿、2017年4月。
61. Sekula, *Fish Story*, 12.
62. Cuppini, Frapporti, and Pirone, “Logistics Struggles in the Po Valley Region.”

December 20, 2013, https://amazon-presse.de/Logistikzentren/Logistikzentren-in-Deutschland /Presskit /amazon /de/News/Logistikzentren/download/de/News/Logistikzentren/Amazon-zieht-positive-Zwischenbilanz-der-Weihnachtssaison.pdf/.

21. アマゾンのブリーゼラング従業員へのインタビュー、政治集会の会場にて、2015年10月。
22. 解雇されたアマゾンのブリーゼラング従業員へのインタビュー、ベルリンで実施、2015年3月。
23. アマゾンのブリーゼラング従業員へのインタビュー、ベルリンで実施、2015年3月。
24. バーコードの歴史については、たとえば次を参照のこと。Nelson, *Punched Cards to Bar Codes*.
25. Quoted in Dodge and Kitchin, "Codes of Life," 859.
26. "Time- based warehouse movement maps," US Patent 7243001 B2 2007, Amazon Technologies, Inc., Janert et al., https://www.google.com/patents/US7243001.
27. Lyster, *Learning from Logistics*, 3.
28. アマゾンのライプツィヒ従業員との会話、ベルリンで行われた政治的なネットワーキングイベントの会場にて、2015年12月。
29. 別のアマゾンのライプツィヒ従業員との会話、ベルリンで行われた政治的なネットワーキングイベントの会場にて、2015年12月。
30. アマゾンのブリーゼラング従業員へのインタビュー、ベルリンで実施、2015年3月。
31. アマゾンのブリーゼラング従業員へのインタビュー、ベルリンで実施、2014年12月。
32. LeCavalier, *The Rule of Logistics*, 152.
33. フィナンシャル・タイムズ紙に引用されたアマゾンのマネジャーの発言。次を参照。O'Connor 2013.
34. Marx, *Grundrisse*, 692.
35. 2014年に発行され、ver.diによって公表されたプロトコル、https://www.amazon-verdi.de/4557.
36. Diana Löbl and Peter Onneken, ARD, "Ausgeliefert! Leiharbeiter bei Amazon." 2013年2月13日放送。
37. 「労働者のイニシアチブ」による。たとえば次を参照のこと。LabourNet: "Amazon im Weihnachtsstress— Das Warenlager in Poznan," April 15, 2015, http://www.labournet.de/internationales/polen/arbeitsbedingungen-polen/amazon-im-weihnachtsstress-das-warenlager-in-poznan/.
38. 2016年のクリスマスシーズンにおける、ヘメル・ヘムステッドのアマゾンFCに関する報告。2017年1月7日にAngry Workers of the Worldというウェブサイトに匿名で投稿されたもの。https://angryworkersworld.wordpress.com/2017/01/17/calling-all-junglists-a-short-report-from-amazon-in-hemel-hempstead/.
39. Amazon, "CamperForce. Your next adventure is here," online job listing on Amazon (n.d.), http://www.amazondelivers.jobs/about/camperforce/, 2017年4月22日にアクセス。

6. Harney and Moten, *The Undercommons*, 110.
7. Bonacich and Wilson, *Getting the Goods*, 3.
8. Cowen, *The Deadly Life of Logistics*, 30. 強調は原文通り。
9. Cowen, 2.
10. マルクスがこの分野に関して残した発言（特に『経済学批判要綱』や『資本論』第2巻で見られるもの）の中から、（単なる輸送ではなく）ロジスティクスの理論を導き出そうとした場合、ロジスティクスはそれ自体が生産的な活動であると同時に、生産過程から概念的に切り離すのが困難なものであるように見える。彼は自らの質問に肯定的に答えている（「資本主義者は道路を評価する［den Weg verwerten］ことができるだろうか？」Marx, *Grundrisse*, 526)。商品の場所を変えることは、それ自体が商品となり得る。「商品の『循環』つまり実際の空間における流通は、商品の輸送に還元することができる。一方で、輸送業は独立した生産分野を形成し、したがって生産資本の投資領域を形成する」（Marx, *Capital*, vol. 2, 229)。他方で、おそらくもっと重要なのは、資本の拡大主義的論理が、生産と物理的流通を区別することをますます困難にするプロセスを生み出しているという点である。マルクスにとって、「資本に基づく生産の前提条件は……**常に拡大する循環領域の形成である**」（Marx, *Grundrisse*, 407. 強調は原文通り)。したがって、引用されることの多いマルクスの言葉が主張するように、「**世界市場**を創造する傾向は、資本の概念そのものに直接与えられている。あらゆる限界は、克服すべき障壁として現れる」（Marx, *Grundrisse*, 408. 強調は原文通り）のである。さらに、こちらはそれほど引用されていないが、彼はさらにこのプロセスが「生産のあらゆる瞬間を交換の支配下に置くようにする」傾向を持ち、最終的には「商業は、独立した生産の間でその余剰の交換のため行われる機能としてではなく、むしろ**生産自体の本質的に包括的な前提および要素**として現れる」（Marx, *Grundrisse*, 408. 強調は筆者による)。また次も参照。Altenried, "Le container et l'algorithme."
11. Cowen, *The Deadly Life of Logistics*, 2. 強調は原文通り。
12. Rossiter, *Software*, *Infrastructure, Labor*.
13. SAP社から発表されている次の資料による。"SAP: The World's Largest Provider of Enterprise Application Software. SAP Corporate Fact Sheet, 2017," https://www.sap.com/corporate/en/documents/2016/07/0a4e1b8c-7e7c-0010–82c7-eda71af511fa.html.
14. Campbell-Kelly, *From Airline Reservations to Sonic the Hedgehog*, 197.
15. 次を参照のこと。Rossiter, *Software, Infrastructure, Labor*.
16. Cowen, *The Deadly Life of Logistics*, 23.
17. Holmes, "Do Containers Dream of Electric People?," 41.
18. ウォルマートの歴史と現在については、次も参照のこと。Brunn, *Wal-Mart World*; LeCavalier, *The Rule of Logistics*; Lichtenstein, *The Retail Revolution*.
19. Recode, "Jeff Bezos vs. Peter Thiel and Donald Trump | Jeff Bezos, CEO Amazon | Code Conference 2016," 2016, https://www.youtube.com/watch?v=guVxubbQQKE&.
20. "Amazon zieht positive Zwischenbilanz der Weihnachtssaison," press release,

（次を参照。Head, *The New Ruthless Economy*, 6）。IT製造業の研究プロジェクトは、「柔軟な新テイラー主義」を分析し（次を参照。Hürtgen et al., *Von Silicon Valley nach Shenzhen*, 274）、サービス労働に関する研究は「主観化されたテイラー主義」を見出している（次を参照。Matuschek, Arnold, and Voß, *Subjektivierte Taylorisierung*）。一方で、倉庫内労働に関する他の研究も、新しいテイラー主義について検討している（次を参照。Butollo et al., "Wie Stabil Ist der Digitale Taylorismus?"; Lund and Wright, "State Regulation and the New Taylorism"; Nachtwey and Staab, "Die Avantgarde des Digitalen Kapitalismus"）。

7. *The Economist*, "Digital Taylorism."
8. Mezzadra and Neilson, *Border as Method and The Politics of Operations*.
9. Easterling, *Extrastatecraft*.
10. Toscano, "Factory, Territory, Metropolis, Empire," 200.
11. こうした極めて物質的なデジタルのインフラについては、たとえば次を参照のこと。Gabrys, *Digital Rubbish*; Hu, *A Prehistory of the Cloud*; Mosco, *To the Cloud*; Parks and Schwoch, *Down to Earth*; Parks and Starosielski, *Signal Traffic*; Starosielski, *The Undersea Network*.
12. ソフトウェア研究における重要な観点については、たとえば次を参照のこと。Dodge and Kitchin, *Code/Space*; Fuller, *Software Studies*; Fuller and Goffey, *Evil Media*; Parisi, *Contagious Architecture*; Terranova, "Red Stack Attack!"
13. アルゴリズムを研究するための方法と問題点について、主に社会科学の観点から有益な概要を解説しているものとして、次を参照のこと。Kitchin, "Thinking Critically about and Researching Algorithms."
14. Tsing, "Supply Chains and the Human Condition," 150, 148.
15. Harvey, *Spaces of Capital*, 121.
16. たとえば次を参照のこと。Lazzarato, "Immaterial Labour"; Hardt and Negri, *Empire*.
17. たとえば次を参照のこと。Virno, *A Grammar of the Multitude* and "General Intellect."
18. Negri, *Goodbye Mr. Socialism*, 114.
19. たとえば次を参照のこと。Caffentzis, *In Letters of Blood and Fire*; DyerWitheford, CyberMarx, "Empire, Immaterial Labor," and *CyberProletariat*; Huws, *The Making of a Cybertariat*, "Logged Labour," and *Labor in the Global Digital Economy*; Irani, "Justice for 'Data Janitors.'"
20. Braverman, *Labor and Monopoly Capital*; Tronti, *Arbeiter und Kapital*.

第2章

1. Marx, *Capital*, vol. 1, 125.
2. Reifer, "Unlocking the Black Box of Globalization."
3. Toscano and Kinkle, *Cartographies of the Absolute*, 201.
4. Thrift, *Knowing Capitalism*, 213.
5. Cowen, *The Deadly Life of Logistics*, 23.

原注

第1章

1. Andrew Norman Wilson, *Workers Leaving the Googleplex*, 2011, http://vimeo.com/15852288.
2. Google, Google Interns' *First Week*, 2013, https://www.youtube.com/watch?v=9NoFiEInLA.
3. スキャン作業に従事していたと思われる元従業員による、あるレビューサイトにおける書き込み、2013年8月。
4. Freeman, *Behemoth*, xvii.
5. 工場とは何か？　一般的には、多くの労働者が関与する生産活動のために設計された、大きな建物と理解されている。しかし工場の特殊性を定義しようとする試みにおいては、大規模で（部分的に）自動化された機械がこの概念の中心となっている（次を参照。Gorißen, "Fabrik"; Uhl, "Work Spaces"）。近代的工場の発展の原動力となったのは、個人宅や小さな工場では収容しきれないほど大きな機械であった。しかし多くのアプローチにおいて、重要なポイントは機械の大きさではなく、むしろそれがどのように生産プロセスを構成し、支配し始めるかである（次を参照。Tronti, *Arbeiter und Kapital*, 28; Marx, *Capital*, vol. 1, 544）。このことは、「手工業や製造業では、労働者が道具を利用するが、工場では機械が労働者を利用する」とマルクスが簡潔に定式化したように、人間の労働と技術の役割の逆転を含んでいる（Marx, *Capital*, vol. 1, 548）。彼の考えでは、工場は資本主義を代表する建築物であり、実質的な従属の象徴的な空間である。マルクスをはじめ、18世紀から19世紀前半にかけての論者の大半が、建物としての工場は、生産プロセスのための殻に過ぎないと考えていたが、19世紀末になるとこの考え方は変化する。「合理的な工場」を築こうとする努力の中で、工場は単なる建物以上の存在となり、生産プロセスの不可欠な構成要素、すなわち「マスターマシン」（次を参照。Biggs, *The Rational Factory*）となるのである。
6. いくつか例を挙げよう。教育と労働市場の変化に目を向けると、フィリップ・ブラウン、ヒュー・ローダー、デイビッド・アシュトンは、デジタル・テイラー主義という言葉を使って、「知識労働の産業化」を説明している（次を参照。Brown, Lauder, and Ashton, *The Global Auction*, 74）。デビッド・ノーブルも彼の著作である*Digital Diploma Mills*において、教育を取り上げている。労働学者のサイモン・ヘッドもまた、ソフトウェアが労働を強化し、労働者を非熟練化させる効果を強調し、私たちが「新しい『科学的管理』の時代」に生きていると主張している

ま行

や行

ら行

さ行

た行

な行

は行

索引

モーリッツ・アルテンリート（Moritz Altenried）
フンボルト大学ベルリンのヨーロッパ民族学研究所およびベルリン経験的統合・移民研究所（BIM）の研究員。

小林啓倫（こばやし・あきひと）
1973年東京都生まれ。筑波大学大学院修士課程修了。システムエンジニアとしてキャリアを積んだ後、米バブソン大学にてMBA取得。外資系コンサルティングファーム、国内ベンチャー企業などで活動。著書に『FinTechが変える！』（朝日新聞出版）など、訳書に『AIの倫理リスクをどうとらえるか』『情報セキュリティの敗北史』『操作される現実』『ドライバーレスの衝撃』『テトリス・エフェクト』（以上、白揚社）、『1兆円を盗んだ男』『ランサムウエア追跡チーム』（以上、日経BP）などがある。

The Digital Factory: The Human Labor of Automation

ISBN978-4-8269-0266-3

AI・機械《きかい》の手足《てあし》となる労働者《ろうどうしゃ》
デジタル資本主義《しほんしゅぎ》がもたらす社会《しゃかい》の歪《ゆが》み

二〇二四年十二月七日　第一版第一刷発行

著　者　モーリッツ・アルテンリート
訳　者　小林啓倫《こばやしあきひと》
発行者　中村幸慈
発行所　株式会社　白揚社　© 2024 in Japan by Hakuyosha
東京都千代田区神田駿河台一—七　郵便番号一〇一—〇〇六二
電話（03）五二八一—九七七二　振替〇〇一三〇—一—二五四〇〇
装　幀　川添英昭
印刷所　株式会社　工友会印刷所
製本所　牧製本印刷株式会社

アンドリュー・スチュワート 著　小林啓倫 訳

情報セキュリティの敗北史

脆弱性はどこから来たのか

今日、直面するセキュリティ問題の多くは、何十年も前に下された愚かな決定によってもたらされた。コンピュータの誕生前夜から現代のハッキング戦争まで、半世紀以上にわたるサイバー空間の攻防からその本質に迫る。　四六判　４０８ページ　本体価格３０００円

アマンダ・モンテル 著　青木音 訳

カルトのことば

なぜ人は魅了され、狂信してしまうのか

人を虜にする究極のツールは「言語」。新興宗教、マルチ商法、フィットネスジム、ソーシャルメディアのカリスマなど、多様なカルト的コミュニティを調査し、恐るべき言葉の魔力に迫る。カルトに対する考え方が一変する一冊。四六版　３５２ページ　本体価格２４００円

ライディ・クロッツ 著　塩原通緒 訳

引き算思考

「減らす」「削る」「やめる」がブレイクスルーを起こす

現状を打破するとき、私たちは「足すこと」ばかり考えたちだが、役に立つことが多いのは実は「引くこと」。実生活やビジネス、人間関係や社会の問題に直面したとき、「引き算」を活かして有益な効果を得る方法を解説。　四六版　３２８ページ　本体価格２２００円

エムレ・ソイヤー&ロビン・M・ホガース 著　今西康子 訳

経験バイアス

ときに経験は思考決定の敵となる

日常生活や仕事の経験から、私たちはいとも簡単に、間違った教訓を学んでしまう。経験から学ぼうとするときに注意すべきバイアスと、過去から正しく学んでよりよい選択をする方法を、意思決定の専門家が解説する。　四六判　３５５ページ　本体価格２２００円

ミシェル・ゲルファンド著　田沢恭子訳

ルーズな文化とタイトな文化

なぜ〈彼ら〉と〈私たち〉はこれほど違うのか

静かな東京の電車と、騒々しいNYの電車―両者の違いの大本は、ルールに厳しい〈タイトな文化〉とそうでない〈ルーズな文化〉。その影響はどこまで及ぶのか。階級格差から国際紛争までも読み解くロジックを提案する。　四六判　３９２ページ　本体価格２８００円

経済情勢により、価格に多少の変更があることもありますのでご了承ください。
表示の価格に別途消費税がかかります。